화장실의
심리학

PSYCHOLOGY IN THE BATHROOM

화장실의

심리학

닉 해즐럼 지음
김하현 옮김

시대의창

어쩌면 세상에서 가장 중요한 이야기
화장실의 심리학

초판 1쇄 2018년 9월 3일 발행

지은이 닉 해즐럼
옮긴이 김하현
펴낸이 김성실
교정교열 최인수
책임편집 박성훈
표지 디자인 형태와내용사이
본문 디자인 채은아
제작 한영문화사

펴낸곳 시대의창   **등록** 제10-1756호(1999. 5. 11)
주소 03985 서울시 마포구 연희로 19-1
전화 02)335-6121   **팩스** 02)325-5607
전자우편 sidaebooks@daum.net
페이스북 www.facebook.com/sidaebooks
트위터 @sidaebooks

ISBN 978-89-5940-676-0 (03180)

잘못된 책은 구입하신 곳에서 바꾸어드립니다.

이 도서의 국립중앙도서관 출판시도서목록(CIP)은
서지정보유통지원시스템 홈페이지(http://seoji.nl.go.kr)와
국가자료공동목록시스템(http://www.nl.go.kr/kolisnet)에서 이용하실 수 있습니다.
(CIP제어번호: CIP2018026168)

일러두기
* 본문 하단의 주석은 모두 옮긴이 주입니다.
* 본문 괄호 안에 있는 페이지 번호는 참조한 도서(원전)의 페이지 번호입니다.
* 본문에 수록한 도판 출처는 위키미디어 공용입니다.

감사의 말

배설의 심리학에 관해 책을 쓰는 일은 사람들의 호기심을 자극할 수 있겠지만 심리학자로서 존경받기에는 그리 좋은 방법이 아닐지 모른다. 하지만 운 좋게도 동료들은 즐거워하며 아낌없이 격려와 조언을 건네주었다. 독자들이 화장실에서 이 책을 읽고 싶어 할 것 같다고 말해준 사람이 여럿 있었는데, 그중 한 명은 화장실에서 읽을 독자를 위해 책장에 절취선을 넣는 것이 어떻겠느냐고도 했다. 또한 많은 사람들이 (취향을 의심케 하는) 표지 디자인을 제안해주었다. 지지를 보내주고 관련 사례를 제공해준 동료 사회심리학자 제니 볼데로, 코델리아 파인, 캐시 고반, 요시 카시마, 사이먼 라이엄, 루크 스마일리에게 특히 감사를 전한다.

본문 중 5장은 《일반 심리학 리뷰Review of General Psychology》(통권 15권, 351~360쪽, ⓒ 미국심리학회American Psychological Association)에 실렸던 내용에 살을 덧붙여 편집한 것이다. 미국심리학회의 허락을 받아 수정한 것으로, 학회의 서면 허가 없이 전재 및 배포할 수 없다.

이 괴상한 기획의 장점을 발견해주고 책을 완성할 수 있도록 이 끌어준 올리비아 미들턴, 멜러니 블레어, 모니카 켄들, 그리고 팰 그레이브 맥밀런 출판사의 실무진에도 감사의 말을 전한다.

하찮은 원고를 밤늦게까지 마음껏 읽고 쓸 수 있게 해주고, 인생 에는 책 말고도 많은 것이 있다는 사실을 일깨워준 비키에게 이 책 을 바친다.

목차

1장
화장실 문을 열며

사드 후작

《규방 철학》은 악명 높은 사드 후작이 1795년에 출간한 책이다. 여주인공인 소녀 외제니는 방탕한 선생 세 사람을 소개받고 자유·도덕·종교의 본질과 음란한 행위를 번갈아가며 배운다. 외제니는 순수함과 무지를 빼앗긴 것이 아니라 스스로 내던졌고, 혁명가가 되어 사회의 관습과 금기에 반기를 든다.

《화장실의 심리학》이 다루는 내용과 공간은《규방 철학》과 다르다. 이 책은 거대한 철학적 개념이 아니라 사고와 감정, 행동에 관한 과학적 지식을 탐구한다. 이 책의 배경은 침실이 아니라 화장실이라는 아주 작은 공간이며, 주제는 섹스가 아니라 배설이다. 이책은 심리학이 배설, 배설에 얽힌 일반적인 현상과 병리 현상을 어떻게 설명하는지 들여다본다.

배설의 심리학이란 책의 주제로서는 그리 호감 가는 것이 아닐지 모른다. 불쾌하고 유치하며 하찮아 보이기 때문이다. 하지만 사실은 대단히 중요하며 엄청나게 매력적인 주제다. 인간의 배설물은 언제나 개인적·사회적 관심사일 수밖에 없으며, 우리가 배설물을 대하는 태도와 반응은 우리의 건강과 행복, 환경에 영향을 미친다. 위생 관리가 제대로 되지 않아 배설물로 오염된 물 때문에 설사에 시달리다 영양실조가 악화되어 목숨을 잃는 어린이가 매년 200만 명이 넘는다. 장티푸스, 심하면 실명에 이를 수도 있는 각막 감염 질환 트라코마, 인체의 혈관에 기생하는 주혈흡충, 또 전 세계 인구의 3분의 1을 괴롭히는 장 기생 선충들이 배설물을 통해 전염된다(Prüss-Üstün 외, 2008; Rosenquist, 2005). 전 세계 수억 명에 이르는 사람들이 위장 문제로 수치심과 불편함, 고통을 겪는다. 향후 몇 년 안에 위생 시설을 구비하고 깨끗한 물과 음식을 제공받을 필요가 있는 사람이 수십 억 명에 달한다. 이 문제를 해결할 수 있는 지속 가능한 방법을 찾으려면 배설에 대한 우리의 뿌리 깊은 거부감을 극복해야 한다. 배설물에 대한 혐오감과 오염에 대한 공포는 화학 비료가 너무 비싸고 식량이 부족한 지역에서 인간의 배설물을 비료로 사용하거나 하수를 재활용해 식수로 사용하는 일을 막는 주요 원인이다(Mariwah & Drangert, 2011; Callaghan 외, 2012).

그렇게 중요한 일인데도 사람들에게 배설은 그리 떠올리고 싶지 않은 주제다. 우리는 배설물에서 몸도 마음도 최대한 멀리 떨어져 있고 싶어 한다. 그래서 사람들은 이를 가능케 하는 기술을 높이 평가한다. 하지만 그 기술은 당연히 존재하되 보이지 않는 곳에 숨어 있어야 한다. 영국인을 대상으로 인류의 가장 중요한 발명품이 무엇이라고 생각하는지를 조사한 결과, 수세식 화장실이 9위에 올라 열기관보다도 한 단계 순위가 높았으며 페이스북보다는 73단계나 앞섰다. 두루마리 휴지는 22위로 기차나 펜, 신발보다도 순위가 높았고, 기저귀는 62위를 차지해 70위인 식빵보다 더 중요한 발명품으로 뽑혔다.

이 순위는 위생 시설의 중요도를 너무 과대평가한 것으로 볼 수도 있지만, 그만큼 위생 시설이 현대사회 발전에 필수적인 토대이기에 나타난 결과로 볼 수도 있다. 위생 시설이 제대로 갖춰지지 않으면 기생충으로 인한 질병이 발생하는데, 이러한 질병에 대한 공포가 바로 다른 민족이나 계층을 혐오하거나 멸시하는 배타적 집단주의의 온상이다. 우리가 오염될지 모른다는 두려움, 그리고 다른 집단은 더러우며 우리 집단을 오염시킬 수 있다는 믿음을 바탕으로 '우리'는 '다른' 집단을 구별하고 배척하는 것이다. 외국인 혐오와 자민족 중심주의가 강한 사람일수록 전염병의 위험성을 매우 민감하게 받아들이는 경향이 있으며(Faulkner 외, 2004), 기생충 감염 위험이 높은 나라 사람들일수록 새로운 생각이나 경험을 받아들이는 데 더 신중하고 덜 개방적이다(Schaller & Murray, 2008). 전염병의 위험도가 높을수록 관용도가 낮다는 것은 면역 체계가 발현된 결과라고 할 수 있다. 불신과 편협이라는 대가를 치르고 오염으로부터 자신을 보호하는 것이다. 심지어 진보적 가치관을 갖춘 민주 사회와 경제 성장은 위생 시설이 발전하면서 기생충으로 인한 스트레스가 줄어든 덕분에 나올 수 있었다고 주장하는 사람도 있다(Thornhill 외, 2009). 실제로 손힐Thornhill과 그 동료들은 기생충 질환 감염 위험성이 높은 국가가 다른 국가에 비해 민주주의와 개인의 자유, 성평등, 자원의 공정한 분배를 성취할 가능성이 낮다는 사실을 밝혀냈다.

배설은 사회에 광범위한 영향을 미칠 뿐만 아니라 심리적으로도 상당히 중요하다. 사람들은 배설을 사적인 일로 되도록 감추고 싶어 하지만 배변과 배뇨는 인간이라면 모두가 경험하는 보편적인 행위다. 또한 배변과 배뇨는 인간 또한 동물이며, 인간이 죽음과 부패에 취약하다는 사실을 상기해준다. 사람들 대부분은 숨쉬기를 제외하고는 여느 신체 활동보다 자주 배설을 하고, 배설을 피할 도리가 없다. 배설을 통제할 줄 안다는 것은 한 인간의 성장 발육 수준을 나타내는 중요한 지표로서, 부모와 아이에게는 불안스러운 관심사가 된다. 혐오감, 수치심과 더불어 불안은 배설 행위 및 배설물이 일으키는 강렬한 감정이다. 수많은 심리 장애가 불규칙한 배설이나 배설 패턴의 문제와 관련이 있고, 또 위장이나 비뇨기 계통의 많은 병증이 심리적 요인과 관련이 있다.

배설에 관한 각종 관념, 심상, 언어 표현도 배설의 심리적 중요성을 입증하는 증거다. 배설 행위, 배설물, 배설 관련 신체 부위를 지칭하는 단어는 섹스 관련 단어와 더불어 속어나 욕설, 언어폭력의 필수 요소다. 농담과 유머에도 흔히 배설물 관련 단어가 쓰인다. 이처럼 욕설과 지저분한 유머가 배설을 크게 떠벌리는 한편에, 교묘한 얼버무리기를 통해 배설을 가리고 최소화하는 다양한 언어 표현이 있다. '화장실'이라는 단어도 상당히 완곡한 표현이다. 사람들은 목욕하려고bath 화장실bathroom에 가지 않으며, 단지 쉬려고 rest 화장실restroom에 가는 사람도 없다. 배설은 풍부한 심리적 의미를 전달하며, 이러한 의미가 널리 공유되는 현상은 사람들에게 배설이 얼마나 뿌리 깊은 관심사인지를 보여준다.

화장실은 배설을 보여주는 창이자, 그 밖에 여러 가지 흥미로운 주제를 연구할 수 있는 실험실이기도 하다. 그중 하나가 바로 젠더의 심리학이다. 전 세계에서 대부분 남녀는 화장실을 따로 사용한다. 화장실이 남녀의 신체적 차이를 반영하기 때문이다. 남자는 서서 소변을 보지만 여자는 앉아서 소변을 본다. 이러한 차이 때문에 다른 공용 공간은 거의 성별에 따라 구분되지 않는 반면 화장실만은 남녀의 공간이 분리되어 있다. 화장실 이용의 편이성과 화장실 공중도덕을 놓고 남녀 간에 신경전이 벌어지기도 한다. 성차별에 반대하는 운동가들은 공용 화장실 공간 설계상의 불평등에 주목한다. 이들은 여성이 화장실을 사용할 때 남성보다 더 오랜 시간 기다려야 하는 것은 옳지 않다고 주장한다(Anthony & Dufresne, 2007). '변기의 형평성' 문제는 소송으로 이어져, 건축 법규상 반드시 설치해야 하는 남녀 화장실 시설의 비율을 수정하기에 이르렀다. 배뇨 행위의 남녀 차이는 가정에서도 문제를 일으킨다. 남성이 소변을 볼 때마다 변기 깔개를 다시 내려놓아야 하는가 하는 문제는 많은 가정의 평화를 어지럽히는 논쟁거리다.

젠더는 화장실과 관련된 여러 다른 현상에서도 고개를 든다. 여자 어린이는 남자 어린이보다 화장실 사용법을 일찍 습득하는 경향이 있다. 여성은 과민 대장 증후군에 시달릴 가능성이 남성보다 높으며, 남성은 공중화장실에서 소변을 보는 데 병적인 두려움을 느낄 가능성이 여성보다 높다. 여성은 대체로 노폐물에 대한 혐오감을 남성보다 더 많이 느끼며, 방귀를 더 꺼리고, 배설에 동반되는 냄새와 소리를 감추는 데 더 열심이다. 남성은 여성보다 지저분한 언사를 많이 사용하며, 그러한 말을 들어도 기분 상하는 정도가 덜하다. 여자 화장실에 있는 낙서는 남자 화장실에 있는 낙서보다 섹스에 관한 내용이 적고 덜 공격적이다. 화장실에서 나올 때 남성은 여성에 비해 손을 잘 씻지 않는다. 화장실과 관련해 여성이 청결과 순수 같은 규범을 어겼을 때는 남성보다 더 비난을 받는다. 분명 화장실은 남성성과 여성성, 그리고 여성성과 남성성을 지킬 것을 요구하는 사회적 관습과 깊은 관련이 있는 공간이다.

배설의 정신분석학 ●●●

심리학 이론의 대가들도 배설에 흥미를 보였다. 우리가 감추고 싶어 하는 신체 부위와 기능에 정신분석학이 지대한 관심을 쏟았다는 사실은 심리학을 잘 모르는 사람들도 잘 알고 있다. 지크문트 프로이트가 아주 어린 아이도 성적인 존재라고 믿었다는 사실 역시 잘 알려져 있다. 프로이트에 따르면 어린 아이들의 성적인 관심은 점막 기관의 발달에 따라 결정되는 심리성적psychosexual 단계를 불안정한 방식으로 거치면서 발전해서 성인 섹슈얼리티에 다다른다. 구강기의 유아는 모유를 빨 때 그렇듯이 주로 입에서 오는 자극을

지그문트 프로이트

통해 기쁨을 느낀다. 항문기에는 근육을 통제하는 능력이 발달하며, 배변 훈련을 통해 특히 항문과 요도의 괄약근을 통제하는 법을 배운다. 프로이트와 그의 추종자들에 따르면 항문기 아이들은 똥을 내보내거나 참는 것을 즐기는데, 이는 새로운 기술을 배우는 데서 오는 즐거움이라기보다는 감각적인 즐거움이다.

정신분석 이론에서 배설은 유아의 발달 단계를 설명할 때도 중요하지만 다른 영역에서도 중요한 역할을 한다. 정신분석가들은 특정한 유형의 성격과 정신질환이 항문기와 관련 있으며, 유아 발달 초기에 발생한 갈등에서 비롯된다고 주장한다. 완고함, 엄격함, 완벽주의, 인색함 같은 성향이 있는 사람들은 '항문기 성격anal character'을 가졌다고 여겨진다. 자신이 더럽게 오염되었다고 느끼는 강박증 환자나, 결벽증이 있고 사물을 정해진 방식대로 정렬하고자 하는 충동을 느끼는 환자들은 항문기 역학적 문제가 있다고 진단받는다. 프로이트의 연구 사례 중 가장 유명한 두 가지가 항문기 역학 문제의 좋은 예다. '늑대 인간'은 관장제 의존에 빠져 있었으며, '쥐 인간'은 아버지와 사랑하는 약혼녀의 엉덩이에 쥐 몇 마리가 붙어서 몸 안으로 들어가려 한다는 강박관념에 시달렸다.

배뇨는 배변만큼 정신분석가들의 관심을 받지는 못했지만 아예 무시되지는 않았다. 요도가 심리성적 단계 하나를 거머쥔 항문과 동등한 지위를 얻지는 못했지만, 프로이트는 '요도 에로티시즘'이라는 독특한 상태가 있으며, 이것이 성인기의 '불타는' 야망과 관계가 있으리라고 추측했다(Freud, 1908). 또한 프로이트는 원시인이 불에 오줌을 싸고 싶어 하는 유아적 욕망에 처음으로 저항한 순간, 인간이 불을 통제하고 이용할 수 있게 되었으므로 이때 인간 문명이 일보 전진한 것이라고 보았다(Freud, 1930).

프로이트 외에도 배설을 중요하게 여긴 정신분석학자들이 있다. 심리사회적 발달 단계를 정리해 정신분석 이론의 범위를 넓히고 이를 생애사 연구에 활용한 에릭 에릭슨(1902~1994)은 마르틴 루터의 생애와 저작에서 화장실이 지닌 중요성을 조명했다. 개신교의 창시자인 마르틴 루터는 초년에 불안과 우울증, 자기 의지와 관계없이 떠오르는 음란한 이미지 때문에 괴로워했고, 자신이 수도자가 되어도 괜찮은지 끊임없이 의심했다. 에릭슨에 따르면 오랜 변비와 요폐(방광에 있는 소변을 배출하지 못하는 상태_옮긴이)에 시달리던 마르틴 루터는 변소에 앉아 있다가 믿음이 중요하다는 계시를 받고 인생이 바뀌었다(Erikson, 1958). 에릭슨은 여기서 루터가 계시를 받은 공간, 곧 변소가 중요하다고 본다. 그곳이 루터를 '자기억제가 심하고 지나치게 꼼꼼한 인간에서 격정적인 인간으로 바꾸었으며, 이때 루터는 자기도 모르게 자기 자신을 표출하는 경험'을 했다는 것이다(Erikson, 1958, 199쪽). 루터는 상대방을 비난할 때 항문 관련 표현을 즐겨 사용했다. 당시의 부패한 교황을 '똥멍청이'라고 불렀고 '내 밑이나 닦아라'라는 말로 악마를 욕했다. 에릭슨은 오로지 이때 마르틴 루터가 상징적으로, 아니 말 그대로 '자기 자신을 놓아버릴' 수 있었다고 보았으며 이를 통해 마르틴 루터가 자신의 영적인 삶을 해방하고 변화시켰다고 주장했다. 후기 정신분석학자들은 한발 더 나아가 항문애anality가 루터의 삶에 영향을 끼쳤을 뿐만 아니라 개신교와 자본주의, 배금주의 발전에도 핵심적인 역할을 했을 것이라고 보았다(Brown, 1968).

정신분석가 몇몇은 배설 관련해서 몸소 생생한 체험을 했다. 프로이트의 전기 작가에 따르면(Jones, 1964), 프로이트는 오랫동안 변비로 고생했고, 친구들에게 보낸 편지에 자신의 장 질환을 자주 언급했다. 또한 프로이트는 미국식 화장실을 사용하고 나서 방광에 문제가 생겼다고 불평했다(Kaplan, 2010). 프로이트가 성적 동기를 지나치게 강조한다고 보고 그와 결별한 카를 융도 똥에 얽힌 일화를 남겼다. 융은 자서전에서, 소년 시절 대성당을 올려다보다가 갑자기 두려움에 휩싸였으며, 이 두려움을 극복하지 못하는 것은 '가장 끔찍한 죄'를 저지르는 것이나 다름없다고 생각했다고 회고 했다(Jung, 1963). 융은 매우 고통스러워하며 3일을 참다 결국 두려 움에 항복했다. 그리고 그때 황금 보좌에 앉아 있는 하느님이 성당 위로 '거대한 똥덩어리'를 떨어뜨리는 환영을 보았다. 어린 융은 이 환영을 교회의 권위에 굴복하지 말라는 계시로 받아들이고 감 사의 눈물을 흘렸다. 그 밖에도 여러 심리 사상가가 배설 관련 문 제를 겪었는데, 찰스 다윈은 방귀가 너무 많이 나와서 힘들어했고, 성과학 연구가인 헨리 해블록 엘리스(1859~1939)와 앨프리드 킨제 이(1894~1956)는 요도 도착 성향을 보였다.

배설의 심리학 ●●●

정신분석학과 달리 현대 심리학계와 대중심리학에서는 배설에 관 해 이론을 수립한 경우가 거의 없고, 자서전에 배설 문제를 언급한 심리학자도 거의 없다. 정신분석학은 심리학계에서 영향력을 잃고 있으며, 심리학 교육 과정에서도 정신분석 개념은 비과학적인 상 상이라는 평가를 받으며 거의 퇴출되었다. 임상심리학과 정신의학 분야에서는 순화한 형태의 정신분석론을 임상 실습과 대화 요법에 적용하기도 하지만 역시 정신분석 개념을 온전히 인정하지는 않는다. 여러 정신분석학 연구소와 심리 치료 전문학교, 직업적 정신분석가들이 아직 활동하고 있기 때문에 정신분석이 완전히 힘을 잃었다고 볼 수는 없지만, 20여 년 전에 비해 정신분석 개념은 주류 심리학보다 훨씬 덜 통용된다. 이처럼 정신분석학의 힘이 약해진 결과 인간의 정신과 행동에서 배설이 맡는 역할은 이제 거의 논의되지 않고 있다.

심리학 연구와 이론에서 배설이 거의 설 자리를 잃은 반면 소화관의 다른 한쪽 끝은 승승장구하고 있다. 수많은 과학 학술지에서 식욕과 음식 섭취에 대해 조사하고 미각을 화학적 감각의 하나로서 분석하는 등 먹고 마시는 행위에 지면을 바치고 있다. 수천여 편에 이르는 논문이 거식증이나 폭식증 같은 섭식장애의 증상, 원인, 치료법을 탐구하고, 수많은 학술지가 이러한 증상을 파악하고 치료하려는 연구 결과와 이론을 발표한다. 그러나 배설과 관련 장애 연구에 주목하는 심리 학술지는 없으며, 심리학자가 임상의학과 생물과학의 관점에서 배설을 다루는 소화기학 및 비뇨기학 분야 학술지에 논문을 싣는 경우도 거의 없다.

화장실 문을 닫아버린 심리학이 부엌에만 머무르는 것은 아니다. 심리학은 침실에 관해서도 할 말이 참 많다. 여러 심리 학술지와 논문, 교과서가 성性장애와 성적 발달, 성 소수자, 성병을 유발하는 행동 요인, 성 요법의 종류 등을 탐구한다. 침실에서 하는 행동 및 친밀한 관계에서 성적 만족도가 차지하는 역할에 관한 조사, 성적으로 흥분하지 못하는 등 성생활에 문제가 있는 사람들을 대상으로 한 임상 연구도 수없이 많다. 이처럼 섹스에 푹 빠져버린 학계의 양상은 당황스러울 정도로 배설을 무시하는 태도와 극명하게 대비된다.

현실 세계에서 그 중요성이나 필요성이 적은 탓에 배설이 무시당한다고는 볼 수 없다. 상당한 심리적 특성을 동반하며 위 아래쪽 소화기관이나 비뇨기에 증상이 나타나는 장애는 섭식장애보다 훨씬 흔하지만, 대중매체의 관심은 그보다 훨씬 적게 받는다. 예를 들어 거식증은 몹시 고통스러운 질병이긴 하지만 과민 대장증후군이나 요실금 및 변실금, 공중화장실에 대한 극심한 공포로 고생하는 사람은 거식증으로 고생하는 사람보다 몇 배나 더 많다 (Hoek&van Hoeken, 2003; Saito 외, 2002). 사람들이 배설에 대해 생각하기보다는 어떻게 해서든 배설의 흔적을 숨기려고 애쓰듯, 심리학자들도 과학적 연구와 이론에서 배설을 무시하고 감추려 한다.

새로운 배설 심리학의 등장? ●●●

주류 심리학에서는 배설에 집착하는 정신분석학을 의심하며 배설을 무시해왔지만, 사실 심리학계는 지금 배설을 적절하게 (어쩌면 부적절하게) 주목할 준비가 되어 있는지 모른다. 심리학계 내의 여러 흐름이 다시 배설에 대한 관심을 높일 가능성이 있기 때문이다. 심리학자들은 머릿속에서 일어나는 추상적인 작용보다 정신 건강에 더 많은 관심을 보이게 되었고, 배설과 관련이 깊은 (그러나 최근까지 무시되어왔던) 여러 감정에 흥미를 보이기 시작했으며, 점점 더 많은 사람들이 정신적 현상과 신체적 현상이 밀접하게 연결되어 있음을 인정하고 있다. 이러한 상황은 이제 심리학자들이 다시 한 번 배설에 관심을 가질 때가 무르익었다는 신호다.

일상 영역을 다루는 심리학의 등장

새로운 현상 중 하나는 심리학계에서 전반적인 심리 작용보다 일상의 행동 영역에 중점을 두기 시작했다는 점이다. 폴 로진Paul Rozin(1936~)이 주장했듯이 원래 연구심리학자들은 스포츠나 일, 음악, 음식 섭취, 도덕, 종교 등 인간의 특정한 활동 영역에서 사람들이 어떻게 생각하고 행동하는지를 연구하기보다는 학습과 기억, 인식, 추론 과정에서 나타
나는 인간의 정신 작용과 행동
을 이해하려고 했다(Paul Rozin,
2006). 영역별로 특수한 패턴들
을 연구하기보다는 일반적이고
보편적인 정신 작용을 발견하
고 싶었던 것이다. 그 결과 특정
생활 영역에 관한 주제는 사회
학이나 인류학 같은 인접 사회
과학으로 넘어가기 일쑤였다.

폴 로진

그리하여 사회학이나 인류학이

주목한 제도와 관습, 혈연 관계, 종교와 문화 등은 심리학 교과서
에서 차지하는 비중이 약했다. 하지만 로진이 관찰했듯 광범위한
변화가 일어나고, 일상 영역을 중요하게 다루는 심리학이 점점 더
힘을 얻고 있다.

변화의 증거는 여러 군데에서 나타난다. 그중 하나가 여러 중요
한 심리 작용들은 저마다 특정한 영역에 적합한 기능을 하도록 진
행되며, 인간 정신은 언어 활동이나 사회적 교환에 대한 추론 등
특정 과업에 특화된 별개의 '모듈'로 이뤄져 있다는 개념이 인지심
리학에 등장한 것이다. 문화심리학에 대한 관심이 커지고 있는 것

도 변화의 증거다. 문화심리학은 음식이나 섹스 관련 금기, 사교의 예법 등을 분석할 때 추상적인 과정보다 그 내용이 더 중요하다고 본다. 그 결과 중 하나로 여가와 일, 섹스, 음식 섭취, 종교, 도덕, 수면 등 특정한 생활 영역에 관심을 보이는 과학 학술지와 전문가 집단이 점점 더 늘고 있다.

심리학이 여태껏 무시해왔던 일상 영역을 탐구하기 시작한 지금, 로진은 그동안 인정받지 못했던 주제를 연구하자고 주장한다 (Paul Rozin, 2007). 로진이 지목한 주제는 바로 '구멍 파보기 hole hole'. 곧 정신분석학에서는 집요하게 연구했으나 훗날 심리학자들한테서는 버려진, 인체에 있는 구멍의 심리학이다. 말할 필요도 없이 이 책의 목표는 그 구멍을 파보는 것이다.

감정의 재발견

감정은 심리학자들이 끊임없이 관심을 둔 주제다. 연구심리학자들은 늘 감정의 심리적·생물학적 토대를 이해하고자 했고, 임상심리학자들은 항상 극심한 불안, 분노, 슬픔, 행복감의 결핍, 당혹감, 죄책감 같은 감정 문제를 이해하고 치료하고자 했다. 하지만 심리학자들이 방대한 감정 영역에 공평하게 관심을 쏟은 것은 아니었고, 어떤 영역은 특히 방치되었다. 최근 들어서야 심리학자들의 관심을 받기 시작한 감정 영역이 바로 수치심과 혐오감이다.

수치심과 혐오감은 사람들이 자기 신체에 대해 걱정할 때, 특히 신체의 청결에 관한 규범을 위반했을 때 자주 나타나는 감정이다 (Nussbaum, 2004). 우리는 신체가 우리의 청결과 품위를 훼손했을 때, 특히 그러한 실패가 다른 사람에게 노출되었을 때 강한 수치심을 느낀다. 다른 사람을 해치거나 다른 사람의 권리를 침해했을 때 느끼는 감정인 죄책감은 구체적인 행동을 끌어내고 상황을 개선하도록 동기를 부여하지만, 수치심은 자아 전체를 먹칠하며 쥐구멍에라도 숨고 싶게 만든다. 혐오감은 사람 몸에서 나온 배설물, 죽어서 부패한 것 등 갖가지 불쾌한 대상을 보았을 때 느끼는 감정이다. 또 다른 사람이 특정한 공격적 행동을 보였을 때 혐오감을 느끼기도 한다. 수치심과 혐오감은 둘 다 신체와 밀접한 관련이 있을 뿐만 아니라 서로 밀접하게 엮여 있다. 사람들은 다른 사람이 자신에게 혐오감을 느낄 때 수치심을 느끼며, 다른 사람이 수치스러운 행동을 했을 때 혐오감을 느낀다(Giner-Sorolla & Espinosa, 2011).

심리학자들은 1980년대 들어서야 수치심에 주목하기 시작했다. 그 전에 수치심은 기껏해야 다른 불쾌한 감정의 불쌍한 사촌 정도로 여겨졌다. 심리학 관련 저작물을 모아둔 한 주요 데이터베이스에 따르면 제목에 '수치심'을 거론한 문헌은 1960년대에 오직 16편뿐이었고 1970년대에는 49편이었으며, 그 후 기하급수적으로 늘어나 1980년대에는 234편, 1990년대에는 665편, 2000년대에는 924편에 달해 거의 4일에 한 편꼴로 발표되었다. 이렇게 수치심에 대한 관심이 급격하게 증가한 것은 수치심이 여러 정신장애를 유발하는 요소로서 죄책감보다 더 쉽게 정신적 혼란을 불러일으키며, 불안보다 더 치유하기 어렵다는 사실을 인식했기 때문이다. 이 밖에도 수치심은 폭력과 각종 의존증, 성적 학대에 대한 반응에도 중요한 역할을 하는 것으로 알려져 있다.

혐오감 관련 문헌의 증가 추세는 더욱 극적이다. 1960년대에는 단 1편이었고 1970년대에는 아예 없었다가, 1980년대에는 제목에 '혐오감'이 들어간 문헌이 16편, 1990년대에는 60편, 2000년대에는 366편에 이르렀다. 이 같은 현저한 증가는 폴 로진과 존 하이트 Jon Haidt의 연구 덕분이라고 할 수 있다. 이들의 연구는 혐오감이라는 감정이 맛없는 음식을 거부하는 단순한 신호(살짝 찡그린 콧구멍과 굳게 다문 입)에서, 순수하고 성스러운 것을 침해하는 것이나 인간의 동물성을 새삼 깨우쳐주는 것에 대한 복잡한 반응으로까지 발전한다는 사실을 보여주었다. 곧 혐오감은 '입에서 도덕으로oral to moral' 발전한다(Rozin 외, 2009). 혐오감은 여러 정신장애의 중요한 관건이 되며, 강박장애에서 동성애혐오에 이르기까지 다양한 도덕적 판단과 사회적 편견의 근거로 작용한다는 것도 점점 분명한 사실로 드러나고 있다.

수치심과 혐오감에 관심을 기울이는 심리학자가 급격하게 늘어난 것은 화장실과 관련해 새로운 후기 프로이트 심리학이 등장할 때가 되었다는 신호다. 수치심과 혐오감은 믿을 수 없고 더러우며 완벽하게 통제할 수 없는 우리 신체와 밀착 연결된 감정이다. 그리고 두 감정 모두 으레 배설 관련 맥락에서 발생한다. 신체 배설물과 접촉했을 때 혐오감이 발생하며, 적절한 장소에서 적절한 방법으로 배설물을 처리하지 못했을 때 수치심이 발생한다. 에릭슨이 수치심과 항문기 단계를 직접 연관 지은 것은 우연이 아니다. 그는 권위적인 부모가 아이에게서 자유롭게 자기 근육을 통제할 능력을 빼앗으려 시도한 결과 수치심이 발생한다고 보았다(Erikson, 1963). 이처럼 심리학계가 신체 중심적 감정을 재조명하기 시작한 덕분에 배설의 심리학을 탐사할 적기가 마련되었다.

몸과 마음은 연결되어 있다

신체 중심적 감정에 대한 관심이 늘어나는 배경에는 심리학자들이 신체 및 신체와 정신 작용의 관계에 점점 더 주목하고 있는 현상이 있다. 이러한 현상은 몇 가지 중요한 진척을 이룬 분야에서 두드러지게 나타나는데, 그중 하나가 신체 건강에 관한 심리학이다. 성격과 감정, 문제 대처 방식이 질병과 싸우고 회복하는 데 미치는 영향에 많은 관심이 쏠리고 있다. 건강심리학은 임상 심리 치료를 '정신질환이라는 게토'에서 건강과 웰빙이라는 더 넓은 세상으로 꺼내준, 아주 활발하게 연구되고 있는 분야다. 건강심리학자들은 병원과 클리닉 등 다양한 환경에서 암과 심장병, 각종 의존증, 신경질환의 치료 및 예방을 돕고 있다.

건강심리학의 업적 한 가지는 신체의 웰빙과 심리적 웰빙의 밀접한 연관성을 밝힌 것이다. 심신 상관성이란 이제 그다지 새로운 얘기도 아니지만, 그동안 건강심리학자들은 심신 상관성 개념에 공고한 과학적 토대를 마련해왔다. 이제 우리는 고통을 자각하는 데 마음가짐이 영향을 미치고, 성격적 특성이 수명과 질병 민감성에 영향을 미치며, 문제 대처 방식이 회복을 촉진하거나 방해하고, 생각과 감정에 대한 단순한 간섭도 신체의 안녕에 심대한 영향을 미칠 수 있음을 잘 알고 있다.

체화embodiment에 관한 최근 연구에서 심리학자들이 신체에 마음을 열었다는 또 다른 증거를 찾을 수 있다(Niedenthal 외, 2005). 이들 연구에서는 일상적인 심리 작용이 신체의 움직임, 자세, 표현과 미묘하게, 때로는 놀랄 만큼 연관되어 있다는 사실을 알려준다. 주로 노인들이 자주 쓰는 단어를 읽은 사람은 노인이 걷듯이 천천히 걷는다(Bargh 외, 1996). 펜을 윗입술에 올려놓으라는 지시를 받은 사람은 펜을 이로 물고 있으라는 지시를 받은 사람에 비해 슬픈 기분을 느끼는데, 이는 펜을 입술로 받치느라 얼굴을 찌푸리거나 펜을 물면서 마치 웃는 듯한 표정을 짓는 데 따라 무의식중에 생겨난 기분의 변화다(Strack 외, 1988). 탁자 밑에 손을 받치고 탁자를 밀어 올리는, 곧 접근을 뜻하는 동작을 하면서 낯선 문자를 본 사람은 탁자 위에 손을 놓고 아래로 누르는, 곧 회피를 뜻하는 동작을 하면서 그 문자를 본 사람보다 더 그 문자에 호감을 보인다(Cacioppo 외, 1993). 사진 속 얼굴의 표정과 시선, 머리 방향을 따라 해본 사람은 껌을 씹어달라는 지시를 수행하느라 사진을 따라 하기 어려웠던 사람보다 그 얼굴을 훨씬 잘 기억한다(Zajonc 외, 1982). 물을 많이 마신 후 소변을 참아야 했던 사람들은 돈이 걸린 일을 결정할 때 더 큰 자제력을 보인다(Tuk 외, 2011).

이러한 연구 결과는 인지와 사고, 감정, 다른 사람과 주고받는 반응이 오로지 정신적인 차원에서만 발생하는 것이 아니라는 사실을 드러낸다. 이러한 정신 작용은 물리적 공간을 차지하는 신체와 함께 움직이며, 신체에 따라 형성되고 비유적 형태를 부여받는다. 이 모든 연구는 심리학이 순수하게 정신만을 연구할 수는 없으며 반드시 신체를 함께 고려해야 함을 보여준다. 그리고 신체를 진지하게 고려한다면 아름답든 추하든, 자랑스럽든 수치스럽든, 깨끗하든 더럽든 간에 신체의 모든 측면을 간과하지 말아야 한다.

이 책에서 할 이야기들 ●●●

이 책은 배설 및 배설의 심리적 차원에 관한 이야깃거리들을 담고 있다. 각 장은 독립적인 글이지만 전체적으로 보면 모두 연결된다. 책의 목표는 인간 정신의 본성에 대한 심오한 관찰 소견을 전달하는 것도 아니고 거시적인 결론을 끌어내는 것도 아니다. 나는 다만 심리학이 우리의 일상사에 대해 무엇을 가르쳐줄 수 있는지 돌아보고자 했다. 이 책은 심리학계에 보고된 무수한 이론적 개념과 실험으로 알아낸 결과에 방점을 둔다. 이들 개념과 연구 결과는 수백 가지 문헌에 뿔뿔이 흩어져 있었으며, 개중에는 잘 알려지지 않은 학술지에 실려 있어 전문가들만 접할 수 있는 것도 있었다. 많은 논문이 오랫동안 잘 읽히지도 않고 거론되지도 않은 채 묻혀간다. 하지만 이들 연구를 뒤져보면 종종 실험으로 입증된 매우 흥미로운 사실과 번득이는 이론적 고찰, 흔치 않은 역사적 경험과 흥미진진한 사례 연구를 발견할 수 있다. 내 바람은 이 빛나는 사실과 인물, 이론들을 모아 그동안 주목받지 못했던 주제를 심리학적으로 이해할 수 있는 토대를 마련하는 것이다.

2장부터 4장까지는 고체, 액체, 가스 형태의 배설물과 직접 관련 있는 심리를 탐구한다. 2장은 배변에 관한 연구로 시작하며, 특히 과민 대장 증후군을 주로 다룬다. 과민 대장 증후군은 흔한 질병으로 심리적 요인이 중요하다고 여겨진다. 이 증후군은 변비, 갑작스러운 배변 욕구, 복부 통증, 설사 등 여러 불편한 위장 증상을 유발하는데, 오로지 신체의 문제라고만은 할 수 없으며 불안감과 우울증으로 고생하는 사람들에게 종종 발병한다. 2장에서는 과민 대장 증후군에 관한 이론과 심리학 연구를 역사적으로 훑어보고, 신체 요인과 심리 요인이 어떤 방식으로 결합해서 이 증후군을 유발하는지 알아본다. 그 과정에서 변비가 특정 유형의 성격이나 정서장애와 관련이 있는지 살펴보고 뇌와 교감신경계, 심리적 트라우마가 결합해 장 기능을 방해하는 복잡한 방식을 짚어나가며 변비의 심리학을 탐험한다.

3장은 장에서 방광으로 넘어간다. 과민 대장 증후군의 큰 요인이 되는 불안감은 과민성 방광 증후군 내지 '공중화장실 공포증'에 더욱 핵심적인 역할을 한다. 공중화장실이나 사적인 배설 활동이 다른 사람에게 노출될 수 있는 상황에서 많은 사람들, 특히 남성들이 배뇨가 심각하게 억제되는 경험을 한다. 이 밖에 공중화장실에 국한되지 않는 다른 형태의 요폐 증세들은 여성에게 더 많이 나타난다. 3장에서는 배뇨가 억제되는 증상의 원인과 이 증상을 유발하는 심신心身 작용을 가장 잘 설명하는 이론을 탐구한다. 그리고 정반대로 배뇨를 억제하지 못하는 증상인 요실금과 야뇨증, 그리고 이런 증상을 억제하기 위해 다양한 시대와 문화에서 실행된 여러 배뇨 훈련법을 알아본다. 더불어 어릴 때 야뇨증이 있고 불장난을 하며 동물을 학대하는 세 가지 특성이 범죄자로 성장할 징후라는 속설은 과연 사실인지도 알아본다. 마지막으로, 다른 사람의 배뇨 활동을 훔쳐보거나 다른 사람과 함께 배뇨하는 데서 성적 흥분을 느끼는 사람들의 사례도 살펴본다.

4장에서는 깜짝 놀랄 정도로 풍부한 방귀의 심리학을 알아본다. 방귀는 병적인 불안과 편집망상 같은 여러 불편한 감정을 동반하지만 동시에 와자한 웃음을 자아내는 유머 소재이기도 하다. 앞으로 알아보겠지만 방귀가 여러 가지 기능을 수행한다는 이론이 있으며, 방귀를 뀌는 사람의 성격이나 음악적 재능 등 많은 것을 알려준다는 주장도 있다. 그리고 이 책에서 살펴보는 다른 주제들과 마찬가지로 방귀 또한 젠더 심리학과 관계있는 여러 흥미로운 이야기를 들려준다.

5장부터는 배설 자체가 아닌 배설과 간접적으로 연관된 주제를 다룬다. 5장에서는 '항문기 성격'에 대한 정신분석학의 논지를 알아본다. 항문기 성격은 배설에 대한 어린 시절의 태도에서 비롯된다고 알려진 성격 유형이다. 지크문트 프로이트는 어린아이가 주로 입에서 즐거움을 얻는 발달 단계를 지나 항문과 배변 활동을 통해 즐거움을 얻는 발달 단계로 나아간다고 보았다. 그리고 이 단계에서 어려움을 겪은 아이들은 특정 유형의 성격적 특성이 발달할 수 있는데, 이른바 항문기 성격의 3요소 곧 정리정돈에 대한 집착, 완고함, 인색함이 그것이다. 5장에서는 정신분석학이 항문기 성격을 어떻게 묘사하는지 알아보고 관련 실증 연구를 검토한다. 이 같은 연구는 1970년대 들어 사그라졌고 이제는 역사적 오류가 낳은 기이한 유물로서만 언급되고 있지만, 항문기 성격 개념이 수명을 다했다고 보기는 어렵다. 실제로 항문기 성격은 최근의 성격 연구와 이론에서 강박성 성격, 완벽주의, 권위주의, 혐오감을 잘 느끼는 성격, 수집벽, A 유형 성격* 등 여러 모습으로 다시 등장하고 있다. 사실 항문기 성격과 항문이 직접적인 관련은 없다는 것이 증명되었지만, 이 개념과 관련 있는 흥미로운 심리학 연구들이 계속해서 나오고 있다.

6장도 배설과 간접적으로 연관된 주제로, 언어 영역에서 배설이 맡고 있는 역할을 다룬다. 사람들이 폭력적인 감정을 표현하고자 할 때 사용하는 욕설에는 대부분 배설물이나 배설물과 관계있는 신체 장기의 이름이 들어 있으며, 이는 자신을 화나게 만든 사람을 가리키는 모욕적인 명칭에서도 마찬가지다. 이러한 현상과 더불어 모욕적인 언사를 '더러운 말' 또는 '변기에 빠진 입potty mouth'이라고

* 1970년대 중반 심장병 전문의 프리드먼Friedman과 로젠먼Rosenman이 정의한 성격 유형으로, 성취 지향적이며 타인에 대한 경쟁심과 적개심이 강하고, 항상 긴장하고 있는 것이 특징이다.

지칭하는 것은 결코 우연이 아니다. 6장에서는 욕설의 심리학과 여러 문화권에서 나타나는 흥미로운 닮은꼴 욕설들을 알아본다. 욕설은 투렛 증후군*이라는 정신질환에서 정점에 이른다. 투렛 증후군의 증상 중 욕설을 통제하지 못하는 증상을 욕설증coprolalia이라고 하는데, coprolalia라는 단어를 글자 그대로 해석하면 '똥 말'이라는 뜻이다. 전화외설증telephone scatologia**이 있는 사람은 지저분한 언사를 통제할 능력이 있는데도 강박적으로 욕설을 내뱉는다. 이러한 증상에 대한 임상 자료를 살펴보고 나서, 상징적 차원에서 글자 그대로의 차원으로 방향을 돌려 식분증에 대해 알아본다. 대변을 먹는 행동은 여러 정신질환의 증상으로, 매우 다양한 심리적 기제가 있는 것으로 보인다. 이식증***을 앓는 어린아이는 대변 등 영양분이 전혀 없는 갖가지 물질을 먹는데, 치매 같은 신경질환이 있는 어른이나 심각한 지적 발달장애 어린이도 종종 같은 증상을 보인다. 식분증은 심각한 우울증이나 정신병, 또는 페티시즘의 맥락에서도 나타나지만 역설적이게도 청결에 집착하고 오염에 대한

● 이 질환을 처음으로 기록, 보고한 프랑스 의사 조르주 질 드라 투레트의 이름을 딴 병명으로, 본인의 의지와 상관없이 의미 없는 동작을 반복하는 신경장애다. 얼굴·머리·신체의 경련, 이상한 소리를 내는 증상이 나타난다.

●● scatologia는 똥을 가리키는 그리스어 skat에서 나온 말이다.

●●● 음식이 아닌 물질, 예를 들어 종이나 금속, 분필, 흙, 유리 등을 먹는 행동으로 주로 만 1~2세에 시작되며 대부분 6세 이전에 자연히 사라진다.

공포가 심한 사람들한테서도 나타난다. 6장에서는 이런 다양한 갈래에서 어떻게 동일한 역겨운 행동이 나오는지를 탐구한다.

지금까지 배설을 한 가지 활동이나 신체 기능, 또는 상징의 원천으로서 바라보았다면, 책의 마지막 두 장은 물리적인 장소 또는 공간으로서 화장실을 다룬다. 7장은 그래피티, 그중에서도 '화장실 낙서'로 알려진 장르가 나타나는 장소로서 화장실을 탐구한다. 공중화장실은 저속하고 재미난 글을 퍼뜨리기에 적합한 공간인데, 사적인 행위가 가능한 공간이면서도 익명으로 타인과 교류할 수 있으며, 사회에서 금기시되는 발상과 이미지를 떠올리기 쉬운 행위가 이뤄지는 곳이기 때문이다. 화장실 낙서의 내용과 형태를 주제로 한 심리학 연구 사례는 예상 외로 상당히 많으며, 상당히 많은 민속학 연구와 인류학 연구도 이들을 뒷받침하고 있다. 방귀와 마찬가지로 화장실 낙서에서도 남녀 차이가 나타난다. 남자 화장실과 여자 화장실은 대개 분리되어 있기 때문에 몇몇 연구자들은 화장실을 사고방식과 선입견, 언어 사용, 의사소통 방식에서 나타나는 성차를 연구하기에 매우 적합한 실험실로 여긴다.

7장과 마찬가지로 8장에서도 화장실을 물리적인 장소로서 다룬다. 하지만 이번에는 화장실을 둘러싸고 있는 벽이 아니라 화장실 자체에, 공중화장실이 아니라 사적인 화장실에 주목한다. 8장은 여성과 화장실을 공유하는 남성이 소변을 본 후 변기 깔개를 내려야 하는가라는 골치 아픈 문제를 다룬다. 이 사소해 보이는 행동을 하기 싫어하는 일부 남성들은 엄청난 감정 대립을 빚어가면서 이 문제를 작지만 끝나지 않는 젠더 전쟁의 장으로 만든다. 8장에서는 이처럼 곤란한 상황에 처한 남녀가 따를 수 있는 몇 가지 변기 깔개 처리 방안을 효율성과 공평성이라는 기준으로 비교 분석하며, 그 결과 가장 효율적이고 가장 공평한 것으로 나타난 한 가지 방안이 명백한 승자로 떠오른다. 하지만 변기 깔개의 처리를 논할 때 가장 중요한 것은 경제적 합리성이 아니며 이 딜레마를 심리학적으로 분석할 필요가 있다는 주장이 이어진다. 이와 관련된 몇몇 심리학적 문제를 살펴본 뒤, 부부 한두 쌍 정도는 구원할 수도 있을 조언을 제공하며 책을 마무리한다.

2장
대장은 예민하다

분류는 과학의 기반이다. 물리학자는 아원자 입자를 보손, 렙톤, 쿼크로 분류한다. 천문학자는 천체를 행성, 항성, 소행성, 혜성, 그리고 갖가지 색깔별 왜성으로 분류한다. 화학에는 주기율표가 있고, 생물학에는 생물 분류 체계가 있다. 의학에는 진단 체계가 있다. 그리고 배변 과학에는 브리스틀 대변형태척도가 있다.

영국 의사들이 고안한 브리스틀 대변형태척도는 대변을 무른 정도에 따라 7단계로 구분한다. 1단계는 '견과류처럼 단단한 낱낱의 덩어리들'이고 2단계는 '단단한 소시지 모양 덩어리'다. 가장 무른 7단계는 '뭉친 데 없이 묽은 것'이고 6단계는 '몽실몽실하고 가장자리가 흐물흐물한 덩이들'이며 5단계는 '부드럽고 가장자리의 윤

곽이 뚜렷한 덩이들'이다. 3·4단계(표면에 균열이 있거나 없는 소시지 또는 뱀 모양)가 적당한 중간이다. 3·4단계의 대변은 미끈한 형태를 갖추고 있으며 매끄럽게 항문을 빠져나온다(O'Donnell 외, 1990). 브리스틀 대변형태척도는 다소 시적이었던 과거의 8점 척도(예를 들어 3점 : '형태가 허물어졌으나 그 원형이 보이기는 함', 8점 : '단추처럼 동그란 덩이들이 쪼글쪼글 층지어 있음'. Davies 외, 1986)를 대체해서 가장 우세한 대변 분류법이 되었다.

브리스틀 대변형태척도는 다소 우스꽝스럽지만, 위장을 치료하는 의사에게 매우 도움이 되는 것으로 밝혀졌다. 척도의 각 단계는 대변이 대장에 체류하는 시간을 정확하게 알려준다. 대변은 체류 시간이 길수록 단단해진다. 양 끝에 있는 두 단계는 특히 중요한데, 분명히 다르면서도 서로 밀접한 관련이 있는 두 가지 건강 이상, 곧 설사와 변비를 가리키기 때문이다.

설사와 변비는 신체 현상이며 오로지 신체적인 원인 때문에 발생할 수도 있다. 전염병과 카페인이 배변을 촉진할 수 있고, 식생활에 변화가 생기거나 수분 섭취가 부족할 때, 또 장거리 비행을 했을 때 변비가 생길 수 있다. 하지만 설사와 변비에는 심리적인 측면도 있다. 위장이 우리의 감정 상태에 매우 민감하며 일상적인 스트레스에 반응한다는 사실은 이미 잘 알려져 있다. 강한 공포와 분노가 설사를 초래할 수 있으며, 변비는 종종 정신적 안정을 깨뜨리고 신체적 불안을 야기한다.

이번 장에서는 이 같은 배변 문제에 관한 심리학을 알아본다. 대장은 정말로 민감한 기관이며, 복잡하고 이루 다 알 수 없는 방식으로 감정의 기복에 반응한다. 대장이 이렇게 예민한 이유의 일부는 독자적인 신경계를 갖고 있기 때문인데, 이 신경계는 끊임없이 뇌와 소통한다. 뇌가 대장에게, 그리고 (당황스럽지만) 대장이 뇌에게 신호를 보내는 것이다. 이성과 감정을 상징하는 것은 머리와 심장이지만 사실은 대장이 심장보다 감정을 훨씬 잘 보여주며, 놀라운 방식으로 뇌에 영향을 끼친다.

이 장은 설사와 변비에 관한 심리학적 고찰의 역사를 살펴보는 것으로 시작한다. 먼저 정신분석가와 초기 심신 이론가들이 설사와 변비의 심리적 차원을 어떻게 파악했는지 알아본다. 그다음 현대 의학은 설사와 변비, 복부 통증을 동반하며 심신성心身性 요소가 상당히 많은 과민 대장 증후군을 어떻게 진단하는지 살펴보고, 관련 심리학 연구를 통해 과민 대장 증후군과 연관된 성격적 특성 및 정신장애, 과민 대장 증후군에 취약하게 만드는 경험과 스트레스, 회복탄력성을 높이는 요인, 뇌와 대장이 연합해서 과민 대장 증후군을 일으키는 과정을 알아본다.

장의 심리학 ●●●

장 트러블은 심리학 발달 초기부터 학자들의 주목을 받았다. 예를 들면 한 세기 전의 심리 치료 서적에서 월시는 불안이 변비의 주요 원인이라고 주장했다. 월시는 장운동에 너무 불안하게 신경을 쓰면 장이 더욱더 정체되는 악순환이 생기는데, 이는 '장이 자신의 기능과 활동을 너무 철저하게 감시하는 데 분노'하기 때문이라고 말했다(Walsh, 1912, 269쪽). 과도한 걱정과 염려는 장을 분노케 해 파업에 돌입하게 만들고, 월시가 말한 '배설 물질'이 앞으로 나아가지 못하게 방해한다.

월시는 불안에 근원한 심각한 변비 사례를 보고했다. 자매 사이인 두 여성의 사례인데, 이들은 오랫동안 공장에서 일하면서 업무 시간에 화장실에 가기를 점점 더 주저하게 되었다. 화장실에 가려면 사무실 창문 앞을 지나쳐야 했기 때문이다. 자신이 변을 보러 간다는 사실을 사무실에 있는 남자들이 아는 것이 싫었던 자매는 주로 밤에 집에서만 변을 보았다. 배변이 점점 뜸해졌고, 결국 자매는 토요일 밤에 사리염을 먹고 한 주 동안 몸에 쌓인 변을 배설하는 데 일요일 대부분을 보내게 되었다.

하지만 월시는 변비가 무조건 생활을 망치는 것은 아니라고 단언하며, 인위적인 방법을 동원해 두 달에 한 번씩만 배변을 했던 프랑스 군인의 사례를 언급한다. 천수를 다 누리고 세상을 떠난 이 군인을 해부한 결과 그의 대장은 마치 층층의 선반에 똥 주머니를 빼곡히 쌓아둔 커다란 창고 같았다.

초기 대중심리학 저술가들도 변비를 주제로 글을 쓴 바 있다. 《우리의 신경을 넘어서Outwitting our nerves》라는 책을 쓴 잭슨과 솔즈베리는 '변비라는 걱정거리'를 다룬 장에서, 변비는 주로 예민한 사람들이 겪는 문제로, 심리적 문제가 신체적으로 발현되는 것이라고 보았다(Jackson & Salisbury, 1922). 당시에는 장을 통과하는 내용물의 이동 속도가 너무 느리면 배설되어야 할 유해한 독소에 '자가 중독'될 수 있다는 믿음이 널리 퍼져 있던 터라 변비를 두려워하는 사람이 많았고, 변비 환자의 불안은 문제를 더욱 악화시키기만 했다. 워튼이 지적했듯이 1900년에서 1940년 사이에는 변비에 상당히 집착하는 문화가 있어서 강간과 살인 등 온갖 불행한 일이 모두 변비 때문에 발생한다고 보았으며, 설사를 촉진하는 알약과 물약, 외과 수술, 식이 요법, 관장, '콜론 모터Kolon-Motor(결장 모터)'나 '인터널 파운틴 배스Internal Fountain Bath(내장 분수 목욕)' 같은 복부 마사지 기계까지 동원해 변비를 치료하려 했다(Whorton, 2000). 이런 물리적 처치가 변비를 해결해줄 수도 있겠지만 잭슨과 솔즈베리는 독자에게 우선 긴장을 풀 것을 역설한다. 변비를 고치려고 소화전 호스를 장에 넣었다가 결장이 파열된 남자의 예를 통해 알 수 있듯이, 무리한 방법은 위험할 수 있다(Walkling, 1935).

변비에 관한 심리 연구는 정신분석학이 등장하면서 본격적으로 발전했다. 이제는 고전이 된 프로이트의 1908년 논문 〈성격과 항문성애Character and anal erotism〉에 따르면 아장아장 걷는 시기(후에 '항문기'라는 개념으로 재정립되었다)의 아이는 장을 통제할 수 있는 능력이 점점 커지는 데서 기쁨을 얻는다. 아이들은 대변을 매우 가치 있는 것이자 앞으로 부모에게 줄 수 있는 선물로 보기 때문에 똥을 참으며 즐거움을 느낀다. 이처럼 똥을 싸지 않는 습관은 장기적으로 특정한 유형의 강박적 성격을 초래할 수 있는데, 이에 대해서는 5장에서 자세히 다룰 것이다. 똥을 참으면 즉각 발생할 수 있는 결과가 변비다. 그러므로 프로이트의 이론에 따르면, 이른바 '항문기 성격' 유형에 속한 어른들에게는 변비가 흔한 일이어야 한다. 항문기 성격은 돈과 시간에 인색하듯 대변에도 인색한 것이 특징이다.

프로이트는 자신이 말하는 대상을 잘 알고 있었다. 그 자신도 만성 변비로 고생했기 때문이다. 프로이트의 전기 작가인 어니스트 존스(1879~1958)에 따르면 프로이트의 변비는 대장염, 쓸개 염증, 만성 충수염 등 다양한 진단을 받은 질병의 산물이었다. 그러나 존스는 프로이트의 장 트러블이 '어릴 때부터 자가 분석을 할 때까지 계속 프로이트를 괴롭힌 신경증의 심신성 잔재가 아닌가'라는 질문을 던진다(Jones, 1964, 458쪽).

변비가 어린 시절 생겨난 성격 특성의 표현이라는 프로이트의 견해는 한동안 가장 유력한 정신분석학적 설명이었다. 또한 프로이트는 변비가 '과도한 자위행위'나 잦은 몽정에 따른 '진짜 신경증'의 징후일 수도 있다고 보았다(Hitschmann, 1921, 16쪽). 변비를 예방하기 위해 의사들은 환자에게 자위행위뿐만 아니라 금욕, 질외 사정, 성교를 오래 지속하기 위해 사정을 참는 행위 등 불완전한 성적 표현(콘돔 사용 포함)은 그 어떤 것도 하지 말라고, 적어도 지나치게는 하지 말라고 주의를 주라는 권고를 받았다.

후기 정신분석가들도 변비에 주목해 다양한 해석을 내놓았고 설사에도 관심을 기울였다. 이들은 대변 배설을 참으려는 어린 시절의 경향이 어른이 되어서도 계속 이어져 변비가 발생한다는 설명에 더해, 변비가 특정한 정서적 태도의 표현이나 정신적 방어 기제의 한 형태, 적대적인 욕구를 표현하는 방법, 정신장애의 물리적 발현일 수도 있다고 보았다.

헝가리 태생으로 시카고에

프란츠 알렉산더

서 활동한 정신분석가이자 심신의학의 선구자 프란츠 알렉산더 (1891~1964)는 변비나 설사가 특정한 성격 유형과 관련 있다는 생각을 더욱 진전시켰다(Alexander, 1934). 알렉산더는 억눌려 있는 정서가 무엇이냐에 따라 각기 다른 장 기능장애가 생긴다고 주장했다. 설사나 대장염으로 고생하는 사람은 무언가를 내주거나 치워버리고 싶은 욕망이 억압되어 있는 반면, 변비로 고생하는 유형은 무언가를 소유하고 유지하려는 욕망이 있다는 것이다. 프로이트도 이미 비슷한 내용을 주장한 바 있다. 알렉산더와 윌슨은 정신분석을 통해 환자의 꿈 내용을 연구해서 이러한 견해를 뒷받침했다. 연구 결과 설사 환자의 꿈은 무언가를 주는 내용이 더 많았고, 변비 환자의 꿈은 무언가를 소유하거나 다른 사람을 공격하는 내용이 더 많았다(Alexander & Wilson, 1936).

알렉산더의 견해에 따르면 변비로 고생하는 성격은 인색할 뿐만 아니라 비관적이고 의심이 많다. 그들의 무의식에는 분노가 서려 있다. '나는 다른 사람에게 받은 게 없어. 그러니까 나도 주지 않을 거야. 나는 내가 가진 것을 꽉 붙잡고 있어야 해'(Alexander & Menninger, 1936, 541쪽). 한 젊은 여성의 사례를 보자. 이 여성의 남편은 아이를 갖고 싶다는 그녀의 바람을 무시했다. 2년 동안 여성의 대장은 외부의 도움 없이는 단 한 차례도 움직이지 않았으나 남편이 처음으로 꽃다발을 선물한 날 스스로 움직였다(Alexander,

1952). 알렉산더에 따르면 편집망상에 시달리는 사람들에게도 똑같은 일이 발생한다. 편집망상 환자들은 자신의 비밀을 밝히기 싫어하고 자족적·독립적으로 살아가려고 애쓰듯이, 무의식상 소중하게 여기는 대변을 몸 밖으로 내주기를 꺼린다. 알렉산더와 메닝거의 연구 결과 자신이 박해받는다는 망상에 시달리는 정신질환 환자는 다른 환자에 비해 변비를 겪는 비율이 거의 세 배나 높았다(Alexander & Menninger, 1936). 편집형 조현병 환자 몇몇은 "제 대장은 꿈쩍도 안 해요. 그게 저는 기뻐요. 그러면 내가 더 강해진 것 같은 기분이 들거든요"라고 말함으로써 알렉산더의 주장에 부합하는 감정을 그대로 나타냈다.

　알렉산더와 메닝거는 우울증 환자가 편집망상 환자와 비슷한 비율로 변비에 걸린다는 사실을 발견했고, 다른 저술가들도 이 상관관계를 자세히 다루었다. 우울증을 연구한 초기 정신분석 이론가 카를 아브라함(1877~1925)은 사랑하는 사람의 이미지를 내면화한 환자가 그 이미지에 적개심을 느끼면서 자기비판과 자책을 하기 때문에 우울증이 생긴다고 믿었다(Abraham, 1917). 변비의 경우, 장의 정체는 내면화된 이미지가 정체되었음을 보여준다. 멜리타 스펄링Melitta Sperling(1899~1973)도 비슷한 생각을 했는데, 그녀는 사랑하는 사람과의 갈등을 '신체적으로 각색'한 것이 만성적인 설사라고 보았다. 신체적으로 감정을 배출함으로써 사랑하는 사람을 제거하려는 욕망을 표출하는 것이다. '만약 네가 나를 필요로 하지 않는다면 나도 네가 필요 없어. 너는(대변은) 나에게 아무 가치가 없어. 그러니까 지금 당장 너를 제거해버릴 거야(설사)'(Sperling, 1948, 333쪽). 다른 저술가들도 만성 설사 환자가 본래 애정에 굶주려 있으며 사회 적응력이 떨어진다는 데 의견이 일치했다. J. 유다 흐룬(1903~1990)은 종종 설사가 사랑하는 사람을 잃거나 창피를 당하는 경험을 한 후에 찾아온다고 생각했고(Groen, 1947), 던바는 '의지박약한 성격', 곧 과도한 의존성, 단호하지 못하고 외로움을 잘 타며 자신은 쓸모없는 존재라는 느낌에 시달리는 성향 때문에 설사가 발생한다고 여겼다(Dunbar, 1947).

심신의학적 관점에서 배설을 바라본 저술가들은 변비와 설사가 각기 뚜렷한 심리적 특징을 갖는다고 보았다. 변비 환자와 설사 환자에게는 서로 다른 집착의 대상, 세계관, 무의식적 욕망이 있다. 그레이스와 그레이엄은 변비 환자가 '단호한 결의'로 곧 나아지리라는 희망 없이 문제를 견딘다고 주장했다. 예를 들면 이런 식이다. "이 결혼 생활은 절대 나아지지 않겠지만 이혼하지는 않을 거야." 반대로 만성 설사 환자는 화장실이라는 공간과는 전혀 상관이 없는 어떤 문제를 끝내거나 치워버리기를 원한다(Grace & Graham, 1952). 프란츠 알렉산더처럼 헝가리 출신으로 시카고에서 활동한 토머스 사스Thomas Szasz는 이와 다른 입장을 취했다. 정신질환은 신화일 뿐이라고 주장해 악명을 얻은 그는 무의식 속의 강한 '구강 합병적oral-incorporative' 욕망 때문에 변비가 생긴다고 주장했다. 구강 합병적 욕망이란 말 그대로 먹고자 하는 욕망이기도 하고 상징적으로는 무언가를 읽거나 배우고자 하는 욕망이다. 반면 설사는 '주로 죄책감 때문에' 구강 합병적 욕망이 줄어든 결과로 발생한다고 한다(Szasz, 1951, 114쪽).

이처럼 여러 정신분석가들은 다양한 이론을 통해 장 질환의 심리적 역학을 설명하고자 했으며, 그 과정에서 변비와 설사의 차이를 다양하게 지적했다. 그러나 이들은 만성 변비 환자와 만성 설사 환자의 태도가 여러 면에서 비슷하다는 점도 분명히 밝혔다. 변비 환자와 설사 환자 모두 신경증 성향이 있으며 본인의 장처럼 감정이 너무 풀어져 있거나 너무 조여 있다. 변비 환자는 비관적이거나 우울한 편이고, 설사 환자는 불안감과 죄책감이 강한 편이지만 불행하기는 둘 다 마찬가지다.

과민 대장 증후군 ●●●

최근 심리학자들은 '과민 대장 증후군'에 속한 배변 관련 장애에 주로 주목하고 있다. 이 증후군은 두 가지 증상이 있는 배설장애

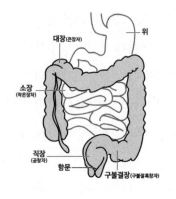

대장

로, 환자들은 잦은 설사 또는 변비를 경험하거나 둘을 번갈아 경험한다. 과민 대장 증후군 진단은, 환자의 증상을 달리 설명할 수 있는 다양한 의학적 가능성을 검토해서 다른 가능성이 모두 배제된 다음에야 최종적으로 내려진다. 이 증후군은 현재까지 알려진 바로는 생물학적 원인, 구체적으로는 생화학적 또는 해부학적 이상에서 기인하지 않기 때문에 '기능성' 위장장애로 분류된다.

이 증후군의 진단 기준은 만성 변비나 설사, 또는 둘 다를 동반하는 만성적 복부 통증 및 불편함, 복부 팽만감이다. 복부 통증과 불편함은 배변 후 줄어든다. 증상은 오래 지속되지만 때에 따라 호전과 악화가 거듭되며, 나쁜 배변 습관 같은 요소에 따라 갑작스럽게 나타나기도 한다(Rey & Talley, 2009). 이 증후군은 변비 위주인 유형과 설사 위주인 유형, 두 가지가 번갈아가며 나타나는 유형이 있다. 이 증후군에 시달리는 일반인의 비율은 진단 기준에 따라 2퍼센트에서 22퍼센트로 나타나는데, 합리적인 추정치는 10퍼센트 정도로 볼 수 있다. 가족 주치의를 방문하는 환자 중 과민 대장 증후군 환자가 상당히 많으며, 위장병 전문의의 업무 대부분도 과민 대장 증후군 환자에 관한 것이다. '문명병'이라는 별명(Gwee, 2005)이 붙은 과민 대장 증후군은 선진국에서 더 많이 발생하며, 남성보다 여성 환자의 비율이 더 높고, 모든 연령대에 나타난다.

이 증후군은 다른 증상을 동반하는 경우가 많다. 소화기의 다른 한쪽에 기능장애(예를 들어 구토를 통제할 수 없는 역류성 식도염이나 소화불량 등)가 있는 경우 발생 비율이 더 높다(Nataskin 외, 2006; Talley 외, 2003). 또한 이 증후군은 장과 완전히 동떨어진 신체 부위에 이상이 있는 사람에게서도 예상 외로 많이 나타난다. 예를 들어 천식 같은 호흡기 문제(Cole 외, 2007)나 월경통 및 성교 통증(월경이나 섹스를 할 때 심한 통증을 느끼는 증상) 같은 부인과 질환이 있는 경우 일반인보다 과민 대장 증후군을 겪는 비율이 높다(Riedl 외, 2008). 이 증후군의 증상은 종종 근골격계에 통증과 누름통증이 생기는 섬유근육통 및 만성 피로 증후군과 함께 발생한다(Robbins 외, 1997). 과민 대장 증후군 환자가 위장 문제가 아닌 다른 이유로 수술을 받는 경우(예를 들면 자궁 절제술)가 다른 환자들보다 많은 이유는 아마 이 증후군과 관련된 증상이 워낙 다양해서일 것이다(Longstreth & Yao, 2004). 실제로 과민 대장 증후군은 의학적으로 원인을 설명할 수 없는 여러 가지 상태와 너무 많이 겹치기 때문에 잡다한 '기능성 신체 증후군 functional somatic syndromes'[●] 중 하나로 간주된다(Kanaan 외, 2007). 분명히

이 증후군은 장과 거리가 먼 증상들과 복잡하게 연결되어 있다.

과민 대장 증후군의 심리학

의학적으로 설명할 수 없는 수많은 신체 증상이 과민 대장 증후군과 연관된다면, 이 증후군에 심리적 요인이 있는지 묻는 것이 타당할 것이다. 과민 대장 증후군 환자들은 이 문제에 큰 시각차를 보인다(Stenner 외, 2000). 일부는 자신의 증상이 스트레스와 관련 있으며 자신의 유약한 성격을 반영한다고 본다. 일부는 이 증상이 트라우마 경험이나 성격, 심리적 역학과는 전혀 상관없고 순전히 신체적인 질병이라고 여긴다. 그리고 또 다른 일부는 어린 시절에 겪은 트라우마의 직접적인 결과로 이 증상이 나타난다고 본다. 심신 양쪽에 걸쳐 있는 것으로 보이는 문제가 있을 때 이와 같은 시각 차이는 흔히 발생한다. 일부는 자신의 고통에 심리적 원인이 있을 수 있다는 사실을 극구 부인하는 반면, 다른 일부는 그럴 가능성뿐만 아니라 심신성 증상은 설명하기가 애매하다는 점까지 받아들인다. 그렇다면 과민 대장 증후군이라는 기이한 문제의 진실은 도대체

●   아무런 내과적 이상 없이 다양한 신체 증상을 반복적으로 호소하는 질환. 만성 피로 증후군, 긴장성 두통, 간질성 방광염 등이 이에 해당된다.

무엇일까?

초기 정신분석학 시대부터 만성적인 변비와 설사로 고생하는 사람에게는 특유한 성격과 정신적 문제, 생활 환경이 있다고 여겨졌다. 이제 좀 더 최근에 나온 심리학 연구 결과를 고려해 이들 요소를 차례차례 검토해보자.

:: 성격

프로이트와 알렉산더는 위장 문제로 고생하는 사람들에게 특유한 성격적 특성과 유형이 있으리라고 보았다. 변비 환자는 프로이트가 말한 항문기 성격처럼 지나치게 인색하거나, 알렉산더의 관찰 소견대로 비관적이고 의심이 많을지 모른다. 설사 환자는 순종적이고 의지가 박약하며, 자기주장을 잘 못하고 과도한 죄책감에 시달릴 뿐만 아니라 의존적일 수 있다. 그렇다면 두 집단 모두 신경증 성향이 있다고 볼 수 있다.

과민 대장 증후군과 관련해서 성격 특성을 조사한 연구들은 대부분 앞에서 말한 것과 같은 성격에 주목했다. '신경증'이란 부정적인 감정 상태에 빠져서 감정적으로 반응하기 쉬운 불안정한 성향을 의미하며, 인간 성격의 주요 유형 중 하나로 오랜 역사를 갖고 있다. 다른 사람들보다 신경증 성향이 있는 사람은 불쾌한 사건을 더 위협적이고 부담스러운 것으로 받아들이는 경향이 있으며, 우울증 같은 기분장애와 불안, 섭식장애, 공포증, 공황장애, 외상 후 스트레스 장애 같은 정신질환에 더욱 취약한 것으로 알려져 있다.

신경증이 이 증후군에 어떤 역할을 한다는 증거는 뚜렷하다. 수많은 연구에서 과민 대장 증후군 환자는 신경증 성향이 강하며, 신경증 성향이 강한 사람은 이 증후군을 겪을 확률이 높다는 결과가 나왔다. 그러나 신경증 성향과 과민 대장 증후군이 관련 있다는 사실이 분명하다 해도, 신경증 성향은 매우 폭넓은 것이어서 이 증후군에만 국한되지 않을뿐더러 이 증후군만의 특징을 설명해주지도 않는다. 게다가 세심한 성격도 과민 대장 증후군에 한몫하는 것 같다. 실제로 고통을 심리적인 괴로움이 아니라 신체적인 아픔으로 받아들이고 자기주장을 잘 못하며 내성적인 성격이 이 증후군과 관련 있다는 증거도 있다.

몸으로 느끼는 것에 유난히 신경을 쓰고 고통을 '신체화(불행을 신체로 표현하고 경험하는 것)'하는 경향이 과민 대장 증후군과 관련 있다는 증거는 여러 자료에서 찾을 수 있다. 한 연구에서는 위장 증상에 대해 염려하는 정도를 나타내는 '내장 불안 척도'가 신경증의 척도보다 과민 대장 증후군과 더 강한 상관관계를 보인다는 결과가 나왔으며, 같은 연구에서 과민 대장 증후군 환자들은 일반적으로 불안감이 들면 나타나게 마련인 정상적인 신체 반응이 느껴질 때에도 최악의 상황을 상상하는 경향이 있다는 결과가 나왔다 (Hazlett-Stevens 외, 2003). 또 다른 연구에 따르면 최근 15개월 내에 과민 대장 증상을 겪은 사람 상당수는 의학적 치료를 받으려고 하거나, 심할 정도로 건강을 염려하거나, 전부터 여러 가지 자잘한 신체적 통증에 시달린 경우가 많았다(Nicholl 외, 2008). 이러한 연구 결과는 과민 대장 증후군이 일반적인 신경증 성향이 아니라 구체적으로 건강에 관한 신경증 성향, 곧 일상생활의 문제가 신체적으로 표출되는 성향과 관련 있다는 사실을 의미한다. 이들 연구 결과를 통해 과민 대장 증후군이 종종 건강염려증과 스트레스 반응, 만성적인 신체의 불편 호소로 이어지기 일쑤인 다양한 신체 증상(만성 피로 증후군과 광범위한 만성 통증, 섬유근육통)과 동시에 발생하는 이유도 알 수 있다(Aggarwal 외, 2006; Robbins 외, 1997).

과민 대장 증후군은 신경증 성향 및 신경증을 신체화하는 경향 뿐만 아니라 특유한 대인 관계 성향과도 관련이 있는 것으로 보인다. 한 연구는 과민 대장 증후군 환자들이 자기주장에 어려움을 겪고 사회적으로 억제되어 있는 상태임을 밝혀냈다. 연구에 따르면 이 증후군 환자들은 자신이 원하는 것을 남들에게 알리는 데 서투르고, 자기 확신을 갖지 못하며, 타인에게 마음을 열고 사람들과 어울리거나 모임에 참여하는 것을 어려워한다(Lackner & Gurtman, 2005). 또한 이들은 높은 '자가 침묵' 수치를 보이며 친밀한 관계에

금이 가게 할지 모르는 생각이나 감정, 행동을 억압하는 경향이 있다(Ali 외, 2000). 간단히 말해서 과민 대장 증후군 환자들은 지나치게 순종적인 경향이 있으며, 이는 전형적으로 '여성적'이라고 여겨지는 행동 양식이므로 이 결과를 통해 과민 대장 증후군이 남성보다 여성에게 더 많이 발생하는 이유를 어느 정도 설명할 수 있다. 흥미롭게도 한 연구는 주로 설사를 하는 과민 대장 증후군 환자와 주로 변비를 겪는 과민 대장 증후군 환자를 비교했는데, 설사 환자들에게는 과도하게 자기를 희생하는 경향이 있었다. 만성적인 설사가 과도한 양보와 관련이 있다는 알렉산더의 주장과 일치하는 연구 결과다(Lackner & Gurtman, 2005).

:: 정신의학적 상태

프란츠 알렉산더는 편집형 조현병과 우울증 환자들이 변비를 겪는 비율이 높다고 보고함으로써 과민 대장 증후군이 종종 다른 정신질환을 동반할 수 있다는 가능성을 제기했다. 이 밖에도 여러 연구에서 과민 대장 증후군 환자의 40~94퍼센트가 우울증이나 외상 후 스트레스 장애 같은 불안장애, 아니면 의학적으로 설명할 수 없는 신체 증상을 호소하는 이른바 신체형 장애 등 최소한 한 가지 정신질환의 기준을 충족한다는 결과를 내놓았다(Drossman 외, 2002; Whitehead 외, 2002).

과민 대장 증후군은 우울증 및 불안과 강한 상관관계가 있지만 이러한 관계의 본성에는 의문의 여지가 있다. 우울하고 불안한 사람들이 과민 대장 증후군에 취약한 것일까, 아니면 과민 대장 증후군으로 고생하는 사람들이 쉽게 우울하고 불안해지는 것일까? 과민 대장 증후군·우울증·불안은 한 가지 원인이 각기 다른 형태로 나타난 것일까, 아니면 과민 대장 증후군이 단지 우울과 불안의 신체적 발현인 것일까? 각기 일리 있는 가설이지만 증거는 대체로 첫 번째 가설을 뒷받침한다. 우울과 불안은 과민 대장 증후군과 완전히 별개이며(Robbins 외, 1997), 과민 대장 증후군보다 먼저 나타나는 경우가 많다. 예를 들어 뉴질랜드의 한 연구 결과 18~21세에 불안과 우울 증세를 겪은 사람은 26세에 만성 변비에 시달릴 확률이 두 배나 높았으며(Howell 외, 2003), 영국의 한 연구에 따르면 불안과 우울 증세를 겪은 사람은 이듬해에 과민 대장 증후군이 발생할 가능성이 특히 높았다(Nicholl 외, 2008).

:: 스트레스와 학대

과민 대장 증후군에는 유전적 요인이 있다고 알려져 있지만 쌍둥이를 대상으로 한 연구들은 유전적 요인이 그리 강력하지 않음을 보여준다. 유전적 요인으로는 과민 대장 증후군 발생의 약 20퍼센트 정도만 설명할 수 있었다. 곧 개인의 환경과 경험이 더 큰 영향을 미친다고 볼 수 있다. 개인의 환경과 경험은 천차만별이며 다양한 방법으로 영향을 미칠 수 있다. 가족 내에서 이뤄지는 학습도 과민 대장 증후군 발생의 원인이 될 수 있는데, 많은 과민 대장 증후군 환자들이 같은 증후군을 겪는 부모 밑에서 성장했다(Levy 외, 2001). 스트레스와 역경 역시 원인이 될 수 있으며, 일상생활의 스트레스는 이미 과민 대장 증후군을 겪고 있는 환자의 증상을 악화시킬 수 있다. 본디 이 증후군에 취약했던 사람이 특정한 사건을 계기로 그 증상을 나타낼 수도 있고, 생애 초기의 고통스러웠던 경험이 이 증후군에 대한 취약성을 높일 수도 있다. 곧 살펴보겠지만 이러한 가능성들을 뒷받침하는 각각의 증거가 있다.

과민 대장 증후군의 증상은 호전과 악화를 거듭하는데, 환자가 일상에서 겪는 문제에 크게 좌우되는 경향이 있다. 레비와 동료들은 위장관에 나타나는 증세의 정도가 현재 환자가 겪는 스트레스의 수준에 좌우된다는 사실을 발견했다(Levy 외, 2006). 환자가 겪는 고충이 커지면 과민 대장 증후군의 증세도 심해지고, 고충이 줄어들면 과민 대장 증후군의 증세도 약해진다. 이러한 결과는 신경증 성향의 작용과 일맥상통한다. 신경증 성향은 스트레스를 유발하는 사건에 대한 감정적·신체적 반응을 정도 이상으로 증폭해서 일상의 안녕을 저해하기 때문이다. 실제로 과민 대장 증후군 환자들은 비슷한 수준의 스트레스를 경험했을 때 다른 사람보다 더 힘들어

하는 것으로 나타났는데(Levy 외, 1997), 이는 과민 대장 증후군 환자들이 실제로 더 큰 어려움을 겪는다기보다는 스트레스에 더 부정적으로 반응하는 것이라고 볼 수 있다.

스트레스를 유발하는 사건이 증세를 악화시킬 뿐만 아니라 과민 대장 증후군을 촉발하기까지 한다는 것도 잘 알려진 사실이다. 여러 연구에 따르면 과민 대장 증후군 환자는 처음 증세가 나타나기 전에 직장이나 친밀한 관계에서 문제가 생겼다든지 하는 부정적·위협적인 경험을 한 경우가 많았으며(Creed 외, 1988), 자신이 감당하기에 벅찬 사건을 경험한 직후 과민 대장 증후군이 생긴 경우가 많다(Nicholl 외, 2008). 여기서 다시 한 번 신경증 성향의 역할을 추론해볼 수 있다. 정서 반응이 강한 사람은 부정적인 사건에 동요하기 쉽기 때문이다.

이번에는 어린 시절의 경험 때문에 과민 대장 증후군에 취약해질 가능성을 검토해보자. 여러 연구에서 과민 대장 증후군으로 고생하는 성인 중 어린 시절 충격적인 사건을 경험한 비율이 매우 높다는 사실이 드러났다. 과민 대장 증후군 환자들은 다른 질병을 가진 환자들에 비해 더 높은 비율로 성적·신체적·감정적으로 학대받은 기억을 떠올렸다(Ali 외, 2000; Talley 외, 1994, 1995). 강간을 당하거나 죽을 수도 있을 만큼 맞는 등 심각한 학대를 경험한 사람이 유난히 많다. 학대받은 경험이 있는 사람은 과민 대장 증후군의 증상이 더욱 심한 경향이 있는데, 학대받은 경험이 어떤 메커니즘을 통해 부정적인 영향을 미치는지는 아직 밝혀지지 않았지만 그 경험으로 인해 환자의 정서 반응이 더 예민해진 탓일지도 모른다(Talley 외, 1998). 성적·신체적·감정적 학대가 만성 피로 증후군이나 섬유근육통 등 여러 기능성 신체 증후군 발생 확률을 높이는 위험 인자라는 사실은 잘 알려져 있다. 또 이들 증후군은 곧잘 과민 대장 증후군을 동반한다. 또한 학대받은 경험은 스트레스 반응과 관련이 있는 호르몬 수치를 통제해서 피해자의 신경내분비계에 지속적으로 영향을 미치는 것으로 알려져 있다(Heim 외, 2009). 실제로 어린 시절 학대받은 경험은 신경계를 예민하게 만들며, 이로 인해 성인기에도 스트레스에 더욱 민감해질 수 있고 그 결과 과민 대장 증후군이 발생할 수도 있다. 그 메커니즘이 무엇이든 간에 학대받은 경험이 과민 대장 증후군에 미치는 영향은 상당히 크며, 이는 성인이 된 후에 학대받은 경험도 마찬가지다. 한 연구 결과 가정폭력 피해자는 과민 대장 증후군을 겪는 비율이 높은 것으로 나타났는데, 이를 통해 어린 시절의 경험뿐만 아니라 성인이 된 후에 학대받은 경험도 과민 대장 증후군을 유발하는 요인이라는 점을 알 수 있다(Perona 외, 2005).

:: **사회적 지지**

타인 때문에 겪은 고난이 과민 대장 증후군 발생에 영향을 미치듯이 타인에게서 지지받은 경험이 증상을 완화할 수도 있다. 앞에서 보았듯이 과민 대장 증후군 환자가 대인 관계를 꺼리고 내성적이거나, 다른 사람에게 의사 표시를 잘 하지 못한다면 특히 그렇다. 당연하겠지만 여러 연구자들은 과민 대장 증후군 환자가 타인의 지지를 받고 있다고 느낄 때 증상이 완화되며, 스스로 고립되어 있다고 느낄 때 증상이 악화된다는 사실을 밝혀냈다(Lackner 외, 2010). 이러한 긍정적인 효과는 스스로 지지받는다고 느낄 때 환자가 스트레스를 덜 인식하기 때문에 발생한다. 지지해주는 사람들이 스트레스 완충 장치 역할을 하는 것이다. 과민 대장 증후군은 매우 개인적인 동시에, 대인 관계와 매우 관련이 깊은 증상이다.

대장의 뇌 ●●●

앞에서 살펴본 것처럼 변비와 설사, 과민 대장 증후군은 무의식적 역학, 성격 특성, 정신적 건강 상태, 신체화, 스트레스와 학대라는 심리학적 개념들로 짜인 촘촘한 그물에 연결되어 있다. 그리고 이들 개념은 모두 사람의 신경계에 기반을 두고 있다. 우리의 숨겨진 욕망과 감정, 살면서 겪는 이런저런 사건을 인식하는 방식은 뇌에서 일어나는 작용을 통해 장에 영향을 미치며, 뇌는 신경과 호르몬으로 위장 기관과 소통한다. 그 과정은 엄청나게 복잡한데, 이 현상에 관여하는 신경계가 하나가 아니라 둘이기 때문이다. 뇌와 척수를 포함하는 중추신경계는 장에 분포한 신경으로 소화 작용을 통제하는 '장 신경계'와 상호작용한다. '두 번째 뇌'라고도 불리는 장 신경계는 '뇌-장 축brain-gut axis'을 통해 뇌와 양방향으로 소통한다. 두 신경계가 장의 민감성과 어떻게 연계되는가는 신경위장병 분야 연구자들에게 중요한 연구 과제다.

과민 대장 증후군과 장 신경계

과민 대장 증후군과 신경의 관계를 밝히려면 우선 장 고유의 신경계를 살펴봐야 할 것이다. 장 민감성과 장의 통증을 쉽게 느끼는 증상('내장 통각 과민'이라고도 알려져 있다)은 장 신경계의 반응성과 관련 있을 텐데, 실제로 두 종류의 연구가 이러한 가능성을 뒷받침한다. 한 종류는 과민 대장 증후군 환자가 고통에 특히 민감해서 다른 사람은 느끼지 못하는 장 자극을 느끼는지 알아보는 연구다. 만약 이 가능성이 사실로 드러난다면 과민 대장 증후군 환자가 복부 통증을 호소하는 것은 과민한 장 신경의 고통스러운 울부짖음이 뇌의 고통 중추에 전달되었기 때문일 것이다.

이 설명이 사실이려면 과민 대장 증후군 환자는 고통의 역치가 과민 대장 증후군을 겪지 않는 사람보다 낮아야 한다. 이 역치의 수준을 알아보는 표준 방식은 직장에 카테터(얇고 유연한 튜브)를 삽입해 환자가 불편함이나 통증을 느낄 때까지 원통형 풍선을 서서히 부풀리는 것이다. 이때 팽창한 풍선의 크기가 클수록 고통의 역치가 크다. 예상대로 여러 연구에서 과민 대장 증후군 환자는 고통의 역치가 비교적 낮은 것으로 나타나(Mertz 외, 1995 등), 통증 자극을 감지하는 감각이 매우 예민함을 암시했다. 직장에서 자극을 느끼는 정도가 과민 대장 증후군과 관련이 있다는 이 연구 결과는 과민 대장 증후군에서 발생하는 심각한 복부 통증의 원인을 장의 신경생리적 장애에서 찾을 수 있음을 보여준다.

이 신경생리적 장애는 고통 반응을 학습하는 능력이 지나치게 발달한 결과일 수 있다. 장에서 느끼는 고통의 역치는 조건 형성 과정에서 저절로 고통이 비교적 빠르게 학습될 때 낮아질 수 있다. 과민 대장 증후군 환자는 특히 더 빠르게 고통을 학습하며, 그 효과도 오래 지속된다는 증거가 있다. 한 연구에서 풍선 팽창 실험을 반복해서 실행한 결과 과민 대장 증후군 환자들은 고통의 역치가 낮아졌으나, 건강한 참가자들은 그렇지 않았다(Nozu 외, 2006). 또한 섬유근육통과 불안장애 등 과민 대장 증후군과 관계있는 증상을 앓고 있는 환자 역시 조건 반응을 매우 빠르게 학습한다는 증거가 있다(Elsenbruch, 2011). 이런 조건 형성 과정이 과민 대장 증후군 환자를 신체 감각에 과민하게 반응하게 만들어서, 이들이 장 통증에 더 민감해지는지도 모른다. 중요한 것은 이 조건 형성 과정이 뇌와는 상관없이 온전히 장 신경계 내부에서 일어날 수 있다는 점이다.

과민 대장 증후군과 뇌

과민 대장 증후군이 장 신경계의 이상(장의 통증 지각 이상과 더불어 근육 수축 패턴의 이상)과 관련이 있다는 증거는 충분하다(Gunnarsson & Simrén, 2009). 그러나 뇌가 과민 대장 증후군에서 중요한 역할을 한다는 점 역시 분명하다. 과민 대장 증후군 환자의 거의 40퍼센트가 치료 효과가 전혀 없는 설탕 알약을 먹고 증상이 완화되었다는 사실이 가장 분명한 예시다(Enck & Klosterhalfen, 2005). 플라세보 반응의 비율이 높은 병은 과민 대장 증후군만이 아니며, 플라세보 반응이 나타난다고 해서 그것이 '순전히 마음의 문제'라고 할 수 있는 것도 아니다. 이 결과에서 알 수 있는 점은 적절한 치료를 받았다는 환자의 믿음이 어떤 식으로든(아마 상태가 곧 나아질 것이라는 기대로서) 뇌에 접수된 후 다시 장으로 전달되어, 적어도 잠시 동안은 장이 제대로 기능했다는 것이다. 여전히 미스터리에 싸여 있지만 플라세보 효과는 뇌가 하향식으로 장에 영향을 미칠 수 있다는 가능성을 보여준다.

믿음과 기대, 소망, 인식이 장에 영향을 미치는 효과는 매우 강력한 것으로 보인다. 과민 대장 증후군 환자의 과민한 장 통증 감각 기저에 있는 여러 작용이 장 외부에서 발생한다는 것은 점점 더 분명해지고 있다. 예를 들어, 많은 과민 대장 증후군 환자들이 남다른 직장 지각을 느끼고 장 통증의 역치가 낮은 것으로 나타나지만 그렇지 않은 환자도 많다. 사실 많은 환자들은 고통에 특히 더 민감한 것이 아니라 단지 고통을 더 쉽게 호소하는 것일 수도 있다. 본질적으로 과민 대장 증후군 환자가 경험하는 과도한 장 통증은 고통을 더욱 민감하게 감지하는 장의 성향보다는 장 자극을 고통스럽다고 판단하는 뇌의 성향을 반영한다. 한 연구에 따르면 직장 내 풍선 팽창 실험 결과 과민 대장 증후군 환자의 자극 민감성은 건강한 대조군과 비슷했으나, 고통이 심하다고 호소하는 비율은 과민 대장 증후군 환자가 대조군보다 더 높았으며, 이러한 경향은 과민 대장 증후군 환자가 정신적인 고통을 겪고 있을 때 특히 더 심했다(Dorn 외, 2007). 고통에는 감각적 요인도 있지만 감정적인 요인도 있으며, 감정적인 요인은 경험의 주관적인 의미 해석에 기반을 둔다. 과민 대장 증후군 환자들은 자신이 경험하고 호소하는

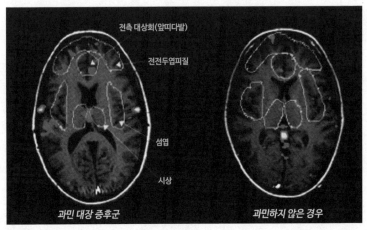

전측 대상회(앞띠다발)

전전두엽피질

섬엽

시상

과민 대장 증후군

과민하지 않은 경우

과민 대장 증후군

고통을 증폭하는 방식으로 신체 감각에 비극적인 의미를 부여하는
경향이 있는지 모른다.

　몇몇 연구자들은 이러한 과정을 이해하고자 복부 통증을 느끼는
과민 대장 증후군 환자의 뇌를 촬영했다. 한 연구는 과민 대장 증
후군 환자 여러 명과 건강한 대조군 여러 명을 대상으로 통증 자극
을 가하면서 MRI를 촬영했는데, 과민 대장 증후군 환자들은 대조
군보다 고통을 더 심하게 호소했고 뇌에서 고통을 지각하는 영역
이 더 활발하게 반응했다(Elsenbruch 외, 2010b). 다른 연구에서는 뇌
에서 고통을 조절하는 중추가 덜 활성화되었다는 결과도 나왔다.

그러나 과민 대장 증후군 환자들의 높은 우울 및 불안 수치를 내입하면, 주관적인 고통 인식과 뇌의 활성화 면에서 나타난 대조군과의 정도 차이는 상쇄된다. 이러한 결과는 과민 대장 증후군 환자가 장 통증에 과민한 것은 감정 상태에 기인한다는 사실을 넌지시 암시한다. 삶의 경험도 비슷한 역할을 할 수 있는데, 성적으로 학대받은 경험이 있는 과민 대장 증후군 환자들 역시 장 통증이 생기자 관련 뇌 영역이 과도하게 활성화되었다(Ringel 외, 2008). 이러한 종류의 연구들은 그저 장의 통증으로만 보였던 증상이 사실은 환자의 기분과 경험, 신체 감각을 해석하는 방식에 강한 영향을 받는다는 사실을 보여준다. 심리 현상이 뇌에서 장으로 하향식으로 작용해서 복부 불편감을 악화시킨다.

스트레스와 인생 경험이 장 통증 과민성에 미치는 효과는 과민 대장 증후군 환자에게만 국한되지 않는다. 매우 건강한 장도 과민 대장 증후군 환자의 장과 똑같이 반응할 수 있다. 한 연구에서는 건강한 여성들에게 직장 내 풍선 팽창 실험을 하면서 뇌를 촬영했다(Rosenberger 외, 2009). 이 여성들은 직장에 풍선을 삽입하고 아직 팽창시키지는 않은 상태에서, 몇 분 뒤에 하얀 가운을 입은 '전문가들' 앞에서 5분 동안 할 이야기를 준비해야 한다는 말을 들었다. 이야기를 시작한 지 1분 만에 실험자는 피실험자의 말을 끊고, 지금 당장 뇌를 촬영해야 하니 촬영이 끝나면 다시 이야기를 재개하라고 말한 다음 풍선을 팽창시키면서 뇌를 촬영했다. 이러한 불안 유도 방법은 매우 큰 효과를 보였다. 스트레스가 적은 환경에서 같은 여성의 뇌를 촬영했을 때보다 장 통증을 감지하는 뇌 영역이 더 활성화되었던 것이다. 이처럼 급성 스트레스가 장 통증을 악화시키듯이 만성적인 스트레스도 장 통증을 악화시킨다. 현재 생활 환경에서 스트레스를 받고 있다고 응답한 여성은 더 평온하게 생활하고 있는 여성보다 뇌가 장 통증에 더 크게 반응했다.

과민 대장 증후군은 뇌의 기능(스트레스를 받으면 더 활성화된다)뿐만 아니라 뇌의 구조와도 관련이 있다. 과민 대장 증후군 환자들은 감정 및 스트레스 반응과 밀접한 관련이 있는 시상하부의 크기가 큰 것으로 나타났다(Blankstein 외, 2010). 또한 과민 대장 증후군 환자들은 고통에 대한 인지 조절 기능에 관여하는 뇌 부위의 신경층이 얇아져 있었는데, 이 연구 결과로 과민 대장 증후군 환자들이 장 통증 조절에 실패하며 늘 최악의 경우를 상상하는 경향이 있는 이유를 설명할 수 있다. 뇌는 과민 대장 증후군에서 장만큼 중요한 역할을 하며, 과민 대장 증후군은 뇌의 물리적 구조 변화로도 나타난다.

결론 ●●●

그렇다고 과민 대장 증후군에는 그 무엇보다 심리적인 요소가 가장 크다고 결론 내릴 수는 없다. 이 복잡한 증후군에는 정신 및 뇌와 직접 연관되지 않는 측면도 여럿 있기 때문이다. 과민 대장 증후군은 소화기 감염 이후 발생하기도 하고, 장내 세균 수치의 상승과 관련 있을 수도 있다. 면역 관련 요인도 있는데, 면역력이 약해지면 장내에 만성적인 약한 염증이 생길 수 있기 때문이다. 경우에 따라서는 특정 식품에 반응하는 알레르기와 관련이 있을 수도 있다. 하지만 그럼에도 심리적인 요소와 장은 불가분하게 얽혀 있으며, 과민 대장 증후군은 우리 몸과 마음의 밀접한 상관관계를 흥미롭게 펼쳐 보인다.

만성적인 변비와 설사의 심리학은 아직 완전히 설파되지 않았으나, 이런 측면은 분명해 보인다. 신경증 기질이 있는 사람(유전적인 요인이 강한 성격 특성이다)은 스트레스에 매우 감정적으로 반응하고 대인 관계에서 상당히 내성적인 경향이 있으며, 이러한 경향 때문에 우울 및 불안장애에 취약하다. 어린 시절 신체적·성적 학대를 경험했을 경우 이러한 경향이 더욱 심해질 수 있다. 고통스러운 경험 때문에 신체가 스트레스에 더욱 예민하게 반응하게 되어, 신체 감각과 고통에 지나치게 몰입하고 이를 매우 부정적으로 해석하기가 쉬워진다. 스트레스에 과도하게 반응하고 신체 감각에 특히 예민한 성향은 신체의 여러 계통에 영향을 미치고, 과민 대장 증후군과 같은 기능성 신체 증후군을 일으킬 수 있다. 장 신경계와 뇌의 밀접한 상호작용은 장이 과도한 스트레스 반응과 연계될 가능성을 높인다. 장이 고통 반응을 과장해 뇌에 전달하고, 뇌는 그러한 반응을 가라앉히지 않고 더 증폭하는 것이다. 그러면 시간이 흐를수록 스트레스 반응을 조직하는 부위가 커지고 스트레스 반응을 조절하는 부위는 작아진다. 뇌의 구조까지 바뀌는 것이다.

드로스먼이 보고한 젊은 여성의 사례는 앞의 설명에 살을 붙여준다(Drossman 외, 2003). 과민 대장 증후군 환자인 이 젊은 여성은 어린 시절 친지에게 성적 학대를 당하고 몇 년 뒤에 심각한 변비와 복부 통증에 시달리기 시작했다. 성인이 된 후에는 두 가지 불안장애를 앓았고, 신체 건강도 좋지 않았다. 남편과도 문제가 있었는데, 남편은 이 여성을 성적·감정적으로 학대했으며, 이 여성은 남편에게 자기주장을 하지 못했다. 여성은 성인이 된 후에도 어렸을 때처럼 장 문제를 겪었다. 이번에는 변비가 아니라 설사였고, 남편과의 관계가 악화되면 설사도 악화되곤 했다. 그런데 이혼 소송을 시작하자 그녀의 우울과 불안, 언제나 최악의 상황을 상상하던 성향이 약해졌고 설사와 복부 통증도 거의 사라졌다. 증상이 개선되기 전 이 여성은 직장 내 풍선이 중간 크기로 팽창했을 때 참을 수 없을 정도로 아프다고 말했고, 뇌 촬영 결과도 장 감각을 처리하는 영역이 매우 활성화되어 있는 것으로 나타났다. 증상이 개선된 후 같은 실험을 했는데, 그녀는 지난번과 같은 크기로 풍선이 팽창했을 때 은근한 정도로만 아프다고 대답했고, 뇌의 관련 영역도 덜 활성화되었다. 정신, 기분, 신체의 상관관계가 이보다 더 잘 드러난 사례도 없을 것이다.

우리의 장은 그저 배설물이 흐르는 육질의 하수관이 아니다. 장은 감정이 있는 기관이며, 뇌와 소통하는 신경을 가지고 있고, 뇌의 생각, 욕망, 지각에 반응한다. 운 나쁘게 과민 대장 증후군을 겪고 있는 소수의 장만 예민한 것이 아니다. 우리의 감정과 스트레스는 장에 직접적인 영향을 미치며, 장의 습성에서 우리의 성격이 나타나고, 우리의 성격을 형성하는 어린 시절의 경험이 평생의 장운동을 좌우한다.

3장
방광은 신경질적이다

포유동물의 배뇨는 매우 다양한 기능을 수행한다. 예를 들어 작디작은 쥐도 오줌 자국을 남김으로써 자신의 영역을 표시하고 그곳의 주인은 자신이라는 점을 주장할 뿐만 아니라 자신의 성적 능력을 광고하기까지 한다(Birke & Sadler, 1984). 쥐들은 선호하는 먹이에도 오줌 자국을 남기고, 다른 쥐에게 살금살금 기어가 선물로 작은 오줌 얼룩을 남기고 온다(지독한 장난으로 보일 수 있지만 아마 쥐들에게는 그렇지 않을 것이다). 쥐들은 오줌 냄새를 통해 성별과 나이, 감수성, 사회적 지위, 스트레스 수준을 감지하며, 어두운 밤에는 다른 쥐가 남기고 간 오줌 자국을 따라 길을 찾는다. 하지만 인간의 배뇨 활동은 이처럼 복잡한 기능이 없고 신장이 혈액에서 걸러낸 노폐물을 버리는 단순한 역할만을 수행한다.

실망스럽게도 인간에게 배뇨의 생물학적 기능은 일차원적인 것 뿐이지만 심리적 기능까지 단순한 것은 아니다. 어린아이가 스스로 방광을 통제하는 능력을 얻으려면 감정적인 고투를 거쳐야 한다. 성인도 소변과 관련해 다양한 심리적 억압과 통제 실패, 페티시즘을 경험할 수 있다. 이러한 현상들은 심리학 분야에서 크게 주목받지 못했다. 하지만 이 현상들은 배뇨가 상당히 민감한 활동이며, 수치심이 깃들어 있고 불안감에 교란되기 쉽다는 사실을 보여준다.

초기 심리학자들은 배뇨를 거의 다루지 않았다. 정신분석학자들에게도 배뇨는 배변의 들러리일 뿐이었다. '항문기'와 '항문기' 성격 유형은 있지만 '요도기'라는 성性심리 단계나 성격 유형은 없다. 몇몇 분석가들은 요도 에로티시즘이 존재한다고 추정하고, 물놀이나 물과 함께하는 일을 좋아하는 성향과 더불어 '불타는 야망'이라는 성격 특성을 요도 에로티시즘의 산물이라고 보았다 (Hitschmann, 1923). 한 저술가는 커브 볼을 던지고 싶어 하는 야구 투수의 열망을 소년 시절의 오줌 멀리 싸기 내기가 승화된 것으로 해석하기도 했다(Frink, 1923). 프로이트는 오줌 줄기로 불을 끄고 싶다는 '동성애적' 쾌락을 단념한 덕분에 인간이 불을 다룰 수 있게 되었으며, 따라서 이러한 단념이 문명화의 매우 중요한 단계라고 보았다(Freud, 1932). 이처럼 초기에 몇 가지 추론이 제기되었지만, 이후 심리학계와 응용심리학은 방광을 그냥 지나쳐버렸다. 그리고 그 사이 배뇨의 신경 토대neural basis를 이해하는 데 상당한 진전이 이뤄졌다.

배뇨의 신경계 ●●●

연구자들은 배뇨를 조절하는 신경 작용이 으레 상상하는 단순한 반사 작용과는 거리가 멀다는 사실을 밝혀냈다. 신경의 배뇨 조절 과정에는 방광의 평활근(민무늬근)과 요도의 괄약근(조임근), 골반 바닥의 횡문근(가로무늬근), 척수, 교뇌(다리뇌)의 배뇨중추(PMC)와 중뇌수도 주위 회색질(PAG)을 포함한 뇌줄기의 특수 구조, 감정과 밀접한 관련이 있는 대뇌 변연계(둘레계통) 등 뇌의 여러 영역이 촘촘히 얽혀 있다. 배뇨 계통의 신경은 매우 복잡하며 뜻대로 조절할 수 있는 부분과 그렇지 않은 부분이 섞여 있기 때문에, 다급한 배뇨 욕구와 강한 억제력이 갈등을 일으키는 무대가 된다.

배뇨는 복잡한 스위치와 비슷한 작용이다. 배뇨 행위 자체는 방광 배뇨근의 수축과 요도 괄약근의 이완을 관장하는 배뇨중추에서 촉발된다. 배뇨중추가 배뇨를 촉발하면 다시 중뇌수도 주위 회색

질이 배뇨 작용을 통제하는데, 이 회색질은 방광에 소변이 얼마나 차 있는지 감시하고, 배뇨 활성화를 억제하는 섹스 및 수면 관련 뇌 영역에서 신호를 받는다. 회색질은 대뇌피질의 여러 영역과 밀접히 연계되어 있어서, 신체 감각을 받아들이는 섬피질에 방광의 팽창 정도를 전달하고, 특히 우뇌 쪽 전두엽(이마엽)과 변연계로부터는 배뇨를 하기에 사회적으로 적합하고 안전한 상황인지 정보를 받는다. 위협, 난처한 상황, 사회적인 배척을 경고하는 정보는 방광에 소변이 어느 정도 차 있는지를 전달하는 정보와 합쳐져서, 배뇨중추의 촉발에 대한 중뇌수도 주위 회색질의 결정에 영향을 미친다. 그사이 배뇨중추 옆에 있는 '억제중추'는 방광에 소변이 차오르면 골반 바닥 근육을 수축하고, 소변을 배출하는 동안에는 근육을 이완하는 '보호반사' 작용을 일으킨다(Benarroch, 2010; Fowler 외, 2008; Holstege, 2005).

배뇨를 통제하는 뇌의 역할은 뇌영상 연구를 통해 밝혀졌다. 뇌영상 연구는 배뇨 기능에 문제가 있는 사람과 없는 사람의 방광에 카테터를 삽입하고, 뇌 촬영 장치에 수평으로 누워 소변을 보게 하는 방식으로 이뤄진다. 그 결과 방광이 팽창하고 배뇨를 할 때 뇌의 여러 영역이 활성화된다는 사실이 드러났다. 예를 들어 한 연구에서 드러난 바로는 방광에 소변이 차면 여러 뇌 영역이 크게 활성화되는데, 방광을 잘 통제하지 못하는 사람들은 그중 의사 결정과 계획을 하고 보상과 처벌을 가늠하는 안와전두피질(눈확이마곁질)이 덜 활성화되었다(Griffiths 외, 2005). 이 밖에도 방광에 소변이 가득 차면 갈등을 감시하고 고통을 지각하는 뇌 영역, 곧 전방대상피질(앞띠다발곁질)과 섬피질이 크게 반응해 불편감이 커진다는 걸 알 수 있다(Griffiths & Tadic, 2008). 소변을 볼 때는 뇌의 또 다른 영역이 활성화된다. 이 영역이 활성화되면 수의근(맘대로근)을 통제할 수 있어 뜻대로 움직일 수 있게 된다(Nour 외, 2005). 소변을 보는 사람은 편안하게 이완되는 느낌을 받지만, 그때 사람의 신경은 전기화학적 협동 작업을 바쁘게 수행하고 있다.

배뇨를 담당하는 복잡한 메커니즘은 여러 다양한 방식으로 문제를 일으킬 수 있다. 특정한 상황에서 소변을 보지 못하는 사람들이 있는데, 극단적인 경우에는 평소에도 소변이 잘 안 나온다. 반면 소변을 제대로 억제하지 못해서 때와 장소를 가리지 못하는 사람도 있고, 소변과 배뇨 행위에 특이한 즐거움을 느끼며 대부분 혐오감을 느낄 상황을 매력적으로 여기는 사람도 있다. 이제부터 다양한 배뇨 억제, 자기조절 실패, 도착 성향과 관계있는 심리적 문제에 대해 알아보자.

너무 참거나 못 참거나 ●●●

배뇨 억제에 관한 연구는 주로 병원에서 이뤄진다. 하지만 초기 연구 중 가장 큰 논쟁을 불러일으켰던 실험 하나는 평범한 환경에서 실행되었다. 데니스 미들미스트와 동료들은 남자화장실에서 근처에 다른 사람이 있는 것이 배뇨를 방해하는지 알아보는 연구를 했다(Middlemist 외, 1976). 이전에 발표된 몇몇 연구에 따르면, 다른 사람이 사적 공간 안의 보이지 않는 구역에 들어올 때 사람은 이를 불쾌하게 느끼는 감정적 자극과 스트레스를 받는다. 미들미스트 연구진은 이러한 스트레스가 요도 괄약근의 이완을 억제하고 방광을 수축시킬 것이라고 추측했다. 그렇다면 스트레스를 받은 사람은 결국 배뇨를 시작하는 데 더 긴 시간이 걸리고 배뇨하는 시간은 짧아질 것이라고 추론할 수 있다.

첫 번째 실험에서, 소변기가 다섯 개씩 두 줄로 늘어서 있는 공중화장실에 연구원 한 사람이 들어가 거울로 얼굴을 보는 척하면서 세면대 앞에 서 있었다. 연구자는 스톱워치를 들고 거울로 힐끔힐끔 뒤를 보면서 소변이 물에 떨어지는 소리를 통해, 소변을 보는 사람이 바지 지퍼를 내릴 때부터 배뇨를 마무리할 때까지 걸리는 시간을 쟀다. 또한 그때 소변을 보는 사람과 가장 가까운 자리에 있는 사람 사이에 빈 소변기가 몇 개 있는지도 적었다. 가장 가까이 있는 사람과 사이에 빈 소변기를 단 한 개 두고 있었던 사람은 배뇨를 시작할 때까지 7.9초 걸리고, 배뇨를 마칠 때까지는 19초가 걸렸다. 가장 가까이 있는 사람과 사이에 빈 소변기를 세 개 두고 있었던 사람은 배뇨를 시작할 때까지 5.7초밖에 걸리지 않았고, 여유롭게도 32초 동안 소변을 보았다.

연구원들은 소변기 세 개가 한 줄로 늘어서 있는 공중화장실에서 두 번째 실험을 진행했다. 화장실에 들어온 사람은 무작위로 세 가지 조건 중 하나에 처하게 되는데, 세 가지 경우 모두 소변을 보려는 사람은 가장 왼쪽에 있는 소변기를 사용할 수밖에 없게 된다. 첫째, '통제 조건'은 가운데와 오른쪽 소변기에 사용 금지 안내판을 붙인 경우다. 둘째, '중간 조건'은 가운데 소변기에 사용 금지 안내판을 붙이고 연구원이 가장 오른쪽에 있는 소변기에서 소변을 보는 척하는 상황이다. 셋째, '근접 조건'에서는 오른쪽 소변기에 사용 금지 안내판을 붙이고 연구원이 가운데 소변기를 사용하며 실험 참가자 바로 옆에 서 있었다. 실험을 진행하는 동안 다른 연구원 한 사람이 소변기 너머에 숨어 있으면서, 화장실 바닥에 놓인 책더미 속에 숨겨둔 잠망경을 통해 참가자의 소변 줄기를 관찰하고 배뇨에 걸리는 시간을 측정했다. 바로 옆에 사람이 있을 경우 배뇨를 시작할 때까지 걸리는 시간이 길었고(통제 조건에서는 4.9초, 근접 조건에서는 8.4초) 배뇨를 하는 데 걸리는 시간은 짧았다(통제 조건에서는 24.8초, 근접 조건에서는 17.4초). 당연히 이 연구는 인간의 존엄을 해쳤다는 윤리학자들의 비판을 받았고 비판자들은 '화장실 실험이 물밀 듯이 쏟아질 것'을 염려했다(Koocher, 1977, 121쪽). 하지만 훗날 이는 기우였음이 드러났다.

미들미스트 팀의 연구에서 불확실한 점은, 이 연구에서 드러난 것이 과연 사적 공간 일반의 침범이 아닌 화장실이라는 특수한 공간에서 일어나는 행동과 얼마나 관계가 있느냐다. 보통 배설은 금기시되는 신체 부위와 기능이 연관된 사적인 행위다. 그러므로 배설 행위는 높은 수준의 불안과 감정 자극, 억제를 유발하리라고 예측할 수 있다. 공중화장실의 소변기 앞에 나란히 선 남자들은 사적 공간을 침범당한 느낌, 그리고 자신의 남성성을 평가받고 있다는 느낌을 받을 수 있다. 타인이 그저 가까이에서 소변을 볼 뿐만 아니라 자신의 배뇨 행위를 들여다보고, 또 평가할 수도 있다고 생각하는 것이다. 다른 한편 사적 공간의 침범 현상은 화장실 밖에서도 발생한다. 한 연구에서는 열차로 통근하는 사람들이 붐비는 아침 시간에 느끼는 스트레스 수준을 조사하고, 의자에 같이 앉아 있는 사람의 수에 따라 스트레스 수준이 어떻게 달라지는지를 분석했다(Evans & Wener, 2007). 그 결과 근처에 사람이 많을수록 침에서 스트레스 호르몬이 더 많이 검출되고 기분이 우울해지며 집중력이 낮아졌다. 더 붐비는 객차에 있는 것으로는 설명되지 않는 결과였다. 배뇨 행위는 매우 사적인 행위지만 열차 안에 앉아 있는 것은 그리 사적인 행위가 아니다. 그러므로 미들미스트 팀의 연구에서, 실험 참가자들이 배뇨를 시작하는 데 시간이 오래 걸린 사실은 배설과 구체적인 관련이 없을 수도 있다.

공중화장실 공포증

공중화장실에서 소변을 보지 못하는 증상은 대개 배설 관련 문제라기보다는 사적 공간 침해에 관한 문제라고 할 수 있다. 하지만 공중화장실을 사용한다는 생각만으로도 극도의 불안을 느끼는 사람들에게는 그 밖에 무언가가 더 있다. 이런 사람들을 흔히 '숫기 없는 방광' 또는 '수줍은 방광'을 가졌다고 하는데, 이 증상의 의학적인 명칭은 '공중화장실 공포증paruresis'이다(Williams & Degenhardt, 1954). 공중화장실 공포증이 있는 사람들은 공중화장실 사용을 극히 꺼리며, 심한 경우 친구나 가족의 집, 심지어 자기 집에 있는 화장실도 사용하지 못한다. 이들은 보통 음료를 잘 마시지 않고, 사교적인 만남을 피하며, 여행할 때는 배설을 어디서 할지 출발 전에 미리 계획한다. 집 안에서만 지내는 사람도 있다. 공중화장실을 사용할 수밖에 별도리가 없을 때는 화장실이 텅 빌 때까지 기다리거나 칸막이 안에 있는 변기를 사용하는데, 굴욕적일 정도로 오래 기다린 후에야 소변이 나오기 시작한다. 한 환자는 공중화장실을 사용하려다가 의식을 잃고 바닥에 쓰러지기도 했다(McCracken & Larkin, 1991). 공중화장실 공포증에 시달리는 사람들은 자신에게 수치스러운 특성이 있다는 사실을 드러내기를 꺼리면서 친구나 가족에게도 문제를 털어놓지 않는 경향이 있고, 의학의 도움을 받는 경우도 거의 없다(Vythilingum 외, 2002).

공중화장실 공포증을 공중화장실에서 소변보는 것에 대한 두려움이라고 설명하곤 하지만, 사실 공중화장실 공포증이란 단일한 맥락에서 일어나는 단순한 감정이 아니다. 때로는 주관적인 공포를 느끼는 데 그치지 않고, 공중화장실을 아예 이용하지 못한다. 이 두려움은 공중화장실이라는 맥락 자체, 또는 타인이 가까이 있다는 사실이 아니라 다른 사람이 자신을 볼 수 있다는 가능성에 대한 두려움일 것이다. 또한 이때의 불안은 단지 목격되는 것이 아니라 친밀한 사람에게 목격될까 봐, 또는 다른 사람을 기다리게 할까 봐 불안한 것일 수 있다. 광장공포증은 사실 광장 자체를 두려워하는 것이 아니라 자신이 광장에서 공황 상태에 빠져 안전이 보장되지 않을 때 발생할 수 있는 일들을 두려워하는 것이다. 광장공포증과 마찬가지로 공중화장실 공포증도 공중화장실 자체를 두려워한다기보다는 자신의 배설 시도를 다른 사람이 목격했을 때 발생할 수 있는 일들을 두려워하는 것이다.

그동안의 연구 결과, 공중화장실 공포증의 면면을 알려주는 사실들을 모아서 정리할 수 있게 되었다. 진단 기준에 따라 공중화장실 공포증이 있는 사람의 비율은 인구의 2퍼센트에서 30퍼센트 정도인 것으로 추정된다. 공중화장실 공포증은 여성보다 남성에게 더 흔히 발생한다는 점에서 다른 사회불안장애와 다르다(Turk 외, 1998). 남성 환자는 다른 사람이 자신을 볼 수 있는 상황을 꺼리는 반면, 여성은 자신이 내는 소리를 다른 사람이 들을 수 있다는 것을 불안하게 여긴다(Rees & Leach, 1975). 공중화장실 공포증은 주로 후기 아동기나 초기 청소년기에 나타나며 평생 지속되는 경향이 있다.

공중화장실 공포증을 진단하기는 어렵다. 한편으로 공중화장실 공포증은 사회불안장애의 증상과 비슷하다. 사람들 앞에서 말하고, 먹고, 땀 흘리고, 얼굴이 빨개지고, 토하는 것을 두려워하는 것이 사회불안장애의 증상인데, 이 모든 것은 자신이 통제할 수 없는 신체 반응을 다른 사람이 나쁘게 볼까 봐 두려워하는 마음을 나타낸다. 실제로 공중화장실 공포증과 함께 나타나는 가장 흔한 장애가 사회불안장애이며, 그다음은 우울증이다. 하지만 공중화장실 공포증이 있는 사람들 가운데서 사회불안장애를 나타내는 이들은 소수에 불과하다(Hammelstein & Soifer, 2006). 또한 공중화장실에서 소변보는 것에 대한 두려움은 다른 사회불안 증상들과 실증적 관련성이 부족하다는 점에서(Heimberg 외, 1993) 다소 독특하다 할 수 있다. 한 저술가는 때와 장소를 가리지 못하고 소변을 볼까 봐 두려워하는 것과 더불어 공중화장실 공포증을 '괄약근 공포증'의 일종으로 볼 것을 제안했으나(Marks, 1987), 또 다른 사람들은 공중화장실 공포증을 고유한 질환으로 진단해야 한다고 주장한다.

공중화장실 공포증의 심리적 배경은 온전히 파악되지 않은 채로 남아 있다. 공중화장실 공포증이 있는 사람은 대중 앞에 서는 것이나 대인 관계에서 느끼는 걱정 및 불편함에 대한 사회불안이 비교적 높은 수준으로 나타나고, 타인에게 부정적으로 평가되는 것을 크게 두려워한다(Malouff & Lanyon, 1985). 몇몇의 경우 여러 사람 앞에서 놀림당하거나 화장실에서 비웃음을 당한 경험에서 문제의 원인을 찾기도 한다. 이들은 자기 신체를 크게 부끄러워하는 경향이 있다(Gruber & Shupe, 1982). 하지만 이들이 느끼는 성적 불안의 수준은 그리 높지 않기 때문에, 화장실에 대한 두려움이 침실의 불안과 연결되어 있지는 않다는 사실을 알 수 있다. 공중화장실 공포증에 시달리는 사람들은 사생활에 대한 염려가 과도하긴 하지만 이들이 주로 인구 밀도가 낮은 지역이나 소가족 출신이라는 증거는 없다. 또한 이들의 교육 수준이나 사회적 계급 분포도 두드러진 특성을 보이지 않는다(Hammelstein 외, 2005).

이러한 연구 결과는 어떤 과정을 통해 공중화장실 공포증이 발생하며 공중화장실 공포증이란 무엇인지를 파악하는 데 도움이 된다. 사회불안이 크고 자기 신체에 수치심을 잘 느끼는 사람은 다른 사람에게 평가받을 가능성이 있는 상황을 잘 받아들이지 못한다. 미들미스트 연구진의 연구 결과에서 나타났듯이, 공중화장실에서 (실제로든 상상 속에서든) 다른 사람이 자신을 유심히 살펴볼 경우, 공중화장실에서 사람들이 일반적으로 느끼는 감정적 자극에 수행 불안까지 더해져 배뇨가 더욱 지연된다. 몇몇 환자는 이러한 염려가 너무 심해서, 다른 사람들이 내게 배뇨를 하지 못하게 만든다는 거의 편집증에 가까운 믿음을 가진다. 다른 불안장애와 마찬가지로 배뇨 실패의 징후는 실제 소변의 흐름과는 상관없이 연속적으로 발생한다. 배뇨가 지연되면 수행 불안이 생기고, 자의식이 커져서 배뇨를 하려는 노력에 역효과가 생긴다. 그리고 이는 앞으로도 배뇨를 잘 할 수 없을 거라는 자기충족적 예상으로 이어진다. 배뇨를 포기하고 소변을 보지 않은 채로 화장실을 떠나는 사람은 화장실에서 나온 후 느끼는 안도감 때문에 공중화장실을 피하는 경향이 더욱 강화되고, 이 과정에서 회피가 학습된다(Boschen, 2008).

공중화장실 공포증의 치료법은 몇 가지 행동 요법을 통해 이러한 과정의 발생을 막는 것이다. 환자가 서서히 더 강도 높은 상황 (아무도 없는 화장실에서 칸막이로 둘러싸인 변기에 소변을 보는 것에서 시작해 옆 사람과 나란히 서서 소변기에 소변을 보는 것까지)에 적응하도록 훈련하는 방법도 있고, 불안과 자의식을 키우는 자멸적인 생각에 제동을 거는 법을 배우기도 한다. 한 치료사는 좀처럼 낫지 않는 환자에게 보통 공중화장실에서 소변을 볼 때까지 하는 행동을 그대로 하되 소변은 절대 보면 안 된다는 '역설적인' 지시를 내렸다. 그리고 이런 방식으로 환자의 수행 불안이 제거된 순간 소변이 터져 나왔다 (Ascher, 1979). 반면 약물의 효과는 실망스러운 상태다. 한 가지 약물은 여러 면에서 좋은 결과를 내었으나 배뇨가 지연되는 부작용이 있었고, 또 다른 약물은 발기 상태가 고통스럽게 지속되는 결과를 낳았다(Hatterer 외, 1990).

심인성 요폐

공중화장실 공포증은 공중화장실에서만 소변을 보지 못하는 증상이다. 이 밖에 공중화장실 공포증과 구별하기 어려운 증상이 또 있다. 이 증상이 있는 사람들은 특정한 상황에서만 소변을 보지 못하거나 다른 사람의 시선을 두려워하는 것이 아니라 평소에도 계속해서 소변을 억제한다. '심인성 요폐'는 흔치 않은 증상으로, 남성에게 더 많은 공중화장실 공포증과 달리 여성에게서 더 많이 발생한다. 요폐에는 수많은 의학적 원인이 있을 수 있으나, 그런 의학적 원인으로 설명할 수 없는 요폐 증상은 보통 '전환轉換', 그러니까 심리적인 문제나 갈등이 신체적인 증상으로 표현된 것으로 알려져 있다. 최근의 진단 체계를 보면 요폐는 여러 '유사신경학적 증상'(예를 들어 잘 삼키지 못하고, 시야가 이중으로 보이며, 촉각이 사라지고, 국부가 마비되거나 근육이 약해지는 등 기질적인 뇌 질환이나 뇌 병변에 기인한 것처럼 보이지만 실제로 신체적인 원인은 없는 증상) 중 하나로 분류되어 있다(Bilanakis, 2006).

전환은 '히스테리'라고 알려진 것의 일종으로, 히스테리는 정신분석학의 기틀을 세운 분야다. 그러므로 정신분석학 사상가들이 심인성 요폐를 가장 먼저 분석하고 서술한 것은 전혀 놀라운 일이 아니다. 심인성 요폐 증상이 기록에 나타나기 시작한 때는 1950년대 이전으로 거슬러 올라간다. 이들 기록에는 하나같이 만성적으로 소변을 보지 못해 카테터를 삽입해야만 했던 여성들이 등장한다. 이에 관해 여러 가지 원인이 거론되었는데, 대부분이 성적 문제에 기인한 것이었다. 정신분석가들은 남성 성기의 삽입을 피하려는 욕망과 성폭행에 대한 두려움, 자신을 성적으로 학대한 의붓아버지에 대한 무의식적 분노, 다툼이나 질병 때문에 죽을 것 같다는 불안, 성적인 생각이나 행동에 대한 죄책감, 체벌받고 싶은 욕망 등이 요폐의 원인이라고 보았다(Bird, 1980; Wahl & Golden, 1963; Williams & Johnson, 1956).

채프먼은 다음과 같은 사례를 기록으로 남겼다(Chapman, 1959).

젖먹이였을 때 병원에서 어머니를 여읜 한 젊은 여성의 사례다. 어린 소녀 시절, 이 여성은 자신이 천사 같았던 엄마만 못하며 엄마가 임신하지만 않았더라면 죽지 않았을 거라는 이야기를 친척들에게서 자주 들었다. 이 여성은 자신에게 결함이 있으며 자기 때문에 엄마가 죽었다는 기분이 드는 데 분개한 나머지, 엄마와의 경쟁에서 승리하고 엄마가 친척들에게 괴롭힘 당하는 판타지를 만들어냈다. 또한 그녀는 자신의 삶이 엄마의 삶을 그대로 따라가리라고 확신했다. 여덟 살이나 아홉 살 즈음 친척들의 손에 이끌려 어머니의 무덤에 갔을 때, 그녀는 그 무덤 위에 오줌을 싸서 어머니를 모욕하고픈 강한 욕구를 느꼈다. 어렸을 때 친척들이 줄줄이 사망하자, 그녀는 친척들이 생명을 희생해준 덕분에 자신의 삶이 이어진다는 판타지를 갖게 되었고, 병원을 극도로 무서워하게 되었다. 그녀가 처음 요폐 증상을 느낀 것은 청소년기에 작은 수술을 받으러 병원에 입원했을 때였다. 그리고 첫아이를 낳고 얼마 지나지 않아 폐렴으로 병원에 입원했을 때 두 번째 요폐 증상이 발생했다. 심리 치료를 통해 이 여성의 요폐 증상은 엄마에게 공격적인 판타지를 품은 데 대한 자기 처벌이며, 판타지에 소변이 등장하는 것과 의미심장한 관련이 있다는 것이 밝혀졌다.

이 젊은 여성의 사례와 달리 심인성 요폐에 대한 정신분석학자들의 연구 보고서 대부분은 성적인 요인과 갈등이 중요한 역할을 한다고 본다. 성적인 해석 하나하나가 전부 설득력이 있는 것은 아닐지 모르지만, 최근의 연구 보고서들은 정신분석가들의 섹슈얼리티 중심적 해석을 어느 정도는 뒷받침한다. 성적으로 학대받은 경험이 있는 여성이 요폐를 비롯한 방광 통제 관련 문제를 겪을 가능성이 높다는 사실은 갈수록 분명해지고 있다. 예를 들어 다빌라와 동료 연구자들은 성적 학대를 받았던 생존자들이 일반 대조군에 비해 요폐와 요실금, 배뇨장애를 겪을 확률이 현저히 높다는 사실을 밝혀냈다(Davila 외, 2003). 하지만 정신분석가들의 주장처럼 어린 시절에 학대받았던 경험이 무의식 속에 억압된 채로 있어야만 배뇨장애가 발생하는 것은 아니다. 한 연구에 따르면 전해에 애인이나 배우자에게 성적·신체적 학대를 받은 멕시코계 미국인 여성은 그렇지 않은 여성에 비해 위장·심폐·신경·성과 생식 관련 문제를 겪을 확률이 더 높았다(Lown & Vega, 2001). 그중에서도 요폐가 배우자의 폭력과 가장 관련성이 높았는데, 배우자에게 학대받은 여성은 그렇지 않은 여성에 비해 요폐에 걸릴 확률이 12배나 더 높았다.

이러한 연구 결과 덕분에 비뇨기 증상이 학대 및 고통스러웠던 경험과 상당히 밀접하게 연관되어 있다는 인식이 점점 높아지고 있다. 학대는 성적 학대에만 국한되지 않으며, 여성과 남성 모두에게 영향을 미칠 수 있고, 요폐 외에 다른 증상을 유발하기도 한다.

예를 들어 링크는 보스턴 주민 중 무작위로 남녀 5506명을 뽑아 분석한 결과, 성적·신체적·감정적 학대가 다양한 배뇨장애와 강한 상관관계를 보인다는 사실을 발견했다(Link 외, 2007). 이러한 결과는 트라우마와 방광 문제 사이에 아마 신경내분비 작용에 의해 매개될 심리적 상관관계가 있으며, 그 상관관계는 인과 관계임을 보여준다.

요실금

공중화장실 공포증과 심인성 요폐 증상은 배뇨가 병적으로 억제되는 증상이다. 이 대척점에는 배뇨가 제대로 억제되지 않아서 생기는 증상이 있다. 이러한 증상을 통틀어 '요실금'이라고 하는데, 요실금에는 다양한 유형이 있다. 예를 들어 절박성 요실금은 여성과 노인에게 흔한데, 방광이 부적절하게 수축해 갑자기 매우 강한 요의를 느끼고 소변이 새는 증상이다. 여성에게 많은 복압성 요실금은 웃음과 기침, 재채기, 운동 등으로 복부 압력이 증가할 때 소변이 새는 증상으로, 골반 바닥의 근육이 약해진 결과 발생한다. 유뇨증은 충분히 방광을 통제할 수 있는 나이(보통 6세)에도 낮밤에 오줌을 가리지 못하는 증상이다. 유형과 상관없이 요실금은 당황스러움과 수치심을 유발하며, 타인에게 혐오감을 불러일으키기도 한다. 메리 더글러스가 말했듯 무언가가 제자리에 있지 않은 것을 더러움이라고 한다면(Mary Douglas, 1966), 요실금은 두 배로 더럽다고 볼 수 있다. 노폐물이 있어야 할 곳에 있지 않은 것이 바로 요실금이기 때문이다.

'요실금incontinence'은 단지 배설할 장소를 가리지 못하는 증상을 뜻하는 것만은 아니다. 아리스토텔레스의 윤리학에 나오는 개념인 '아크라시아akrasia'의 번역어도 incontinence로, 아크라시아는 도덕성이 약한 상태를 일컫는다. 도덕성이 약한 사람은 정념을 극복하고 이성을 따르지 못한다. 고의로 나쁜 행동을 하는 악랄하고 무절제한 사람과 달리, 자제력이 약한 사람은 도덕적으로 훌륭하게 행동하고 싶어 하지만 유혹에 휩쓸리고 만다. 그러므로 incontinence는 단순히 괄약근이 약한 것이 아니라 자제력이 약한 것이다. 그럼에도 요실금과 변실금은 때때로 자기 통제가 소홀한 전형적인 사례paradigm case로 간주된다. 부모들은 배변 훈련이 훗날 욕구를 참고 기다릴 줄 아는 능력에까지 영향을 미친다는 데 신경이 쓰일 것이다.

요실금이 화장실 밖에서의 자제력과도 연관되어 있다는 생각은 그리 허무맹랑한 것이 아닐 수도 있다. 미리암 튀크와 동료 연구자들의 실험에 따르면, 미각 실험이라는 거짓 정보를 듣고 물 다섯 잔을 들이켠 후 소변을 참으라는 지시를 받은 사람들은 돈이 걸린 문제에 근시안적 결정을 내리지 않는 등 배뇨와 전혀 관련 없는 영역의 충동에 더 잘 저항했다(Mirjam Tuk 외, 2011). 알파벳이 무작위로 나열된 글자판에서 '배뇨', '방광', '화장실'이라는 단어를 찾으라는 지시를 받고 소변을 통제할 필요성을 살짝 떠올린 것만으로도 실험 참가자들은 성급한 결정을 피할 수 있었다. 배뇨와 방광, 화장실이라는 단어를 인지한 사람은 소변을 보고 싶다는 압박감을 더 많이 받게 되므로 방광을 더 강하게 통제하게 되고, 나아가 지갑까지 더 잘 통제할 수 있었던 것이다. 이 '억제의 파급' 효과는 방광을 통제하는 능력이 신체의 자제력뿐만 아니라 더 넓은 의미의 자제력까지 나타낸다는 사실을 보여준다.

오줌싸개에 대한 사회의 태도

어른들은 가끔 자제력이 성장의 주요한 열매라는 사실을 잊는다. 갓 태어났을 때 우리는 때와 장소에 상관없이 되는 대로 배설을 했다. 우리가 대소변을 어디서 봐야 하는지 배우고, 배설을 참는 능력을 키우고, 사회에서 인정한 화장실 문화를 습득한 것은 한참 뒤의 일이다. 이러한 학습 과정에서 신체의 반사 작용을 자발적으로 통제하는 (깨지기 쉬운) 승리의 경험이 점차 쌓여가고, 어른들은 그 과정을 걱정 어린 눈으로 지켜본다. 문명화의 일환으로서 배변 훈련의 중요성은 다음과 같은 셀마 프레이버그의 말에서 잘 드러난다. "선교사들이 도착했다. 이들은 즐거운 야만인들에게 문화라는 것을 알려주려고 이곳에 왔다. … 그리고 위생과 변기 사용 에티켓, 화장실을 가르쳐주었다"(Selma Fraiberg, 1959, 59쪽). 야만인들은 쉽게 변하지 않았고 자주 반항했으며, 그래서 때로 선교사들의 열정 뒤에 위협의 기미가 서렸다. 한 연구에서는 12개월 이상인 어린이에게 가해지는 치명적인 학대 대부분이 아이의 똥오줌 문제나 기저귀를 가는 일과 관련 있음을 발견했다(Krugman, 1984).

현대 선진국의 배변 훈련 방법은 과거와 크게 달라졌다. 배변 훈련 방법은 문화에 따라서 상당한 차이를 보인다. 전통 사회에 대한 1953년의 조사 결과 배변 훈련의 시기와 강도, 선호하는 방법이 저마다 다양했으며, 미국의 경우에는 당시 배변 훈련이 점점 더 엄격해지고 있었다(Whiting & Child, 1953). 아프리카의 한 문화권에서는 아이가 거의 다섯 살이 될 때까지 배변 훈련을 시작하지 않았던 반면, 마다가스카르의 타날라족은 6개월 된 아기에게 대소변을 가릴 것을 요구했다. 배변 훈련법은 단순하고 너그러운 방법(뉴기니의 쿠오마Kwoma족은 '어떻게 하면 되는지 아이에게 알려주기만 하면 아이가 그대로 할 것'이라고 생각한다)에서부터 흉내를 내게 하는 방법, 놀림감으로 만들거나 매질을 하는 방법까지 다양했다. 가장 놀라운 방법은 서아프리카에 있는 다호메이의 훈련법이다. 잠자리에 오줌을 싼 아이는 처음에 매를 맞는다. 매를 맞고도 다시 오줌을 싼 아이는 머리에 잿물을 뒤집어쓰고, 길에서 '아무데나 오줌 싼대요' 노래를 부르는 아이들에게 쫓겨 다녀야 한다. 어떤 지역에서는 계속 실례를 하는 아이의 허리에 살아 있는 개구리를 매달아서 계속 깜짝 놀라게 함으로써 배뇨를 억제하기도 한다.

배변 훈련의 역사적 변화도 매우 인상적이다. 중세에는 '아이가 잠자리에 쉬를 하면' 고슴도치 간 것이나 염소 발톱 가루 낸 것을 먹이고, 수탉의 볏을 말려 침대에 뿌리라고 권고했다(Glicklich, 1951). 지난 세기 동안 서구의 배변 훈련법은 여러 자녀 양육 전문가의 조언에 따라 관대함과 엄격함 사이를 오락가락했다. 20세기 초에는 아이들이 성장하면서 자연스럽게 방광과 장을 통제할 수 있게 된다는 가정을 바탕으로 해서 느긋한 접근법이 유행했다. 하지만 이러한 자유방임주의적 견해에 뒤이어 더 엄격한 훈련법이 등장했다(Luxem & Christophersen, 1994). 존 B. 왓슨(1878~1958) 같은 행동주의 심리학자들은 자제력이란 적절한 조건 형성을 통해 빠르게 습득할 수 있는 습관이라고 생각했다. 이러한 관점의 영향을 받아 1929년 미국의 한 육아 전문 잡지는 독자들에게 생후 8주에 배변 훈련을 마쳐야 한다고 단언했다.

20세기 중반이 되자 전문가들의 의견은 다시 관대한 쪽으로 돌아갔다. 당시에는 어린이 상담 교육 분야에 정신분석학의 영향력이 커지고 있었으며, 훈육할 때 어린이의 생물학적 발육 수준을 중요하게 고려해야 한다고 강조한 심리학자 아널드 게젤(1880~1961)의 관점도 힘을 얻고 있었다. 너그러운 입장은 1946년 벤저민 스폭(1903~1998)이 육아 지침서를 출간하면서 더욱 힘을 얻었다. 벤저민 스폭은 아기의 의사를 존중하는 방식으로 배변 훈련을 할 것을 권고했다. 스폭의 책은 판을 거듭하면서 배변 훈련을 시작할 나이를 점점 뒤로 미루었는데, 세탁기와 일회용 기저귀의 출현이 이를 가능케 했으리라는 점에는 의심의 여지가 없다.

생물학적 발육과 사회화—자연과 양육nature and nurture—의 조합이 배변 훈련의 관건임은 분명하다. 두 요소의 상대적 중요도가 유뇨증 심리에 영향을 미친다. 늦게까지 소변을 가리지 못하는 아이는 생리적으로 발육이 좀 늦은 상태일 수도 있고, 제대로 훈련을 받지 못했기 때문일 수도 있다. 또한 특정한 심리적 성향은 아이를 유뇨증에 더욱 취약하게 만든 원인일 수도 있고, 반대로 유뇨증의 잔재나 여파일 수도 있다. 유뇨증은 심리학적 의미가 매우 크며, 유뇨증으로 고생하는 아이가 감정적으로 힘들어한다는 것은 널리 받아들여지는 가설이다. 이 가설은 20세기 초중반에 유뇨증을 설명하던 심리학 이론을 반영한 것이다. 당시에는 유뇨증을 불안, 부모님에 대한 무의식적 분노, 유아기의 의존 상태로 퇴행하고픈 욕망의 표시로 간주했다. 또한 남자아이의 유뇨증은 수동적이고 여성적인 성격을 나타내는 것으로, 여자아이의 유뇨증은 남성성을 추구하려는 시도로 여겨지기도 했다(Glicklich, 1951). 이들 이론에서 유뇨증은 개별적인 행동장애가 아니라 내면의 신경증이 새어 나온 증상으로 해석된다.

야뇨증의 경우 이러한 견해는 근거가 별로 없는 것으로 보인다. 실상 야뇨증은 주로 생물학적 원인으로 발생하며, 기질이나 심리적 문제와는 거의 관련이 없다. 밤에 오줌을 싸는 아이들은 수면 패턴이 불안정하고(Martin 외, 1984), 신장 기능에 영향을 미쳐 이뇨를 억제하는 뇌하수체 호르몬(아르기닌 바소프레신) 분비가 부족하며, 방광이 가득 찼을 때 잠에서 잘 깨어나지 못하는 등 생리적 발육이 늦은 징후를 보인다(Butler, 2001). 또한 야뇨증에는 강한 유전적 요인도 있다. 관련 연구 대부분은 야뇨증이 있는 어린이와 야뇨증이 없는 어린이 사이에 기질이나 행동장애의 차이가 거의 없다는 결과를 도출했다. 최근에 있었던 한 연구 결과, 야뇨증이 있는 6~12세 어린이는 성격의 다섯 가지 측면*이나 주요 행동장애와 관련해서 야뇨증이 없는 어린이와 별다른 점이 없었다(Van Hoecke 외, 2006). 야뇨증이 장기적으로 미치는 영향도 미미하다. 덴마크

---

* 현대 심리학계에서는 성실성, 친화성, 경험에 대한 개방성, 외향성, 신경성의 정도를 '개인의 성격을 이루는 5대 차원'으로 본다.

의 한 연구 결과, 어렸을 때 야뇨증이 있었던 성인 젊은이는 다소 의심이 많고 사회에 소속감을 느끼지 못하는 경우가 많은 것을 제외하면, 야뇨증이 없었던 성인과 다른 점이 없었다(Strömgren & Thomsen, 1990).

그런데 낮에 소변을 가리지 못하는 어린이와 소변을 가릴 줄 알았는데 다시 가리지 못하게 된 어린이의 경우는 상황이 그리 낙관적이지 않다. 두 증상은 각각 주간 유뇨증, 이차성 유뇨증이라고 불린다. 이차성 유뇨증은 부모의 이혼이나 불화 같은 가정 문제나 (Fergusson 외, 1990), 트라우마를 일으키는 사건을 겪은 어린이에게 흔히 나타나는 퇴행 반응이다. 방글라데시 어린이를 대상으로 조사한 결과, 표본 집단의 3분의 1이 1988년 나라 전체를 황폐화하고 수백만 명을 난민으로 만든 홍수를 겪은 후 이차성 유뇨증을 경험했다(Durkin 외, 1993). 주간 유뇨증이 있는 어린이들도 심리적 장애 정도가 높은 편이지만, 주간 유뇨증은 늘 구체적인 사건의 결과 나타나는 것만은 아니다. 야뇨증이 있는 어린이와 없는 어린이 사이에 별다른 차이를 발견하지 못했던 한 연구에서, 주간 유뇨증이 있는 어린이는 비교적 신경증 성향이 있다는 것이 드러났다. 주간 유뇨증이 있는 어린이는 성실성과 자신감이 부족하고, 과잉행동이나 집중력 부족 등 행동상의 문제가 있는 경우가 많았다(Van Hoecke 외, 2006).

유뇨증은 분명 심리적 장애와 복잡한 관계가 있다. 야뇨증은 정신적인 고통과 관계없는 생리학적 이상과 미성숙 때문에 발생하므로 심리 장애와 거의 아무런 상관이 없다. 주간 유뇨증과 이차성 유뇨증은 신경증 성향 및 자제력 부족과 관계있거나 큰 스트레스를 유발한 사건에 대한 분노 반응으로 나타난다. 불행한 사건이 요실금의 원인이든 아니든 상관없이 요실금이 불행한 기분을 야기할 수는 있다. 오줌을 싼 아이는 당황하고 이를 수치스러운 비밀로 간직한다. 비밀을 들킬 가능성이 있는 사회 활동을 피하고, 비밀이 새어 나갔을 경우에는 놀림을 당한다. 아이들은 소변을 가리지 못하는 것이 단순히 운 나쁘게 잘못 든 버릇이 아니라, 도덕적 실패('반드시' 갖춰야 하는 극기의 부족)이자 다시 아기가 되는 모욕적인 퇴행으로 여겨진다는 사실을 본능적으로 알고 있다.

야뇨증은 범죄 성향과 관계가 있을까?

야뇨증을 둘러싼 미신이 많은데, 그중 가장 흥미로운 것은 야뇨증이 범죄 행위와 관련이 있다는 생각이다. 상당수 정신의학자들이 어린 시절의 세 가지 특징, 곧 야뇨증, 불장난, 잔혹한 동물 학대는 장차 비행과 폭력을 저지를 전조라고 주장해왔다. 초기의 여러 연구 결과가 이 주장을 뒷받침했다. 헬먼과 블랙먼이 성인 남성

수감자 여든네 명을 조사한 결과, 폭력 범죄를 저질러 수감된 사람들의 경우 이들 세 가지 전조를 모두, 또는 일부 경험한 비율이 일반인보다 거의 세 배가량 높았다(Hellman & Blackman, 1966). 왁스와 해독스의 연구에 따르면 조사 대상이 된 남성 청소년 범죄자 마흔여섯 명 중 여섯 명에게 세 가지 전조가 모두 있었다. 이 여섯 명은 모두 극도로 폭력적이고 성도착 성향을 보였으며, 소년법원에서 향후 위험한 범죄를 저지를 가능성이 매우 높다는 판결을 받았다(Wax & Haddox, 1974). 이 세 가지 전조가 여성에게도 해당된다는 증거도 발견되었다. 펠트하우스와 유도위츠의 연구 결과, 공격성이 강한 여성 수감자들은 그렇지 않은 수감자들보다 야뇨증과 잔인한 동물 학대, 불장난을 경험한 비율이 훨씬 높았다(Felthous & Yudowitz, 1977). 서로 다른 세 가지 행동이 어떻게 연관되는지 분명하게 밝혀진 바는 없지만, 한 가지 가능성은 이 세 가지 특징이 자기 통제 능력의 선천적 결핍을 나타낸다는, 곧 자제력 부족의 일반적인 형태일 수도 있다는 것이다.

안타깝게도 다른 연구 결과들은 이 주장을 뒷받침해주지 않았다. 그중 가장 강력한 것은 히스와 동료 연구진이 소아정신과 진료를 꾸준히 받아온 외래 환자 204명을 조사해 야뇨증과 불장난, 동물을 잔혹하게 학대하는 성향의 비율을 기록한 연구다(Heath 외, 1984). 연구자들은 세 가지 행동 사이에 단순한 연관성도 찾지 못했다. 야뇨증이 있는 어린이들이 야뇨증이 없는 어린이들보다 딱히 불장난을 많이 하지 않았고, 동물을 잔혹하게 대하는 성향도 불장난과 아무 관계가 없었다. 흥미롭게도 동물을 잔인하게 다루지 않는 어린이 중 밤에 오줌을 싸는 아이들은 불장난을 하는 비율이 높았고, 밤에 오줌을 싸지 않는 어린이 중 동물을 학대하는 아이들도 불장난을 하는 비율이 높았다. 이 복잡한 연구 결과에서 도출 가능한 한 가지 해석은 세 가지 특성이 한 번에 나타나지는 않지만 셋 중 두 가지가 겹치는 경우는 있다는 것이다. 곧 야뇨증이 있고 불장난을 하는, 통제력이 부족한 어린이가 있고, 동물을 잔혹하게 대하고 불장난을 하는 호전적인 어린이가 있다고 볼 수 있다. 아무튼 이 두 가지 성향이 범죄 및 폭력과 직결된다는 증거는 별로 없으며, 법심리학자들도 야뇨증이나 세 가지 증상이 폭력 범죄와 유의미한 관계가 없다는 데 의견 일치를 보았다.

소변 도착증

공중화장실 공포증의 경우 방광은 숫기 없이 억제되어 있는 상태이고, 유뇨증의 경우에는 방광이 부끄럽게도 잘 통제되지 않는 상태다. 그런데 어떤 경우에는 방광이 부끄러운 줄도 모르고 뻔뻔하게 매혹의 대상이 된다. 성적 페티시는 대부분 패션 소품이나 신체의 일부를 대상으로 하지만,
때로는 소변 같은 신체 배설물
에 불건전한 흥미를 느끼는 경
우도 있다. 이러한 증상을 정신
의학 전문 용어로 '성도착증'이
라고 하는데, 소변에 집착하는
증상은 유로라그니아urolagnia나
언디니즘undinism이라는 이름으
로도 불린다. 언디니즘은 영국
의 성과학 연구가 해블록 엘리
스가 신화 속 물의 요정 운디네

운디네

Undine의 이름에서 따온 용어다.

　근대 정신의학 문헌에서는 언디니즘의 사례를 찾아 보기 어렵
다. 하지만 덴슨의 기록에서 소변과 관련된 일련의 습관이 있는
17세 소년의 사례를 발견할 수 있다(Denson, 1982). 그 소년은 쌓인
눈에 난 '노란색 얼룩'을 찾아 먹었고, 학교에서 경비원으로 일할
때는 여자화장실에 들어가 물을 내리지 않은 변기 물을 마셨으며,
말 오줌 한 양동이를 마시기도 했다. 그는 성인의 성관계란 서로
에게 오줌을 누는 것으로 마무리된다고 생각했다. 이 소년을 진찰
한 정신과 의사는 성관계에 대한 잘못된 지식에 성적 판타지가 결

합되어 소변에 페티시적 흥미를 갖게 된 것이라고 보았다. 그 결과 소변과 접촉할 때 성적으로 흥분되었을 것이고, 도착적인 관심이 더욱 강화되었으리라는 것이다.

언디니즘의 또 다른 예로 매우 신경질적인 성판매 여성의 스무 자녀 중 한 명이었던 남성의 사례를 들 수 있다. 이 남성은 열 살 때 엄마의 깨끗한 옷이 들어 있었던 빨래 바구니에 처음 오줌을 싸면서 큰 즐거움을 느꼈다. 남성은 그 행위를 반복했고, 성장한 후에는 희고 깨끗한 천이라면 아내의 속옷이든 영화관이나 군중 속에 있는 모르는 여성의 옷이든 거기다 대고 소변을 보았다. 또한 그에게는 언디니즘 외에도 노출증과 관음증, 의상 도착증 등 다양한 성도착증이 있었다. 정신분석가는 이 남성이 어머니를 사랑하는 한편 어머니를 더럽다고 생각하며, 어머니를 향한 그의 가학적 감정과 양가감정이 성도착증이라는 출구로 표현된 것이라고 해석했다. 어머니의 더러운 삶에 대한 실망감을 나타내고 어머니를 모멸하고 픈 욕망을 상징하는 그의 언디니즘이 스스로 발전해 다른 여성들한테까지 확장된 것이다(London, 1950).

언디니즘은 흔한 증상은 아니지만 악명 높은 사람의 이름과 함께 사람들의 입에 오르내린다. 아돌프 히틀러에 대한 심리학적 해석이나 정신의학적 진단이 많이 제기되었는데, 그중 한 가지 해석은 히틀러가 성도착적인 행동을 유달리 좋아했다는 것이다. 이 해석에 따르면 히틀러의 조카였던 겔리 라우발Geli Raubal은 히틀러와 함께 성도착적인 행위를 해야 한다는 것이 두려워 히틀러의 침실에서 권총 자살을 했다. 이러한 해석은 히틀러가 친밀함을 느낀 여성들이 매우 높은 비율로 자살 시도를 했으며 실제 자살률도 높았던 이유를 설명해준다. 하지만 히틀러에게 성도착증이 있었다는 이야기를 퍼뜨리고 다닌 사람들(그중에는 히틀러에게 원한이 있었던 전前 나치 지도자 오토 슈트라서도 있었다)은 히틀러를 깎아내릴 개인적인 이유가 있는 사람들이었으며(Rosenbaum, 1998), 그 주장의 근거는 많은 정신분석적 평전의 해석과 마찬가지로 불충분하고 입증할 수도 없다. 하지만 어쨌든 간에 매우 그럴듯한 이야기이긴 하다.

눈의 노란 얼룩을 먹은 소년에게 소변을 맛보는 페티시가 있었듯이, 히틀러에게는 소변을 보는 페티시가 있었다는 소문이 있다. 이 밖에 또 다른 감각을 선호한 언디니스트들이 있다. 프랑스의 정신과 의사였던 오귀스트 타르디외Auguste Tardieu(1818~1879)는, 여성의 소변 냄새를 맡고 싶어서 극장 뒷문

오귀스트 타르디외

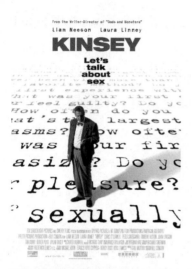

영화 〈킨제이 보고서〉 포스터

에 숨어들거나 공중화장실 바깥에서 어슬렁거리는 '악취 기호자'의 사례를 기술했다. 미국에서 초기에 활동한 정신분석가로서 프로이트의 저작을 처음 영어로 번역한 에이브러햄 브릴Abraham Brill(1874~1948)은, 치료를 받은 후 꽃장식가가 되어 본인의 후각을 직업으로 승화하는 데 성공한 악취 기호자의 사례를 남겼다(Brill, 1932).

언디니즘은 특히 소변과 관계있지만 요도 관련 섹슈얼리티라는 더 넓은 범주로 이어지기도 한다(Bass, 1994). 이유야 어떻든 유명한 성과학 연구가들 중에 이러한 형태의 섹슈얼리티를 좋아한 사람이 많다. 19세기의 가장 유명한 성과학 연구가였던 해블록 엘리스도 언디니스트였던 것으로 보이며, 20세기의 가장 악명 높은 성과학자로서 《킨제이 리포트》로 명성을 떨친 앨프리드 킨제이는 요도에 칫솔이나 털 같은 것을 삽입하기를 즐겼다(Jones, 1997).

결론 ●●●

장과 마찬가지로 방광의 기능도 강력하고 다양한 정서 반응을 불러일으킨다. 소변은 대변보다 덜 혐오스럽긴 해도 불안, 공포, 당황스러움, 수치심과 강한 연관성이 있으며 대변 못지않게 트라우마 및 생활 스트레스와 밀접한 관계가 있다. 앞에서 살펴보았듯 방광과 관련한 특유한 공포증과 전환장애[*], 억제 실패, 성도착증 및 페티시가 있고, 이들 장애는 유전적 취약성, 어린 시절의 경험, 폭력적인 환경, 기이한 생각에서 비롯된다. 이처럼 배뇨는 언뜻 소변 자체만큼 심리학적으로 쓸모없고 하찮아 보일 수 있지만, 자세히 뜯어보면 전혀 그렇지 않다.

● 심리적인 문제가 신체의 이상으로 전환되어 나타나는 질환. 신체의 운동 기능이나 감각 기능에 이상이 생기고, 몸이 마비되거나 경련, 발작이 일어나기도 한다. 프로이트는 이런 증상을 '전환 히스테리'라고 분류했다.

4장
방귀에 관하여

찰스 다윈의 삶은 슬픔의 연속이었다. 아주 어렸을 때 어머니가 돌아가셨고, 세 자녀가 어린 나이에 죽었으며, 많은 동료 과학자와 사회의 유명 인사들은 자연 선택에 의해 진화가 이뤄진다는 그의 위대한 발견을 성토했다. 성인이 된 뒤로 다윈은 줄곧 두근거림, 습진, 구토, 방귀 같은 신체 증상과 더불어 무기력에 빠뜨리는 불안 및 우울로 크게 고생했다. 그는 50대 중반에 다음과 같이 썼다.

"25년 동안 밤낮을 가리지 않고 발작처럼 터져 나온 방귀….방귀가 나오기 전에는 항상 귀가 울리고 환상과 환시를 경험한다"(Desmond & Moore, 1991, 531쪽).

방귀는 보편적인 현상이다. 누군가에게는 짜증나고 난처한 것

이지만 다른 누군가에게는 즐거움의 원천이며, 운 나쁜 소수에게
는 끔찍한 부담이다. 다윈에게 방귀는 공포와 피로, 암울한 비관
주의를 동반한 고질적 문제였다. 다윈 전기를 쓴 한 정신과 의사에
따르면 다윈의 방귀는 어머니의 이른 죽음에서 비롯된 불안장애
가 신체 증상으로 나타난 것으로, 일상생활의 스트레스로 더욱 심
해졌고, 직접적인 원인은 과호흡을 하는 버릇 때문이었다(Bowlby,
1990). 과호흡과 방귀의 관련성은 곧 자세히 알아볼 것이다.

대개 방귀는 다윈 같은 경우보다는 더 생기발랄한 친구와 어울
린다. 방귀는 고대 그리스에서부터 코미디의 주요 소재였고, 중
세에는 방귀를 소재로 한 상스러운 유머가 절정에 달했다(Allen,
2007). 《아라비안나이트》와 영
국 시인 초서(1343~1400)의 《캔
터베리 이야기》에 나오는 방
귀 이야기는 유명하다. 프랑스
작가 프랑수아 라블레(1494경
~1553)에 이르면 방귀라는 소재
는 삶의 부조리함을 희극적으
로 풍자하는 경지에 이른다. 프
랑수아 라블레의 소설에 등장
하는 생 빅토르 수도원 도서관

제프리 초서

에는 《사람들 앞에서 점잖게 방귀 뀌는 기술》 같은 책이 꽂혀 있는데, 소설의 주인공인 거인 팡타그뤼엘이 방귀를 시원하게 한번 뀌면 그 '냄새로 5만 3000명이 넘는 소인, 난쟁이, 이상한 생명체들이 생겨났다'(Rabelais, 1564/1965). 이 기개 넘치는 통속성(주로 권력자와 상류층에 저항하는 힘없는 젊은이들에게서 나타난다)이 수천 가지 농담과 어린이책, 대중문화 속에서 오늘날까지 이어지고 있다.

하지만 진지하게 방귀를 연구하는 학문은 드물다. 퓌른과 레빗은 애석한 심정을 감추지 못한 채 방귀는 '진지한 과학적 조사가 아닌 얕은 짐작과 지저분한 농담의 대상이 되어왔을' 뿐이라고 말한다(Furne & Levitt, 1996, 1633쪽). 레빗과 동료들은 이 같은 상황을 바꾸려고 35년 넘게 방귀에 관한 생리학 연구 프로그램을 활발히 진행해왔으며, 방귀 연구에 위엄을 부여하고자 '방귀학 flatology'이라는 용어까지 만들었다(Levitt, 1980). 방귀학이라는 용어는 널리 받아들여지지 않았지만, 방귀의 심리학을 살펴보기 전에 방귀학의 기초를 몇 가지 알아보는 것이 좋겠다.

방귀의 생리학 ●●●

방귀는 주로 질소, 산소, 수소, 메탄, 이산화탄소로 이뤄져 있다. 이중 수소와 메탄, 이산화탄소는 장에서 미처 흡수되지 않은 탄수화물이 '결장세균총(결장 균무리)'이라고 불리는 수백 가지 미생물에 발효된 결과로 생겨난다. 이 다섯 가지 가스의 혼합 비율은 사람에 따라, 또 때에 따라 제각각이다. 방귀 냄새의 원인은 황을 포함한 소량의 가스(주로 황화수소와 메테인싸이올, 황화디메틸)다. 이 사실은 용감한 두 연구자가 건강한 실험 참가자 열여섯 명에게 과학적으로 수량을 조절해서 강낭콩과 락툴로오스를 먹인 다음, 직장에 관을 삽입해 방귀를 모은 후 그 냄새의 강도를 감식하는 방법으로 입증했다(Suarez 외, 1998). 앞에서 말한 세 가지 유황 가스는 아침에 나는 입 냄새의 원인이기도 하다는 사실이 입 냄새에 관한 네 번째 국제 학술회의에서 처음 발표되기도 했다(Suarez 외, 2000).

방귀의 양에 관해서는 아직 폭넓은 연구가 이뤄지지 않았지만, 기존 연구 결과에 따르면 사람은 평균 하루 열 번 방귀를 뀌며, 한 번에 내보내는 가스의 양은 약 100밀리리터다(Furne & Levitt, 1996). 하루에 가스를 내보내는 횟수가 20회 이상이면 비정상적인 것으로 간주된다(Levitt 외, 1998). 방귀의 횟수는 식습관에 따라 크게 달라지지만 보통 한 사람이 뀌는 방귀의 양은 일정하며, 확실히 다른 사람보다 방귀를 많이 뀌는 사람들이 있다.

개중에는 극단적으로 방귀를 많이 뀌는 사람도 있다. 레빗과 그 동료들이 사례로 든 한 컴퓨터 프로그래머는 방귀를 지나치게 많이 뀌고 배가 아플 정도로 가스가 찬다고 호소했다. 또한 그는 마치 물컵에 아스피린을 넣었을 때처럼 대변에 부글부글 거품이 인다고 말했다. 그는 방귀가 나올 때마다 꼼꼼하게 기록을 했는데, 하루 평균 50회 이상 방귀를 뀌었으며 129번 뀐 날도 있었다. 이 사례는 매우 드문 경우지만 사람들이 자기 방귀를 불만스럽게 여기는 일은 아주 흔하다. 프랑스인을 대상으로 한 표본 조사에 따르면 조사 참여자의 61퍼센트가 신체적 질병에서 기인하지 않은 것으로 보이는 소화 관련 증상이 있다고 대답했으며, 그중 거의 절반이 방귀 문제를 호소했다(Frexinos 외, 1998). 과민 대장 증후군이나 정신지연, 자폐증 같은 신체적·심리적 증상이 있는 경우 방귀가 늘어난다는 보고도 있다(Smith 외, 2009).

방귀의 정신분석학 ●●●

앞에서 살펴본 몇 가지 조사 결과는 방귀가 무엇인지는 알려주었지만, 방귀의 심리적 원인과 역학에 관해서는 아무것도 말해주지 않았다. 처음으로 진지하게 방귀의 심리학을 탐구한 사람은 당연히 정신분석가들이었다. 프로이트의 전기 작가인 어니스트 존스는 방귀와 음악적 재능 사이에 관련성이 있을 거라고 생각했으며 (Jones, 1918), 존스의 가까운 동료였던 산도르 페렌치(1873~1933)는 정신분석 중에 환자들이 방귀를 뀌는 이유에 대해 고찰했다 (Ferenczi, 1950). 페렌치는 환자들이 보통 비협조적이고 반항적인 태도를 취할 때 방귀를 많이 뀌긴 하지만, 이는 정신분석가를 모욕하려는 욕망 때문이라기보다는 성인으로서 특권을 주장하는 뜻이라고 보았다. 사실상 환자는 그저 어엿한 성인으로 대우받고 싶은 욕망을 반항적이고 비언어적인 방법으로 표현하고 있다는 것이다. 로런드는 주로 친구들을 웃기려고 방귀를 뀌어댔던 한 젊은 남성의 사례를 들며, 그에게 방귀란 '더러운' 말을 좋아하는 성향과 연계된 반항적인 공격 비슷한 것이라고 보았다(Lorand, 1931). 쿠비는 방귀와 욕설이 공격적이고 갑작스러우며 형체가 없다는 점에서 상당히 유사하다고 주장했다(Kubie, 1937).

여러 분석가들이 방귀가 임상의 핵심 문제였던 사례를 보고했다. 엣체고엔은 방귀와 체중 때문에 진료를 받으러 온 한 남성의 사례를 들었다. 이 남성은 진찰을 받는 동안 트림을 하고 방귀를 뀌었으며, 가끔은 그것을 자랑스러워했다. 분석가는 남자의 가스가 임신한 여성과 자신을 무의식적으로 동일시한 결과라고 해석했다. 안타깝게도 이 환자는 이러한 해석을 들으면 잠들어 버리곤 했지만 말이다. 분석가가 이 해석을 내놓기까지 걸린 시간은 9년 반이나 되었는데, 이마저도 이전 분석가가 사망할 때까지 환자가 받은 상담 기간 3년을 제외한 것이었다(Etchegoyen, 2005). 베이커는 이보다도 더 한가롭게 무려 15년 동안 페티시적 복장 전환자를 분석한 사례를 소개했는데, 이 환자의 방귀는 통제하기가 대단히 어려웠다. 하지만 치료는 환자가 '자신이 살고 있었던 항문기적 우주의 이상화'를 극복하면서 잘 마무리되었다(Baker, 1994).

　메릴은 방귀에 관해 가장 주도면밀한 정신분석학 연구를 수행했다. 메릴은 환자들이 특정한 성격 유형을 공유한다고 주장한다(Merrill, 1951). 환자들은 모두 남성으로, 전부 거만하고 자기 자랑이 심하며 충동적이고 성미가 급했다. 또한 성취도가 낮고, 여성이나 자기 아버지와 사이가 좋지 않았으며, 상스러운 말과 더러운 이야기, 가학적이고 타인을 비난하는 농담을 좋아했고, 과시욕이 있었다. 한 환자는 대학에 다닐 때 방귀 소리가 크고('코를 드르렁드르렁 고는 것처럼 시끄러운 소리'였다), 친구들을 웃기려고 자기 방귀에 불을 붙인 것으로 유명했다. 〔장내 가스는 가연성이 있어 위험하다. 환자가 수술이나 결장경 검사를 받다가 폭발이 발생한 사례 20건이 보고된 바 있으며, 그중 아홉 건에서는 환자의 장에 구멍이 났고, 또 다른 환자 한 명은 사망했다(Ladas 외, 2007).〕

메릴의 또 다른 환자는 공기를 삼키는 기술을 터득해 자기 마음대로 방귀를 뀔 수 있었다. 방귀 소리가 어찌나 컸는지 3층 발코니에 자고 있던 친구가 그 소리를 듣고 깰 정도였다. 또한 항문으로 멜로디를 연주할 수 있다는 것이 그의 자랑이었다. 어렸을 적 그는 여성(예를 들면 유모)을 깜짝 놀라게 하는 방귀의 '남성적인 힘'을 아주 즐겨 발산했다. 예를 들면 유모가 그의 신발 끈을 묶어주려고 허리를 굽혔을 때 유모의 코에 대고 방귀를 뀌는 식이었다. 그는 성인이 되자 이 힘을 더욱 갈고 닦아, 밤에 침대에 누워 잘 때 아내의 얼굴에 대고 방귀를 뀌곤 했고, 아내의 말이 지루할 때는 방귀를 더 많이 뀌었다. 메릴은 이러한 남성들이 아버지와 자신을 적절한 방식으로 동일시하는 데 실패했으며, 그 결과 자제력과 개인적 성취 역량이 부족해진 것이라고 결론 내렸다. 이들의 방귀는 성인 남성의 남성성을 성취하려는 냄새 나는 시도였던 것이다.

공기삼킴증 ●●●

앞에서 살펴본 정신분석학적 해석은 특정인들의 사례에 한해 방귀의 의미와 역학, 증상 발달의 기원을 어느 정도 설명해준다. 그러나 일반적으로 어떤 사고방식이나 행동 양식이 방귀를 생성하는가

하는 일상적인 차원의 문제에 대해서는 알려주는 바가 거의 없다. 이와 관련해 소화기관의 다른 한쪽 끝에서 일어나는 동작이 장내 가스의 양에 상당한 영향을 미친다는 흥미로운 연구 결과가 있다. 그러므로 이 동작을 불러일으키는 감정 상태나 심리적 조건이 방귀를 촉진할 수 있다. 사람들은 가스가 오로지 장내에서만 생성된 다고 생각하지만, 입을 통해 삼킨 공기가 방귀의 주원인이 되기도 한다.

이러한 주장은 레빗 연구진이 제시한 컴퓨터 프로그래머의 사례에서 분명하게 입증된다(Levitt 외, 1998). 장의 방귀 생성 과정에 관한 이론을 바탕으로 이 프로그래머는 결장 균무리를 줄이거나 보강하거나 키우는 것을 목표로 약, 허브로 만든 보조제, 숯, 여러 가지 식이 요법 등 수많은 조치를 취해봤지만, 증상이 전혀 개선되지 않았다. 레빗과 동료 연구자들은 그의 직장 내 가스의 성분들을 세심하게 거듭 분석했고, 그 결과 질소의 농도가 대기 중 농도에 가깝다는 것을 발견했다. 질소는 결장에서 일어나는 발효의 결과로 발생하는 것이 아니므로 레빗 연구진은 이 남성의 방귀 대부분이 공기를 삼킨 결과로 발생한다는 결론을 내렸다.

공기삼킴증은 잦은 트림과 복부 통증, 복부 팽창, 주관적인 팽만감을 동반하는 골치 아픈 증상인데, 다양한 심리 상태와 관련이 있다. 공기삼킴증은 주로 지적 장애나 발달지연 증상이 있는 사람에게 나타난다(Van der Kolk, 1999). 공기를 너무 많이 들이마신 나머지 결장에 구멍이 나고 심각한 합병증이 생긴 한 소년의 사례도 있다(Basaran 외, 2007). 보고된 사례를 보면 심각한 공기삼킴증은 우울증과도 관련이 있다(Appleby & Rosenberg, 2006; D'Mello, 1983). 공기삼킴증 환자들은 극도로 불안해하는 경향이 있고, 다른 위장 질환을 앓는 환자보다 불안의 수준이 더 높다(Chitkara 외, 2005). 또한 공기삼킴증은 강박장애의 사례에서도 나타난다(Zella 외, 1998). 아홉 살 난 소녀의 사례인데, 이 소녀는 토할 수도 있다는 강박적인 두려움 때문에 탄산음료를 벌컥벌컥 들이마시는 방법으로 억지로 트림을 했고, 방귀는 그 부작용이었다. 또한 공기삼킴증은 투렛 증후군에서 나타나는 비자발적인 음성 틱 증상●의 결과로 발생하기도 한다(Frye & Hait, 2006; Weil 외, 2008).

심리적인 문제가 없는 사람도 공기를 들이마시는 행동은 한다. 우리 모두가 먹고 마시고 침을 삼킬 때, 어느 정도 공기를 들이마

● 어린이가 특별한 이유 없이 무의식적으로 얼굴이나 다른 신체 일부분을 아주 빠르게 자꾸 움직이거나(근육 틱) 이상한 소리를 내는(음성 틱) 증상을 '틱장애'라고 한다. 큼큼거리는 소리, 기침이나 침, 가래 뱉는 소리 등을 내는 '단순 음성 틱'이 있고, 맥락에 상관없는 말이나 욕을 내뱉고 남의 말을 따라하는 '복합 음성 틱'이 있다. 일시적인 틱장애는 대개 자연스럽게 사라진다. 그러나 근육 틱과 음성 틱이 동시에, 또는 번갈아 나타나면서 1년 이상 지속되는 경우는 투렛 증후군으로 간주되어 의학적 치료의 대상이 된다.

신다. 예를 들어 액체 1리터를 마실 때마다 공기 1.7리터를 들이마시는 것으로 추정된다. 밥을 빨리 먹는 사람이나 손가락 발가락을 빠는 영유아에게는 특히 이런 공기삼킴증이 있기 쉽다. 많은 연구 조사에 따르면 공기삼킴증은 사람들이 가장 많이 호소하는 위장 증세에 속하며(Drossman, 1993), 사람들의 감정 상태에 영향을 받는 것으로 보인다. 불안하거나 인지적 스트레스를 받고 있을 경우 무의식적으로 공기를 들이마시는 횟수가 많아지는데(Fonagy, 1986), 한 연구에서 나타난 바로는 불쾌한 상황에 처한 사람들이 평소보다 공기를 세 배 더 들이마셨다(Cuevas 외, 1995). 우리가 들이마시는 공기는 상당량 트림으로 방출되지만, 방출되지 않고 몸에 남은 것은 방귀가 될 가능성이 있다. 찰스 다윈의 심한 방귀도 불안해서 과호흡을 한 탓에 발생한 것이었을지 모른다.

다양한 향정신성 의약품(주로 항불안제와 항우울제)을 이용해 공기삼킴증 치료에 성공한 사례가 여럿 보고되었다. 최면과 정신 요법 같은 심리 치료, 그리고 더 직접적인 행동 수정 치료도 효과가 있다. 무의식적으로 공기를 삼키던 환자들은 목에 단 마이크를 통해 자신이 공기를 삼키려 한다는 것을 인지하고, 자기 행동을 통제하는 방법을 배우게 된다(Calloway 외, 1983). 공기 삼키는 버릇을 통제하는 방법으로 호흡 운동(Cigrang 외, 2006)과 근육 이완, 트림을 할 때마다 스스로 전기충격 주기, 공기를 삼키지 않는 행동을 긍정적으로 강화하기, 공기 삼키는 행동과 병행할 수 없는 대안 행동 수행하기〔예를 들어 손으로 입 가리기(Garcia 외, 2001) 등. 한 4세 남자아이는 검지를 지그시 깨무는 것으로 버릇을 고칠 수 있었다(Flaisher, 1994)〕 등이 있다. 이 방법들은 모두 입에 초점을 맞춘 것이지만 결국 소화관의 다른 한쪽 끝에도 긍정적인 영향을 미치게 된다.

또한 주목해야 할 점은, 과민 대장 증후군에 대한 심리 치료가 방귀 증상에도 효과를 보인다는 것이다. 집단 인지 요법(Blanchard 외, 2007), 행동 요법(Schwarz 외, 1990), 최면(Galovski & Blanchard, 1998), 이완 명상(Keefer & Blanchard, 2001) 역시 방귀 치료에 효과가 있는 것으로 나타났다. 이처럼 방귀는 단순한 생리 현상이 아니라, 심리 치료를 받아야 하는 심리적 문제인 경우도 있다.

방귀와 감정 ●●●

방귀와 우울증

방귀와 우울증이 관련 있다는 이야기는 오래전부터 있었다. 서기 1세기경 활동했던 그리스 의사 '카파도키아의 아레타이우스Aretaeus of Cappadocia'는 우울(멜랑콜리)을 글자 뜻 그대로 해석해 방귀와 연관 지었다. 멜랑콜리아*라는 단어의 어원인 흑담즙이 과도하게 분비

되면 우울증이 생긴다는 것인데, 그는 그 과정을 다음과 같이 설명했다.

"만약 이 흑담즙이 위로 올라가 위와 횡격막(가로막)에 작용하면 멜랑콜리가 생긴다. 흑담즙이 악취와 비린내가 나는 방귀와 트림을 만들기 때문이다. 흑담즙은 우르릉거리는 가스를 아래쪽으로 내려보내고, 이해력을 떨어뜨린다."

Tu breuis, obscurus, nec vocula pondere priua,
Gloria Cappadocum proximus Hippocrati es.
Goupylus à tineis feruat, te Crassus honorus
Induit Ausonia veste: legère diu.

카파도키아의 아레타이우스

아레타이우스는 방귀와 트림을 연관 지음으로써 거의 2000년 후에나 과학적으로 입증될 방귀와 공기삼킴증의 관계를 미리 알아맞힌 셈이다. 방귀가 정신에 나쁜 영향을 미친다는 아레타이우스의 임상 소견은 피타고라스학파의 식단 통제를 뒷받침한다. 키케로에 따르면 피타고라스학파는 콩 먹는 것을 금지했는데, '콩은 방귀를 유발하며, 콩이 유발하는 상태는 진리를 찾으려는 영혼과 어

● 멜랑콜리아melancholia는 그리스어로 '검은색'을 뜻하는 멜랑melan과 '담즙'을 뜻하는 콜레chole를 합친 말이다.

울리지 않기 때문'이었다(Bailey, 1961).

17세기 초에 《우울의 해부》라는 책을 쓴 영국의 인문학자 로버트 버턴(1577~1640)도 우울증과 방귀의 상관관계에 관심을 기울였다. 버턴은 침울성 우울증에 대해 다음과 같이 적었다.

"이러한 종류의 우울증에서 가장 불쾌한 증상 중 하나가 바로 가스다. 다른 종류의 질병과 마찬가지로 이 경우에도 가스는 반드시 내보내서 없애야 한다"(Burton, 1621/1850, 418쪽).

버턴은 '가스가 생기는 우울증' 환자에게 다음과 같은 과격한 치료법을 제시했다.

"관장기의 한쪽 끝에 풀무를 달고, 다른 한쪽 끝은 항문에 넣어서 가스를 빼낸다. 자연은 진공을 혐오하기 때문이다●"(419쪽).

그로부터 약 1세기 후, 데이비드 흄과 새뮤얼 존슨, 알렉산더 포프 같은 유명 인사를 치료한 스코틀랜드 의사 조지 체이니George Cheyne(1671~1743)는 《영국의 질병 The English malady》에서 우울증 같은 질병이 방귀, 중압감, 불안과 관련이 있다고 주장했다(Cheyne, 1733/1976). 그는 '우울vapours'의 병증을 '기운이 없을 뿐만 아니라 가스가 차고, 트림과 하품을 하며, 불만이 생기고, 장이 (마치 시끄러운 개구리처럼) 꾸르륵거리고 명치가 아프다'고 묘사했다(136쪽).

●　자연 상태에서는 어떤 방식으로도 진공이 존재할 수 없다는 아리스토텔레스의 명제.

최근에는 방귀와 우울증의 관계를 체계적으로 조사한 연구가 별로 없다. 헤우와 동료 연구자들은 일반인을 대상으로 한 연구에서 변비나 설사 같은 위장 증상과 우울 수준 사이에 상관관계가 있다는 결과를 도출했으나, 방귀에 관해서는 구체적으로 조사하지 않았다

조지 체이니

(Haug 외, 2002, 2004). 마르턴스 연구진은 심리적인 원인이 있는 것으로 추정되는 다양한 위장 관련 환자들이 높은 비율로 우울감과 불안 증상을 보이는 것을 발견했다(Martens 외, 2010). 앞에서 살펴본 것처럼 우울증은 공기삼킴증과 관련이 있으며(Appleby & Rosenberg, 2006; D'Mello, 1983), 그러므로 방귀와도 관련이 있을 가능성이 있다. 하지만 우울증과 방귀의 구체적 상관관계는 아직 밝혀진 바가 없다.

방귀와 공포심

방귀는 불안과 여타 형태의 신경증적 고통을 유발하는 듯 보일 뿐만 아니라 고도의 공포심과도 관련이 있다. 많은 논문 저자들이 방귀를 엄청나게 두려워하는 환자의 사례를 보고했는데, 그중 몇몇은 망상에 이르기도 했다. 흥미롭게도 사례에 나타난 공포의 형태는 제각각 다르다. 라두세르와 리케초스는 사람들 앞에서 방귀를 뀌면 안 된다는 강박적인 두려움 때문에 불안 발작을 겪고 사회적으로 위축된 사례를 보고했다(Ladouceur 외, 1993; Lyketsos, 1992). 라두세르가 보고한 사례는 행동 요법으로, 리케초스가 보고한 사례는 항우울제로 치료할 수 있었다. 구보타의 사례는 앞선 사례보다 사회적 측면이 덜하다. 구보타는 방귀를 두려워하는 한 일본인 소녀를 치료하려고 최면 요법을 사용했다. 이 소녀의 두려움은 더러워지는 것에 대해 병적인 공포를 느끼는 '자가불결공포 automysophobia'로 개념 지어졌다(Kubota, 1987). 앞의 사례와 달리 이 소녀는 방귀를 다른 사람에 대한 모욕이라기보다는 자기 자신을 더럽히는 것으로 보았다. 이와 비슷하게 한 젊은 남성은 사회적인 체면이 아닌 개인적인 통제력을 잃는 것이 두려워 방귀에 강박적인 공포를 느꼈는데, 항우울제 처방으로 이러한 공포에서 벗어날 수 있었다(Fishbain & Goldberg, 1991).

베어리와 코브가 보고한 세 가지 사례에서는 또 다른 증상이 나타난다. 각 환자는 자신이 '소화와 관련된 악취'(방귀나 입 냄새)를 뿜고 있다는 망상에 가까운 확신을 가지고 있었다(Beary & Cobb, 1981). 이러한 증상은 방귀를 뀌고 놀림 받은 것과 같은, 냄새와 관계있는 구체적인 사건에서 비롯되기도 한다(Begum & McKenna, 2011). 한번 나타난 망상은 환자가 다른 사람의 행동을 계속해서 오독함으로써 더욱 강화된다. 예를 들어 환자들은 다른 사람이 별 뜻 없이 향수를 선물하면 냄새를 가리라는 신호로 받아들이거나, 다른 사람이 쿵쿵거리거나 기침하는 행동을(심지어 근처에 있는 개가 짖는 것까지) 악취의 증거로 받아들인다. 이 환자들은 사람이 많은 곳을 피하거나 강박적으로 냄새를 확인하고, 냄새 방지제와 비누를 지나치게 많이 사용하면서 망상 속의 악취를 없애려고 한다. 베어리와 코브는 환자가 그동안 피해왔던 상황을 맞닥뜨리고 그 상황에서 악취를 없애려고 강박적으로 해왔던 행동을 하지 못하게 하는 방법으로 치료에 어느 정도 성공을 거두었다.

　방귀에 대한 강박을 치료하는 매우 흥미롭지만 그리 흔치 않은 방법 한 가지가 방귀 뀌는 것을 오히려 장려하는 것이다. 밀란과 콜코는 이러한 '역설적 의도' 방법을 써서, 한 여성 환자에게 방귀를 뀌고 싶다는 욕구가 들자마자 바로 방귀를 뀔 것을 지시했다. 그러자 방귀에 대한 생각을 되새김하는 일이 줄어들었고, 이 상태가 적어도 1년 동안은 지속되었다(Milan & Kolko, 1982).

방귀와 혐오감

우울과 공포도 방귀의 심리학에서 한자리를 차지하긴 하지만 아마 방귀와 가장 깊은 관련이 있는 감정은 혐오감일 것이다. 혐오감은 썩은 음식이나 사체, 배설물을 볼 때처럼 오염이나 질병의 위험이 있는 자극이 왔을 때 발생하는 기본 감정이다. 혐오감은 냄새나 맛 같은 화학적 감각에 의해 쉽게 발생하며, 혐오감이 들었을 때 나타나는 전형적인 얼굴 표정이 콧구멍을 막기 위해 코를 찡그리는 것이다. 최근 들어 심리학자들은 실험 상황에서 혐오감을 불러일으키는 데 냄새의 힘을 이용하기 시작했다. 이때 자주 사용하는 도구가 방귀 스프레이다. 방귀 스프레이는 장난감 가게에서 구입할 수 있는데, 성인 과학자보다는 열세 살짜리 소년들이 주로 사는 것이다.

처음으로 방귀 관련 기술을 이용한 과학 실험에서 슈널과 동료들은 실험 참가자에게 각기 다른 강도로 방귀 스프레이 냄새를 맡게 했다(Schnall 외, 2008). 운 나쁜 참가자들은 '강한 악취'에, 운 좋은 참가자들은 '순한 악취'나 '악취가 전혀 나지 않는 대조군'에 무작위로 배정되었다. 그 결과 강한 악취를 맡은 참가자들은 그렇지 않은 참가자들보다 혐오감을 더 많이 느꼈다. 스프레이 냄새를 맡은 후 참가자들은 사촌 간 결혼 및 사촌 간의 (합의에 의한) 섹스처럼 윤리 문제가 제기될 수 있는 여러 가지 행동에 대해 그것이 얼마나 불쾌한지 밝혀야 했는데, 악취를 맡은 참가자들은 도덕적인 비난을 더 강하게 표출했다. 최면을 통해 혐오감을 느낀 사람이 도덕적으로 더욱 비판적 태도를 취했던 실험과 유사한 결과를 보였다 (Wheatley & Haidt, 2005). 강한 불쾌감을 느끼면 그것이 순전히 신체적 반응일지라도 갖가지 사회적 규범 위반이 더욱 불쾌하고 혐오스럽게 보인다. 이 결과에 따르면 사람들 앞에서 방귀를 뀌는 행동은 상당히 문제가 된다. 그 냄새 때문에 목격자의 눈에(또는 코에) 방귀가 더욱더 불쾌하게 느껴질 수 있기 때문이다.

심리적으로 영향을 미치는 것은 방귀의 냄새만이 아니다. 최근의 실험 연구에서는 방귀·구토·트림 소리를 조합한 소리와 함께 더러운 화장실 사진을 제시해 혐오감을 불러일으켰다. 그 결과 혐오감을 느낀 사람은 여러 해석이 가능한 상황을 부정적으로 판단하는 경향을 나타냈다. 중립 상태나 만족스러운 상태에 있는 사람보다 상황을 더욱 심각하게 해석하게 된 것이다(Davey 외, 2006; Mayer 외, 2009).

이런 쓸데없는 궁금증이 생길 수 있다. '자기 방귀 냄새는 다른 사람의 방귀 냄새보다 덜 고약할까?' 안타깝게도 이 질문에 관해서는 체계적인 실험이 아직 이뤄지지 않았다. 하지만 똥 묻은 기저귀에 대한 엄마들의 판단을 실험한 결과에서 근접한 답을 얻을 수 있다(Case 외, 2006). 엄마들은 여러 아기의 똥이 묻은 기저귀 냄새를 맡아야 했는데, 다른 아기의 똥 냄새보다 자기 아기의 똥 냄새를 덜 불쾌하게 여겼다. 심지어 각 표본의 이름표를 교묘하게 바꿔 달았을 때도 마찬가지였다. 겨드랑이 냄새에 관한 실험에서도 비슷한 결과가 나왔다. 사람들은 아예 모르는 사람의 냄새보다 가까운 사람의 냄새나 자신의 냄새를 더 선호했다(Levine & McBurney, 1986). 이는 단순한 습관화habituation의 결과일 수 있다. 친숙함은 경멸보다 선호를(또는 적어도 관용을) 낳는다. 이러한 현상에는 기능적인 면도 있을 수 있다. 만약 부모가 자기 아기에게 강한 혐오감을 느낀다면 아기를 곰살궂게 보살필 수 없을 것이다. 자기 방귀 냄새를 선호하는 데 이러한 기능이 있을 거라고 상상하기는 어렵지만, 적어도 우리가 타인의 냄새에 비해 자기 방귀의 구린내를 과소평가하는 경향이 있다는 간접 증거는 있는 셈이다.

방어적인 방귀 ●●●

방귀에는 혐오스러운 면이 있기 때문에 사람들은 공공장소에서 방귀를 참으려 하고, 참지 못한 사람을 비난한다. 타인이 옆에 있을 때 가스를 최소한으로 배출하려 하는 것은 바로 망신을 당하고 비난을 받는 것이 두렵기 때문이다. 하지만 타인을 물리치려고 일부러 방귀의 혐오스러운 힘을 이용하는 사람이 있다면? 스컹크가 자신을 방어하고 보호하려고 악취를 내뿜는 것처럼 사람도 그렇게 할 수 있을까?

일부러 스컹크처럼 행동한 임상 사례가 딱 하나 있다. 융 학파 분석심리학자인 마라 시돌리는 한 어린 소년의 사례를 보고하면서, 소년이 스스로 와해될까 두려워서 방귀를 이용해 '방어용 냄새 외투'를 만들어 자신을 보호했다고 주장했다(Mara Sidoli, 1996). 소년의 이름은 피터로, 피터는 알코올의존자인 10대 엄마에게서 태어나 어렸을 때 입양되었다. 영아기에 피터는 심각한 수유 문제를 겪었고, 유아기에는 무시와 학대를 당했으며 여러 가지 질병으로 수술을 수없이 많이 받았다. 일곱 살이 된 피터가 심리 치료를 받기 시작한 것은 조증 과잉행동 증세가 있고, 횡설수설하며, 상상 속의 존재와 대화하고, 큰 소리로 방귀를 뀌며 (입으로) 방귀 소리를 흉내 냈기 때문이었다. 시돌리는 피터에게 버려지는 데 대한 강력한 두려움이 있을 것이라고 추측했고, 피터가 외계인에게 공격받는 놀이를 즐겨 하는 데서 피해에 대한 판타지가 드러난다고 보았다. 피터는 불안하거나 화가 날 때 방귀를 더욱 심하게 뀌어댔는데, 시돌리는 이것을 '자신을 보호해주는 친숙한 구름'을 내뿜으려는 시도로 해석했다. 보이지 않는 방어막을 쳐서 위험뿐만 아니라 외부 세계와 소통하는 것도 차단하려 한다는 것이다.

피터에 대한 치료는 시돌리가 일반적인 상담을 그만두고 자신도 피터에게 시끄럽게 방귀를 뀌기 시작하면서 전환점을 맞이했다. 처음에 피터는 깜짝 놀라고는 강한 분노를 표출하면서 시돌리에게 미쳤다고 말했다. 하지만 피터는 곧 웃기 시작했다. 시돌리는 방귀를 뀌는 행동이 다른 사람에게 얼마나 괴상하고 짜증나는 일인지를 피터에게 보여주고, 그동안 피터가 이상한 행동을 해서 사람들을 멀리하려 했다는 것을 설명해줌으로써 피터의 방어적 태도를 누그러뜨릴 수 있었다고 주장한다. 실제로 피터는 방귀를 덜 뀌기 시작했고, 공격성이 점점 밀려나고 온화함이 그 자리를 차지했으며, 다른 사람과도 교류를 하기 시작했다. 시돌리는 이렇게 말한다. "피터는 방귀로 나를 봉해버리지 않고, 나에게 자신의 아픔을 보여줄 수 있었다"(178쪽).

방귀의 즐거움 ●●●

여태까지는 방귀와 정신병리학, 부정적인 감정의 관계만 강조했다. 하지만 방귀는 즐거움의 원천이 될 수도 있다. 방귀는 수없이 많은 농담과 유머의 중심에 있다. 방귀 뀌는 행위 자체는 종종 웃음이라는 환대를 받으며, 특히 사춘기 이전의 소년들 (또는 이 단계에서 발달이 멈춘 사람들) 사이에서는 저속한 경쟁이나 찬란한 과시의 대상이 되기도 한다(Merrill, 1951). 그동안 심리학자들은 방귀의 장난스러운 측면에 그리 체계적인 관심을 기울이지 않았으나, 리프먼은 한 가지 예비조사를 했다(Lippman, 1980). 그는 실험에 참가한 대학생들에게 여러 가지 가상의 방귀를 묘사해주었다. 가상의 방귀는 방귀를 뀐 사람과 옆에 있던 사람의 관계(지인이거나 모르는 사이거나), 의도성(고의 또는 우연), 소리의 크기(크거나 거의 들리지 않거나), 냄새의 정도(악취가 코를 찌르거나 냄새가 거의 나지 않거나)라는 네 가지 기준을 조합해서 만든 것으로, 참가자들은 각각의 방귀가 얼마나 우스꽝스러운지를 판단해야 했다. 대학생들은 고의적이고, 소리가 크지만, 냄새는 거의 나지 않고, 지인 앞에서 나온 방귀가 가장 우스꽝스럽다고 판단했다.

또한 리프먼은 참가자들에게 이 네 가지 기준을 조합한 열여섯 가지 경우에 대해 예의, 악의, 불쾌함의 정도를 판단해달라고 부탁했다. 참가자들은 방귀가 우연히 소리 나지 않게 냄새 없이 지인 앞에서 발생했을 때 가장 예의에 어긋나지 않는다고 보았고, 그 반대의 조합, 곧 고의로 큰 소리를 내며 악취 나게 모르는 사람 앞에서 뀐 방귀가 가장 악의적이고 불쾌하다고 보았다. 두 번째 질문에서도 비슷한 패턴이 나왔다. 참가자들은 막 나올 것 같은 방귀를 가장 억누를 것 같은 순간으로 방귀 소리가 크고 냄새가 날 것 같으며, 모르는 사람 사이에 있고, 자신이 방귀를 뀌었다는 것이 들통날 것 같을 때를 꼽았다. 흥미롭게도 방귀는 예의 바른 상황과 불쾌한 상황의 중간에 있을 때 가장 우스꽝스럽다고 여겨진다. 방귀가 재미있으려면 예의 바른 방귀처럼 냄새가 없고 지인들 앞에서 나와야 하지만, 악의적인 방귀처럼 소리가 크고 고의적이어야 한다. 재미있는 방귀는 난처할지 몰라도 그리 수치스럽지는 않으며, 웃음이 나올 가능성은 당황스러운 난처함과 괴로운 수치심을 가르는 요소 중 하나다(Tangney 외, 1996). 간단히 말해서 방귀의 재미는 예의범절이라는 사회 규범을 적당히 위반하는 데서 생겨난다. 메릴은 다음과 같이 썼다.

"프로이트는 재치란 초자아가 갑자기 튀어나오는 것이라고 보았다. 이것 … 이야말로 방귀의 본질이다"(Merrill, 1951, 559쪽).

방귀와 젠더 ●●●

이 장의 마지막 주제는 방귀에서 나타나는 성차다. 방귀의 생성 면에서 몇 가지 차이가 있는 것으로 보인다. 퓌른과 레빗은 방귀의 빈도 측면에서 남성 참가자와 여성 참가자 사이에 별다른 차이를 발견하지 못했으나(Furne & Levitt, 1996), 다른 연구자들은 평균적으로 여성의 방귀가 남성의 방귀보다 소리는 더 작지만 냄새는 더 심하다는 점을 발견했다(Suarez 외, 1998). 아침 입 냄새도 여성이 남성보다 더 심한 것으로 드러났는데(Snel 외, 2011), 나쁜 냄새의 원인인 황 화합물의 농도가 여성에게서 더 높게 나타나기 때문이다.

성차는 방귀를 표현하고, 억제하고, 못마땅해하는 등의 태도 차이와도 관련이 있을 수 있다. 하지만 이 주제에 과학적으로 접근한 연구는 거의 없으며, 심리학 전문가들도 이 방면에 대해서는 자신 있게 안다고 말하기 어려운 것 같다. 한 정신과 의사는 이국 부족의 낯선 행동을 관찰하는 인류학자처럼 다음과 같이 말했다. "여성이 혼자 있지 않을 때는 습관적으로 방귀를 조용히 뀌는 것으로 보인다"(Merrill, 1951, 558쪽). 여성들은 방귀 소리를 잘 내지 않는다는 그의 주장에는 몇 가지 실증적 근거가 있다. 와인버그와 윌리엄스의 연구에 따르면, 이성애자 남성의 경우 종종 일부러 방귀를 뀐다고 대답한 비율이 이성애자 여성보다 세 배 높았고, 방귀 소리가 재미있다고 대답한 비율도 이성애자 여성보다 두 배 더 높았다(Weinberg & Williams, 2005). 이성애자 여성의 경우 방귀 소리를 들은 사람이 그 소리를 역겨워할 거라고 생각하는 비율이 이성애자 남성보다 높았으며, 방귀 소리를 들키면 그 소리를 들은 사람과 관계가 나빠질 것이라고 생각하는 비율도 훨씬 높았다. 이 같은 차이는 생물학적 성 자체보다는 젠더, 젠더와 관련된 사회적 규범, 섹슈얼리티와 관련된 것으로 보인다. 예를 들어 게이 남성은 일부러 방귀를 뀐다고 대답한 비율이 이성애자 여성보다 낮았으며, 레즈비언의 경우 이 비율이 이성애자 여성보다 높았다. 방귀에 관한 태도 및 행동에 나타나는 성차는 정형화된 남성성과 여성성의 문제인 것으로 보인다.

와인버그와 윌리엄스는 '대변 습관'과 방귀의 성별화된 의미를 상세히 연구했다(Weinberg & Williams, 2005). 와인버그와 윌리엄스는 여성이 순수함과 청결을 특히 중요하게 여기며, 이는 부분적으로 여성 신체에 대한 이상화와 배설물에 대한 낙인 효과 때문이라고 주장한다. 그 결과 여성은 배설이라는 주제 자체를 회피하게 되었으며, 냄새를 제거하고 배설물을 남의 눈에 띄지 않도록 숨기는 데 더욱 집착하게 되었다. 실제로 실험에 참여한 이성애자 여성은 남성보다 훨씬 더 공중화장실 사용을 불편해했고, 배설하는 소리를 남에게 들킨다면 이상적인 젠더상에 어긋나는 사람이 되는 거라고 여기는 비율도 남성보다 더 높았다.

여성은 남성보다 방귀나 대변 관련 현상에 혐오감과 수치심을 더 많이 느끼며, 그것들을 참고 멀리하려 한다. 남녀 차이는 이뿐만이 아니다. 때때로 남성은 대변에 관한 사회적 규범을 적극적으로 위반하며, 이러한 행동을 남성성을 수행하는 한 가지 방법으로 여긴다. 와인버그와 윌리엄스는 남성들 사이에서 '신체의 지저분함은 여성성이 암시한다고 여겨지는 것과 정반대편에 있기 때문에 가치 있을 수 있다'고 말한다(Weinberg & Williams, 2005, 317쪽). 실험에 참여한 한 이성애자 남성은 다른 사람이 본인의 방귀 냄새를 맡으면 무슨 생각을 할 것 같으냐는 질문에 다음과 같이 대답함으로써 와인버그와 윌리엄스의 주장을 생생하게 뒷받침했다.

"남자들은 처음에는 더럽다고 하겠지만 그다음에는 '멋진데'라고 할 겁니다. 방귀 냄새가 심할수록 더 남자다운 거예요. 여자들은 방 안에서 방귀를 뀌려고 하지 않잖아요"(328쪽).

허세를 부리는 용도로서 방귀와 트림은 남성의 특권을 주장하는 방법이자 과도한 구속, 중산층, 여성스러움, 성숙함을 대변하는 규범을 위반하는 방법이다. 정신분석가인 메릴도 같은 맥락에서, 방귀를 병적으로 많이 뀐 자신의 환자가 공격적 형태의 '항공포적 노출', 곧 사회의 금기에 대한 남성적 저항을 공공연하게 드러내는 행위를 한 것으로 해석했다(Merrill, 1951). 심지어 리프먼은 방귀를 가리켜 '남성의 무기'라고 했다(Lippman, 1980).

성차는 방귀 관련 유머를 대하는 태도에서도 나타난다. 전통적으로 여성들은 방귀에 관한 유머를 남성들보다 덜 재미있어했다. 비록 리프먼은 방귀의 재미를 판단하는 실험에서 여대생과 남대생 사이에 별다른 차이를 발견하지 못했으나, 더 역겨운 것, 곧 대변 냄새에 관한 유머는 여성들이 남성들보다 덜 즐거워한다는 사실

브롱크스 치어

을 발견했다(Lippman, 1980). 이러한 결과는 신체와 신체 배설물을 주제로 한 유머를 덜 구사하고 덜 좋아하는 여성의 성향과 일치하며(Kotthoff, 2006), 빈정대고 타인을 놀리며 깎아내리는 공격적 유머를 좋아하는 남성의 성향과도 일치한다(Martin 외, 2003). 입으로 내는 방귀 소리(브롱크스 치어Bronx cheers 또는 라즈베리raspberries라고도 불린다)가 타인을 야유하는 (적어도 표면적으로는) 우스꽝스러운 방법이라는 점, 여성보다 남성은 방귀를 더 악의적으로 보는 경향이 있다는 점도 주목할 만하다(Lippman, 1980). 공격적인 유머를 즐기는 성향은 냉소와 적의, 경쟁심 같은 전형적인 남성적 특성과도 관련이 있지만 이해심, 따뜻함, 상냥함 같은 전형적인 여성적 특성의 부재와도 관련이 있다. 남성이 일부러 신체의 지저분함을 드러내는 데는 여성성을 거부하는 의미도 있다는 것이다(Weinberg & Williams, 2005).

결론 ●●●

방귀라는 주제는 하찮고 그저 자극적으로 보일 수 있다. 하지만 이 장에서 우리는 방귀에도 진지한 측면이 있으며, 여러 가지 복잡한 심리를 드러낸다는 사실을 살펴보았다. 방귀는 기분장애와 불안장애부터 망상, 심각한 발달장애, 틱장애, 성격장애에 이르기까지 여러 형태의 정신 병리와 관련이 있다. 또한 방귀는 난처함과 수치스러움, 혐오감과 경멸, 공포와 슬픔에서 행복과 웃음까지 인간 감정의 모든 스펙트럼을 불러일으킬 수 있는 대단한 능력을 갖고 있다. 방귀는 쉽게 알아차릴 수 없는 미묘한 젠더의 심리학을 보여주기도 한다. 방귀와 인간 정신의 관계가 이렇게 흥미로울 줄 누가 알았겠는가.

5장
항문기 아닌
항문기 같은 성격

정신분석학은 놀라울 정도로 야심찬 심리 이론이다. 정신분석학은 인간의 인식, 감정, 동기, 문화뿐만 아니라 정신질환의 원인과 치료법까지 설명하고자 한다. 성격 이론으로서 정신분석학은 의식 수준과 이 의식 수준을 구성하며 서로 갈등을 일으키는 요소들agencies,* 성격이 형성되는 길고 복잡한 단계로 이뤄진 정교한 모델을 제시한다. 정신분석학은 주로 성격의 역학(인간 행동의 기저에 숨겨진 과정)에 관한 이론이지만, 잘 알려지지 않았던 방식으로 성격을

* 정신분석학에서 말하는 정신 구성 요소. 곧 자아(에고), 초자아(슈퍼에고), 이드를 가리킨다.

묘사하고 설명하기도 한다. 프로이트와 그의 후계자들은 몇 가지 성격 유형을 제시하고, 각 유형에 신체 부위의 이름을 따서 붙였다. 그중 가장 흥미로운 것이 항문기 성격 유형이다.

프로이트의 성격 이론은 그가 제시한 인간의 발달 단계론과 밀접하게 연계된다. 프로이트의 설명에 따르면 어린이는 일련의 심리성적 발달 단계를 거친다. 각 단계는 쾌감을 느끼는 각기 다른 신체 부위와 연관되고, 단계별로 외부 세계에 반응하는 방식도 다르다. 구강기의 영아는 말 그대로 빠는 데서 영양분과 감각적 즐거움을 얻는다. 또한 구강기 단계는 새로운 것을 흡수하고 통합하는 경험을 상징한다. 항문기의 유아는 괄약근 사용을 연습하고 괄약근을 수축했다가 이완하는 능력이 점점 커지는 데서 즐거움을 얻는다. 이때 유아는 자기 제어와 자신의 의지 행사에 몰두한다. 취학 전 시기인 남근기가 되면 아동의 섹슈얼리티가 성기 중심으로 바뀌며 이때부터 남녀의 심리성적 발달 단계가 나뉜다.

정신분석 이론에 따르면 각 발달 단계를 넘어가는 과정은 결코 수월하지 않다. 그 과정에서 겪은 어려움은 흔적을 남기고, 그 흔적은 성인이 된 후에도 사라지지 않는다. 다음 단계로 잘 넘어가지 못하고 어느 한 단계에 고착된 사람은 특정한 정신질환에 취약해지며, 타인을 인식하고 외부의 위협과 내면의 충동을 처리하는 방식도 달라진다. 간단히 말해서 고착은 개인의 성격에 흔적을 남긴다. 항문기 고착은 배변 훈련을 혹독하게 받았을 때, 더 일반적으로는 부모가 유아의 자율성을 억눌렀을 때 발생한다. 항문기에 고착된 사람은 항문기 성격을 발달시키게 된다.

프로이트는 1908년 처음 항문기 성격 개념을 제시했다. 〈성격과 항문성애〉라는 짧은 논문에서 훗날 항문기 성격의 3요소로 알려질 성격 특성을 언급했는데, 그것이 바로 정리벽, 완고함, 인색함이다. 정리벽은 성실성, 믿음직함, 결벽을 나타낸다. 완고함은 아집 및 고집 세고 성마른 성격과 관련이 있다. 그리고 인색함은 구두쇠처럼 돈을 쓰지 않는 것을 의미하는데, 프로이트는 돈이 (돈이 아니라 금일 경우 특히 더) 상징적으로 대변과 동일시된다고 주장했다.

프로이트는 이 세 가지 성격 특성이 함께 발현되고, 배변에 관한 한 가지 패턴을 동반한다고 보았다. 프로이트에 따르면 항문기 성격을 가진 사람은 어렸을 때처럼 장을 비우거나 배설을 억제하는 데서 즐거움을 얻고자 하는 경향이 있다. 하지만 어렸을 때처럼 항문의 '성감대적 의미'가 강화된 상태는 성인이 될 때까지 이어지지 않는다. 프로이트는 어렸을 때의 소망이 승화되거나 반동 형성된 것이 항문기 성격이라고 추측했다. 곧 항문기 성격의 강박적인 깔끔함과 철저한 도덕성은 어린 시절 더러운 것에 부적절한 관심을 가졌던 것에 대한 반동이며, 고집 세고 돈에 인색한 성향은 힘들게 배변 훈련을 받으며 배설을 참던 노력이 사회적으로 용인 가능한 형태로 표현된 것이다.

프로이트는 항문기 성격의 밑그림만 그렸을 뿐이고, 그림을 완성한 것은 어니스트 존스(1918/1950)와 카를 아브라함(1923)이었다. 따로 정해진 이름이 아직 없으니 이들 세 선구자를 '항문기 3인조'라고 부르기로 하자. 존스는 프로이트에 이어 두 번째로, 항문기 성격 유형이 아기 시절의 배변에 대한 관심에서 비롯되었다고 보았다. 애초에 대변을 완전히 긍정적인 것으로 여기다가 대변에 대한 기호와 대변에서 얻는 즐거움이 억압되면 항문기 성격 특성이 형성된다는 것이 존스의 주장이다.

존스와 아브라함은 항문기 성격의 특성을 자세히 열거했다. 정리벽은 완벽주의, 세세한 것에 지나치게 얽매임, 형식에 대한 강박, 뭐든지 종류별로 질서 정연하게 정리해놔야 직성이 풀림, 오염에 민감하고 혐오감을 잘 느끼는 성향, 융통성 없이 강한 의무감, 철저함과 효율성으로 나타난다. 완고함은 자기 제어에 대한 집착, 확고한 독립성과 개성, 다른 사람의 참견과 침해에 대한 분노로 드러난다. 인색함은 돈에 대해 쩨쩨하게 구는 것으로, 돈을 빌리거나 빌려주는 것을 싫어하고 탐욕스러우며 쓸모없는 물건을 모으고 쌓아놓는 형태로 나타난다. 존스는 '수집가들은 모두 항문성애자'(430쪽)이며 동전이나 책 같은 '똥의 상징'을 축적하는 경향이 있다고 말했다. 오토 페니셸(1945)에 따르면, 인색함은 시간 '낭비'를 염려하며 시간을 엄격하게 지키는 등 시간과 관련 있는 형태로 나타날 수도 있다.

이처럼 항문기 성격 유형을 세세하게 해부한 데서 더 나아가 존스와 아브라함은 항문기 성격 유형과 연관된 구체적인 습관과 경향을 여럿 제시했다. 존스가 관찰한 바에 따르면 항문기 성격의 소유자는 '따분하기로 악명 높은 사람'인 경우가 많고, 협업이 어려우며 다른 사람에게 일을 믿고 맡기지 못한다. 또한 일에 착수하기를 미루기 일쑤지만 한번 시작하면 다른 사람이 방해하는 것을 용납하지 않는다. 이들은 글씨를 잘 쓴다. 이들은 모든 것을 너무 진지하게 받아들이며, 이들에게 '삶은 문제를 바로잡으려는 끝없는 투쟁이다'(422쪽). 아브라함도 항문기 성격의 소유자들이 재미없는 사람들이라는 데 동의한다. 아브라함은 '항문기 성격의 소유자들은 불평분자의 주력군'(407쪽)이며, 일을 멈추고 여가를 누려야 하는 것을 불행하게 여기는 '일요일 신경증'으로 고통 받는 경우가 많다고 말했다.

항문기 성격과 관련 있다고 여겨지는 몇 가지 특성은 좀 더 터무니없다. 존스는 항문기 성격의 소유자들이 언덕 뒤에 무엇이 있을까 궁금해하는 등 모든 것의 뒷면을 몹시 궁금해한다고 생각했다. 또한 존스에 따르면 이들은 왼쪽과 오른쪽을 자주 헷갈리고, 지하도와 터널을 아주 좋아하며, 사물의 중심을 찾는 데 몰두하고, '필요 이상으로' 속옷을 잘 갈아입지 않는 경향이 있을 수 있다(429쪽). 이에 더해 아브라함은 항문기 성격의 소유자들이 근무 시간 기록표 같은 '온갖 통계표'를 만드는 데서 즐거움을 얻는 경향이 있고(406쪽), 일부는 윗입술을 자꾸 들어 올리는 바람에 계속 콧구멍이 벌어져 마치 끊임없이 코를 킁킁거리는 것처럼 보인다고 주장했다. 또 아브라함에 따르면 어떤 사람들은 화장실 휴지를 극도로 아껴 쓰는 인색함을 보인다.

프로이트와 존스, 아브라함이 그려 보인 항문기 성격 유형의 모습은 매우 양면적이다. 이들은 항문기 성격 유형의 사람이 '사회적 관계에 대단히 부적합'하고(Jones, 1918/1950, 437쪽), 편집증 및 지금은 강박장애라는 이름으로 알려진 강박신경증에 걸릴 위험이 높다며 이 성격 유형의 한계를 거리낌 없이 지적했다. 하지만 이들은 항문기 성격 유형의 장점도 잘 알고 있었다. 최선의 경우에 항문기 성격 유형은 의지가 굳고, 난관에 부닥쳐도 포기하지 않으며, 독립심이 강하고, 믿을 수 있고, 체계적이고, 유능하고, 빈틈이 없다. 이처럼 개인주의적이고 일에 미쳐 있으며 생산적·경제적인 성격은 현대 사회에서 분명히 미덕이다.

후기 프로이트 학파 ●●●

후기 정신분석가들은 항문기 성격을 다른 관점에서 바라보며 그 의미의 폭을 넓히고 강조점을 옮겼으며, 해부학 용어에서 벗어난 명칭들을 사용했다. '오르곤orgone'이라는 성적 에너지를 발견해 유명해진 빌헬름 라이히(1897~1957)는 오르곤으로 암을 치료하고 비를 내리게 할 수 있다고 믿었는데, 그는 '강박적인' 성격 유형의 사람들을 마치 로봇 같은 '살아 있는 기계'라고 묘사했다(Wilhelm Reich, 1933/1949). 데이비드 셔피로도 강박적인 성격 유형을 규정했는데 엄격함, 규칙에 매인 생활 방식, 지성, 세세한 것을 예리하게 포착하는 성향이 이 성격의 주요 특징이다(David Shapiro, 1965). 이같은 '신경증적 성격'을 가진 사람들은 무언가를 지각하고 사고할 때 나무를 보느라 숲을 보지 못하는 경향이 있다.

사회적·정치적 차원의 정신분석을 중시한 신新프로이트 학파 neo-Freudianism의 에리히 프롬(1900~1980)은 독자적으로 여섯 가지 성격 유형론을 제기했다(Erich Fromm, 1947). 그중 하나가 바로 '비축' 성향인데, 이 성격 유형은 다른 사람과 사물을 수집해야 할 소유물로 여기고, 함께 공유하기보다는 혼자 비축해두려 한다. 프롬은 명백하게 항문기 성격의 특성인 '정리정돈을 잘하는', '체계적인', '인색한', '완고한', '사소한 것에 연연하는'이라는 말로 이 성격 유형을 묘사했다.

에릭 에릭슨(1902~1994)은 유아기에 근육계를 통제하는 능력이 커지면서 자신의 의지와 부모의 권위적인 명령 사이에 갈등이 발생하기 때문에 이러한 성격 특성이 나타난다고 보았다(Erik Erikson, 1963). 이 갈등은 배변 훈련을 받는 과정에서 가장 극적으로 표출되지만, 그렇다고 항문 관련 영역에만 국한되지는 않는다. 에릭슨에게 항문기 성격 유형은 발달 단계를 불만족스럽게 거쳐 갔을 때 나타나는 형태 중 하나일 뿐이다. 각 발달 단계에서 어린이는 자율성을 얻으려고 노력하지만 수치심에 빠지고 의심에 휩싸일 위험이 있으며, 이에 대처하는 방식으로 과도하게 엄격한 양심을 발달시키기 쉽다. 아이가 수치심과 자기 의문 없이 어디까지 자율성을 행사할 수 있는가는 결국 아이의 부모가 아이를 얼마만큼 통제하느냐에 달려 있다.

이러한 관점에서 에릭슨은 아이가 겪는 문제의 책임이 사회폭력에 있다고 주장했다. '중산층 윤리의 확산'과 '기계처럼 기능적인 이상적 신체상', 엄격한 양육이 '질서 의식과 시간관념 발달에 반드시 필요하다'는 믿음이 항문기 성격을 유발한다는 것이다(81쪽). 노먼 브라운은 한발 더 나아가, 항문기 성격을 자본주의 정신의 현현이라고 보았다(Norman Brown, 1968). 이들은 개인의 장애를 관찰해서 묘사했다기보다 사회 문제를 정치적으로 비판한 것이라고 할 수 있다.

항문기 성격론 적용하기 ●●●

정신분석가들은 임상 사례 연구와 문화 현상 분석, 정신분석적 평
전psychobiography 서술 등에 항문기 성격 개념을 광범위하게 적용했
다. 그 초기 사례 중 하나가 버클리힐이 기술한, 편집증이 있는 여
성 노인의 이야기다. 이 여성 노인은 고집 세고 깔끔했으며 정리정
돈을 잘했고, 반짝거리는 조약돌이나 자신이 '보석'이라고 부르는
물건들을 결장처럼 생긴 가방에 모아두는 습관이 있었는데, 이 가
방의 아가리는 주름진 직장 모양이었다(Berkeley-Hill, 1921).

앨런 던즈 같은 정신분석적 민속학자들은 문화에 항문이라는 주
제가 어떻게 나타나는지를 조사했다. 앨런 던즈는 미식축구에서
항문의 증거를 발견했고('엔드존endzone 지키기' 등), 질서와 청결을 중
시하며 대변 모양 음식(예를 들어 소시지)과 방귀 소리 같은 음악(예를
들어 관악기)을 좋아하는 독일 문화에서도 항문이라는 주제를 찾아
냈다(Dundes, 1984). 〔최근의 연구 결과는 관악기를 항문과 연관 짓는 것에 의
구심을 제기하는데, 관악기 연주자들이 현악기 연주자보다 덜 성실하다는 사실을
발견했기 때문이다(Langendorfer, 2008).〕

골디락스와 곰 세 마리

심지어 〈곰 세 마리〉처럼 널리 사랑받는 동화도 항문기적으로
해석할 수 있다(Elms, 1977). 이 동화의 주인공 골디락스Goldilocks는
황금색 머리카락을 가졌으며 정리정돈을 잘 못하는 소녀다. 프로
이트와 존스를 비롯한 정신분석학자들은 골디락스의 머리칼이 대
변을 상징한다고 주장한다. 골디락스는 숲에 사는 깔끔한 곰 세 마
리를 만나는데, 곰 세 마리는 골디락스가 자기들이 차려놓은 죽을
먹고 침대를 어지럽힌 것을 보고 화를 낸다. 설상가상으로 골디락
스는 엉덩이로 곰들의 의자를 부서뜨렸다.

항문기 성격론을 가장 철저하게 적용한 사례는 미국의 서른일곱 번째 대통령이며 워터게이트 사건으로 1974년 불명예스럽게 대통령직을 사임한 리처드 닉슨에 대한 정신분석학적 평전이다. 바믹 볼칸과 공저자들은 닉슨의 심리적 기질에서 항문기적 요소를 수없이 찾아냈다(Volkan 외, 1997). 이들의 분석에 따르면 닉슨은 정치적 적수와 그 가족에 대한 정보를 수집하고, 전에 없던 업적들의 목록을 자주 갱신하던 뿌리 깊은 수집가였다. 백악관에서 녹음된 테이프에서는 닉슨이 강박적으로 추잡한 말을 내뱉었다는 사실이 드러났다. 닉슨이 집무실에서 정보가 새어 나갈까 봐 단속하는 데 집착한 것은 통제력을 잃는 것에 대한 공포로 해석되었으며, 상징적으로 변실금과 동일시되었다. 닉슨 평전의 저자들은 닉슨의 성격을 강박적인 것으로 묘사했다. 이들은 닉슨을 지저분한 인간적 감정에 대처하느라 언제나 지성화intellectualization라는 항문기적 방어 기제를 사용한 사람으로 그려냈다.

항문기 성격에 관한 연구 ●●●

앞에서 살펴봤듯이 항문기 성격은 오래전부터 정신분석의 이론과 응용에 중요한 역할을 맡아온 개념이다. 정신분석가들은 여러 가지 성격 특성을 조합해서 항문기 성격 유형을 자세히 묘사했다. 항문기 성격을 가진 사람들은 정리정돈을 잘하고, 깔끔하고, 절제력이 있고, 청결에 집착하고, 더러움과 무질서를 싫어한다. 또한 고집스럽고, 매사를 완벽하게 통제하려 들고, 엄격하고, 자신의 자율성을 철저히 수호하려 한다. 인색하고, 시간을 잘 지키고, 한번 손에 넣은 것은 놓을 줄 모르고, 수집벽이 있으며, 병적으로 세세한 것에 집착하고, 감정적으로 억제되어 있으며, 도덕적이고 독선적이고 편협하고, 지성화를 통해 인지된 위협으로부터 스스로를 보호한다.

이처럼 항문기 성격은 상당히 구체적으로 그려진다. 실증 연구보다는 임상 관찰과 이론에서 나온 것이기 때문에 전적으로 관찰자가 받은 인상에 근거한 그림이다. 항문기 성격이 과학적 정당성을 얻으려면 실재한다는 것이 증명되어야만 한다. 20세기 중반에 정신분석학을 공부한 수많은 연구자들이 항문기 성격이 실재하는지를 파헤쳤다. 이는 쉽지 않은 작업이었다. 한 가지 질문으로는 답을 얻을 수 없기 때문이다. 우선 가장 기본적으로, 프로이트가 주장한 대로 항문기 성격 유형의 여러 특징들은 일맥상통하는가? 그러니까 오로지 항문기 성격을 서술하는 차원에서, 항문기 성격 특성이라고 불리는 것들은 각기 독립적으로 존재하면서도 함께 모여 단일한 성격 유형을 이루는가? 만약 여러 성격 특성들이 동시에 나타나는 것이 아니라면(항문기 성격의 3요소가 삼위일체를 이루는 것이 아니라면), 항문기 성격이 분명히 존재한다고 보기는 어려울 것이다.

두 번째 질문 역시 서술에 관한 것이지만 좀 더 깊이 들어간다. 프로이트와 그 후계자들은 항문기 성격 유형이 존재한다고 주장했을 뿐만 아니라 이 성격 유형이 배변과 관계있다는 이론을 세웠다. 그러므로 항문기 성격이 실제로 항문과 관련 있는지 묻는 것은 매우 중요하다. 항문기 성격 유형에 대한 묘사가 심리학적으로 완벽하고 정교한 그림을 그렸다 해도, 배변에 관한 태도나 충동과 구체적인 관련이 없을 수도 있다. 물론 프로이트의 이론에서는 성격 유형과 해부학적 영역의 관계가 핵심적인 기초를 이룬다. 프로이트는 항문기 성격 유형의 소유자들이 어렸을 적 배설 관련 습관과 대변을 좋아하는 성향을 가지고 있었으며, 이 습관과 성향이 무의식에 남아 다 자란 뒤에도 성격에 나타나는 것이라고 주장했다.

세 번째 질문은 서술에 관한 것이라기보다 설명에 관한 것이다. 프로이트와 그의 제자들은 항문기 성격이 (적어도 부분적으로는) 배변 훈련 과정에 빚어진 갈등에서 비롯된다고 주장했다. 이들의 설명에 따르면 어린 시절 배설의 사회화를 두고 벌어지는 전투(부모의 권위에 굴복하는가, 아니면 자신의 의지로 저항하는가)는 이후 고집이 센 성인으로 성장하는 원인이 된다. 이와 비슷하게, 정리정돈을 잘하고 깔끔하며 혐오감과 수치심을 잘 느끼는 성격은 엄격한 배변 훈련으로 말미암아 아이의 대변 선호 성향이 억눌렸기 때문에 발생한다고 여겨진다. 항문기 성격에 대한 정신분석학적 설명을 검증하려면 실제로 어린 시절 겪었던 혹독한 배변 훈련이 성인기의 성격 특성과 연관되는지 조사해야 한다.

항문기 성격 특성은 일맥상통하는가?

프로이트가 말한 대로 항문기 성격 특성들 사이에 상관관계가 있는지 알아보려는 수많은 실증 연구가 이뤄졌고, 이 주장이 사실이라는 설득력 있는 증거를 찾아냈다. 설문 조사를 통한 시어스의 초기 연구는 성인의 경우 항문기 성격의 3요소 간에 상관관계가 있음을 발견했다(Sears, 1936). 그 뒤 반스의 연구에서도 정리정돈을 잘하고, 맡은 일을 확실하게 해내고, 꼼꼼하고, 깔끔하고, 규범을 잘 지키는 성향 등이 한데 나타난다는 결과가 나와 프로이트의 주장에 힘을 보탰다(Barnes, 1952). 이후 여러 연구자들이 항문기 성격 검사법을 개발하고, 그 성격 특성들이 체계적으로 동시에 나타난다는 증거를 제시하는 데 성공했다. 그리기에르는 가진 것을 잘버리지 않음, 세세한 것에 집착함, 엄격함, 권위에 복종함, 가학적임, 편협함이라는 여섯 가지 항목을 묻는 항문기 성격 특성 문진표를 만들었으며(Grygier, 1961), 이 문진표를 활용한 연구자들은 이들 특성 대부분이 상관관계를 보인다는 것을 입증했다. 라자르와 그 동료들은 정리정돈을 잘함, 인색함, 완고함, 엄격함, 끈기, 감정 억제 같은 항문기 성격 특성의 결합도를 평가할 수 있는 '강박적' 성격 검사법을 만들었다(Lazare 외, 1966). 항문기 성격 검사법 중 가장 유명한 것은 클라인이 개발한 척도인데, 이 척도를 이용한 검사에서 예술 전공 학생보다 과학 전공 학생이 높은 수치를 보이는 결과가 나오기도 했다(Kline, 1969).

좀 더 단편적인 방법으로 항문기 성격 특성 간의 상관관계를 입증한 연구자들도 있다. 페팃은 항문기 성격 특성을 보유한 정도와 즉흥성이 부족한 정도, '시간은 금'이라고 생각하며 시간 엄수를 중요시하는 항문기적 시간관념 사이에 연관성이 있음을 나타내 보였다(Pettit, 1969). 다섯 살 난 여자 어린이들에게 여러 창의적인 과제를 부여한 헤더링턴과 브랙빌의 실험 연구에서는 완고함과 정리정돈을 잘하는 성향 사이에는 어느 정도 상관관계가 있으나, 인색함은 그 두 가지 특성과 상관관계를 보이지 않는다는 결과가 나왔다(Hetherington & Brackbill, 1963). 이 실험에서 완고함은 어린이가 지루하고 의례적인 과제를 얼마나 끈기 있게 지속하는지를 통해 평가했고, 정리정돈을 잘하는 성향은 어린이의 유치원 사물함이 얼마나 깔끔한지, 그리고 손가락에 물감을 묻혀 그림을 그릴 때 얼마나 꼼꼼하게 그리는지를 보고 평가했으며, 인색함은 신발 상자에 자갈을 모아두는 성향을 보고 평가했다.

그러므로 항문기 성격의 여러 가지 특성이 일맥상통하는가 하는 우리의 첫 번째 질문에는 그렇다고 답하는 강력한 증거가 있다고 할 수 있다. 프로이트가 처음 주장한 뒤로 아브라함과 존스 같은 정신분석가들이 살을 덧붙인 항문기 성격 유형에는 실제로 통합적인 무언가가 존재한다.

항문기 성격 유형은 정말로 '항문'과 관련이 있는가?

항문기 성격 특성들이 실제로 밀접한 상관관계로 연결되어 있을지라도, 그것들과 '항문' 사이에 유의미한 관계가 있다는 주장은 사실이 아닐 수 있다. 이 주장이 사실이려면 유난히 정리정돈을 잘하고 완고하며 인색한 사람은 대변, 좀 더 너그럽게 은유적인 의미까지 허용한다면 통칭 '오물'과 어떤 일상적인 관계를 맺고 있어야 한다. 여러 연구 결과가 이러한 연결고리가 있다는 것을 암시한다. 템플러와 동료 연구자들은 신체 배설물에 대한 혐오감을 측정할 수 있는 '신체 배설물에 대한 태도' 척도를 개발해, 이 수치가 항문기 성격 특성을 보유한 정도와 관련이 있는지 조사했다(Templer 외, 1984). 이들이 개발한 척도(대변 냄새와 동물의 똥, 지저분한 귀, 콧물에 얼마나 짜증이 나는가를 묻는 질문 같은 항목으로 이뤄져 있다)에는 실제로 강박성을 측정하는 척도에서 높은 수치를 기록한 사람과 여성, 교육 수준이 낮은 사람, 자녀가 없는 사람들이 높은 수치를 보였다. 유니도 비슷한 상관관계를 발견했는데, 유니의 연구에서 강박적인 사람은 '항문기적' 위생 관념을 위반한 사람(예를 들어 목욕이나 샤워를 안 하는 사람)과 입과 관련된 규범을 위반한 사람(예를 들어 수프를 후루룩 마시는 사람) 모두에게 비교적 높은 수준의 혐오감을 보였다(Juni, 1984).

　가장 인상적인 연구 하나는 로젠월드와 동료들이 수행한 연구로, 이들은 항문기 성격으로 문제를 겪는 사람들이 실제로 항문과 관련해서 불안을 야기하는 상황에 잘 대처하지 못하는지 실험해보았다. 실험 참가자들은 눈-손 협응 과제를 받았는데, 두 가지 서로 다른 액체에 팔꿈치까지 손을 담그고 촉감을 통해 액체 속에 들어 있는 금속 물체를 파악해서, 그것이 무엇인지 제시된 몇 가지 선택지 중에 답을 골라야 했다. 참가자들은 먼저 물속에 든 물체를 만지며 알아맞히는 과제를 수행했다. 그다음에는 연구자들이 '대변 같은 자극제'라고 묘사한, 폐윤활유와 밀가루를 섞어 만든 걸쭉하고 냄새가 고약한 액체 속에 든 물체를 만졌다. 연구자들은 항문기적 갈등을 제대로 해결하지 못한 사람들이 이 구역질 나는 과제에 잘 대처할 수 없어서 두 번째 실험은 첫 번째 실험만큼 잘 수행하지 못할 것이라고 예측했다. 실제로 대변과 비슷한 액체에 물체가

Frontispiece: Cast of Characters

Cartoon I: Oral Eroticism

Cartoon II: Oral Sadism

Cartoon III: Anal Sadism

Cartoon IV: Oedipal Intensity

Cartoon V: Masturbation Guilt

Cartoon VI: Castration Anxiety (Males);
Penis Envy (Females)

Cartoon VII: Positive Identification

Cartoon VIII: Sibling Rivalry

Cartoon IX: Guilt Feelings

Cartoon X: Positive Ego Ideal (Males);
Love-object (Females)

Cartoon XI: Positive Ego Ideal (Females);
Love-object (Males)

블래키 그림 검사

들어 있을 때 위축된 사람들은 머뭇거리는 경향을 보이면서, 심리적 유연성을 요구하는 과제를 잘 수행하지 못했다. 이로써 참가자들이 대변과 관계있는 상황에 반응할 때 이들의 '항문기적' 성격이 영향을 미쳤다고 추측할 수 있다(Rosenwald 외, 1966).

논란이 많은 성격 검사인 블래키 그림 검사Blacky Pictures를 이용한 실험에서도 항문기 성격 특성과 대변의 연관성이 드러난다. 블래키 그림 검사에서 피험자는 검은 개가 등장하는 만화를 보고 이야기를 지어내야 한다. 만화 속에서 검은 개 블래키는 자기 부모의 집에 똥을 싸는데, 클라인의 연구 결과 이 만화에 강한 반응을 보인 사람들은 항문기 성격 검사에서도 높은 수치가 나왔다(Kline, 1968).

항문기 성격이 정말 항문과 관련 있는가 하는 우리의 두 번째 질문에서도 역시 상당히 설득력 있는 증거를 찾을 수 있었다. 프로이트와 그의 추종자들이 '항문기적'이라고 이름 붙인 성격의 소유자들은 실제로도 더럽고 혐오감을 불러일으키며 대변과 관련 있는 것에 특히 민감한 것으로 보인다. 이 민감함이 구체적으로 대변과 직결되는지는 확실히 알 수 없다. 항문기 성격의 소유자는 일반적으로 혐오감을 잘 느끼는 성향이 있기 때문이다. 하지만 항문애anality라는 것을 글자 그대로 대변에 국한하지 않고 은유적인 의미의 오물까지 범위를 넓힌다면, 항문기 성격이라는 명칭은 적절한 것 같다.

혹독한 배변 훈련이 항문기 성격의 원인인가?

항문기 성격을 가진 사람들이 배변 관련 문제에 집착하거나 강한 혐오감을 느끼는 것이 사실이라고 해도, 그 원인이 반드시 배변 훈련에 있다고 할 수는 없다. 이 문제를 주제로 한 연구는 두 가지 형태를 취하는데, 하나는 같은 문화에 속한 개인 간의 차이를 조사하는 것이고, 다른 하나는 서로 다른 문화 간의 차이를 조사하는 것이다. 전자는 항문기 성격과 혹독한 배변 훈련의 상관관계를 연구하며, 후자는 인류학적 자료를 조사해 문화에 따른 배변 훈련의 차이가 각 문화의 항문기 성격 특성과 연관되는지를 알아본다.

특정 문화권에 속한 어린이들을 대상으로 이들이 겪은 배변 훈련의 혹독한 정도와 이후 성격의 관련성을 조사한 연구자들은 프로이트의 가설을 뒷받침하는 증거를 거의 발견하지 못했다. 번스타인은 강압적으로 배변 훈련을 받은 아이들에게서 수집벽이 있다거나 변비로 고생한다거나, 손가락으로 그림을 그리거나 크림을 바를 때 유난히 깔끔 떠는 경향을 발견하지 못했다(Bernstein, 1955). 그라인더 역시 11~12세 어린이들에게서 배변 훈련의 시기나 혹독함과 유혹에 저항하는 성향(정리벽의 분명한 증거다) 간의 관련성을 찾지 못했다(Grinder, 1962). 또한 헤더링턴과 브랙빌이 직접 만든 척도를 이용해 5세 어린이들의 완고함, 정리벽, 인색함을 측정한 결과 이 성향들과 배변 훈련 간에 그 어떤 상관관계도 나타나지 않았으며(Hetherington & Brackbill, 1963), 슈얼의 연구 결과도 마찬가지였다(Sewell 외, 1955).

앞에서 살펴본 연구들은 모두 어린 시절의 성격과 배변 훈련의 관계를 조사한 것이다. 이와 달리 배변 훈련과 성인기의 성격 간 관계를 조사한 연구가 몇 가지 있는데, 이 같은 연구를 통해 괄약근 훈련에 대한 프로이트의 결정론적인 견해를 더욱 엄중히 검증할 수 있다. 벨로프는 대학생들의 항문기적 특성과 이들의 엄마가 이야기해준 배변 훈련법 간에 그 어떤 상관관계도 찾아내지 못했다(Beloff, 1957). 벨로프의 연구는 오래전에 있었던 일을 토대로 하고, 엄마들이 자녀를 양육한 방식을 왜곡해서 기억할 수도 있다는 가능성 때문에 힘을 잃는다. 더 확실히 연구하려면 어렸을 때 배변 훈련법을 파악한 다음 이들이 성인이 된 다음에 성격을 조사해야 할 것이다.

이 같은 장기적 추적 연구를 수행한 사람들이 있다. 매크렐런드와 필롱은 어린 시절에 받은 배변 훈련과 성인이 된 후의 성격 간 상관관계를 뒷받침하는 유일한 증거를 확보했다(McClelland & Pilon, 1983). 이들은 미국의 5세 어린이들 중 특히 혹독하게 배변 훈련을 받은 아이들이 30세가 되었을 때 성취 욕구가 비교적 높다는 연구 결과를 얻었다. 개인적인 성취와 장악력, 통제력을 추구하는 성향은 항문기 성격과 똑같은 것은 아니지만 항문기 성격의 긍정적인 측면과는 다소 비슷하다고 할 수 있다. 그러나 매크렐런드와 필롱의 연구 결과 성인이 된 후의 성취 욕구는 어린 시절의 배변 훈련뿐만 아니라 일정한 식사 시간, 깔끔함에 대한 부모의 높은 기준 등 엄격한 자녀 양육법의 다른 측면들과도 관련이 있었다. 간단히 말해서 성인이 된 후의 성취 욕구를 높이는 것은 부모의 엄격함이며, 혹독한 배변 훈련은 이 엄격함의 한 가지 측면일 뿐이다.

배변 훈련의 문화적 차이와 이 차이가 성격에 미치는 영향을 조사한 또 다른 연구들이 있다. 초기의 몇몇 인류학자들은 문화 전체가 본래 항문과 관련이 있다고 망설임 없이 주장했다. 게저 로헤임은 위생과 돈, 규제에 집착하는 서양 문화가 온통 항문애로 물들어 있다고 보았다(Geza Roheim, 1934). 동양 문화도 이 혐의를 벗지 못했다. 고러는 일본의 문화와 국민성이 일본 아이들이 받는 엄격한 괄약근 훈련의 산물이라고 보았다(Gorer, 1943). 항문기적 성향 관련 문화적 차이가 서로 다른 배변 훈련법과 얽혀 있다는 것이 사실일까?

배변 훈련과 항문기 성격을 비교문화적으로 가장 철저히 조사한 것이 화이팅과 차일드의 연구다(Whiting & Child, 1953). 이들은 전 세계의 수많은 문화를 인류학적으로 기록한 자료를 정리하고, 시카고에 거주하는 중산층 표본 집단의 자녀 양육법을 관찰했다. 전세계의 배변 훈련법은 어마어마하게 다양했다. 어떤 문화에서는 태어난 지 6개월도 되지 않은 아기에게 배변 훈련을 시작했으며, 또 어떤 문화에서는 다섯 살이 되기 직전에야 배변 훈련을 시작했다. 엄격한 정도도 매우 다양했는데, 어떤 문화는 편안하고 점진적이며 누가 봐도 갈등이 없는 훈련법을 취한 반면, 아이를 때리고 공개적으로 조롱함으로써 자제할 것을 강요하는 문화도 있었다. 그러나 문화에 따른 배변 훈련의 엄격성 차이는 해당 문화의 항문기적 성향과는 관련이 없는 것으로 나타났다. 배변 훈련을 혹독하게 시키는 문화라고 해도 배설물을 제대로 처리하지 못해서 병이 생긴다는 식의 항문기적 설명 방식을 특히 선호하지는 않았던 것이다. 또한 특정 형태의 배설 요법을 처방하거나 오염된 물질과 접촉하는 것을 금지하는 식의 항문기적 치료법을 채택하는 체계적경향도 없었다. 이 연구가 혹독한 배변 훈련과 항문기 성격 특성의 연관성을 직접적으로 검증한 것은 아니지만, 그러한 연관성을 암시하는 그 어떤 증거도 찾아내지 못한 것은 사실이다.

그렇다면 배변 훈련법이 항문기 성격의 원인이라는 확고한 증거는 없다고 할 수 있다. 둘 사이에 어렴풋한 상관관계가 있을 수도 있지만, 이는 배설의 사회화와 항문기 성격 간의 직접적 관계라기보다는, 엄격하고 권위주의적인 양육 방식과 성장 후의 성격 사이에 나타나는 일반적인 관계의 부차적인 측면이라고 보는 것이 더 타당하다. 올란스키의 말처럼 배변 훈련을 성장 후 성격의 독립적인 원인으로 파악하는 것은 실수다(Orlansky, 1949). 배변 훈련은 각 가정과 문화에 나타나는 일반적인 사회화 방식의 중요한 부분일 뿐이다.

전반적으로 프로이트가 설명한 항문기 성격에 관한 연구 현황은 실망스러운 수준이다. 항문기 성격 개념은 현재 사라지기 직전이며, 점점 위축되고 있는 주류 정신분석학계 밖에서는 거의 언급조차 되지 않는다. 항문기 성격 개념은 정신분석학이 정신건강 분야에서 우세한 지위를 차지하고 있었던 20세기 중반에는 심리학 연구의 주제로서 상당한 관심을 끌었으나, 그 관심은 1970년대부터 점차 수그러들었다. 한편 몇 가지 성격 특성의 조합으로서 항문기 성격 유형은 사람들이 생각하는 것처럼 쇠퇴하고 있는 이론이 만들어낸 허구가 아니라 실제로 존재하며, 그 특성들은 밀접하게 결부되어 있는 것으로 보인다. 어쩌면 항문기 성격은 대변과 어떤 놀라운 연관성이 있는지도 모른다. 하지만 결정적으로, 항문기 성격의 원인이 배변 훈련에 있다는 주장은 완전히 틀린 것으로 보인다. 성장 후 성격의 복잡한 특징들이 어린 시절의 지저분한 행동에 기원을 두고 있다는 환원주의적이고 결정론적인 학설 때문에 현대 심리학에 이르러 정신분석학이 추종자 대부분을 잃어버린 것은 분명하다. 하지만 현대의 성격심리학에서 항문기 성격 개념 자체를 지워버리는 것은 빈대 잡으려다 초가삼간 태우는 꼴이 아닐까?

항문기 성격의 귀환 ●●●

이 질문에 그렇다고 대답할 수 있는 이유가 있다. 항문기 성격 개념은 완전히 묻혀버리지 않았으며 다양한 모습으로 다시 떠오르고 있다. 히드라처럼 머리를 자르고 또 잘라도 사라지지 않는 이 개념은 원래의 정신분석학적 기원과 난감한 이름을 훌훌 털어버리고, 훨씬 널리 알려진 여러 심리학 개념에서 생생하게 살아 있으며, 이들 심리학 개념을 주제로 한 연구 프로그램들도 활발하게 진행 중이다. 새로 등장한 심리학 개념들은 기존의 항문기 성격에 관한 묘사와 여러 면에서 차이를 보이지만(새 개념 대부분은 단순히 헌 술을 새 부대에 담은 격이 아니다), 항문기 성격 유형 전체 또는 일부 요소와 일가족처럼 닮았다.

강박성 인격장애

항문기 성격의 가장 빤한 위장법은 정신질환으로 둔갑하는 것이다. 미국의 공식 정신질환 분류 체계인《정신장애 진단 및 통계 편람Diagnostic and Statistical Manual of Mental Disorders(DSM)》은 1980년대부터 수많은 인격장애를 판별해왔다. 인격장애란 개인의 성격이 고질적인 부적응을 보이는 형태로 기능하는 것을 말한다. 인격장애 중 하나인 강박성 인격장애obsessive-compulsive personality disorder(이하 OCPD)는 초기 정신분석학에서 말한 항문기 성격과 상당히 유사하다. 이 관련성은 그리 놀라운 일이 아닌데, 1952년 출간된《정신장애 진단 및 통계 편람》초판은 정신의학과 의사로 유명한 정신분석가였던 윌리엄 C. 메닝거(1899~1966)가 주도해서 작성한 분류 내용을 기반으로 했기 때문이다. 게다가 메닝거 본인도 열렬한 우표 수집가였다(Houts, 2000).

《정신장애 진단 및 통계 편람》의 최신판(미국정신의학회, 2000)에서 열거한 OCPD의 여덟 가지 특징은 항문기 성격의 3요소와 매우 유사하다. OCPD로 진단받은 사람들은 ① 세부 사항·규칙·목록에 집착하고, ② 완벽주의를 추구하며, ③ 일과 생산성에 과도하게 헌신하는데, 이는 모두 정리벽의 발현이다. 완고함은 ④ 융통성 없이 양심적인 도덕성, ⑤ 엄격함과 고집, ⑥ 다른 사람에게 일을 맡기기 싫어하는 성향으로 나타난다. 그리고 마지막 두 가지 기준에서 인색함이 드러나는데, ⑦ 구두쇠 같은 소비 습관과 ⑧ 가치 없거나 낡은 물건을 버리지 못하는 성격이 그것이다. 이 여덟 가지 진단 기준 중 네 가지만 충족하면 OCPD 진단을 받게 된다.

OCPD는 임상적으로 상당히 중요한데, 매우 보편적인 성격장애 중 하나이기 때문이다. 한 연구에 따르면 전체 인구의 약 8퍼센트가 OCPD에 해당한다(Grant 외, 2004). OCPD의 특성이 있으나 진단받을 정도는 아닌 사람들은 훨씬 더 많다. 애초에 항문기 성격이라는 단독의 성격 유형으로 개념화되었지만, 사실 항문기 성격은 정도가 다양한 스펙트럼으로 이해하는 것이 더 타당하기 때문이다(Arntz 외, 2009). OCPD는 남성과 여성에게서 비슷한 비율로 나타나고, 어린 나이에도 OCPD의 증상이 감지될 수 있는 만큼 어린 시절에 발생한다고 여겨진다. OCPD에는 유전 요인이 상당히 크다. 정통 프로이트 학설의 관점과는 달리 부모의 엄격함이나 배변 훈련 철학 같은 가정 환경이 OCPD 발병에 중요한 역할을 한다는 증거는 없다(Coolidge 외, 2001; Reichborn-Kjennerud 외, 2007).

OCPD를 구성하는 성격 특성들이 항문기 성격의 3요소와 일치한다는 증거가 있긴 하지만(Grilo, 2004), OCPD의 핵심 특징은 엄격함과 완벽주의라고 주장하는 사람들도 있다. 엄격함과 완벽주의는 편협하고 양심적인 성격을 가진 OCPD 환자의 성향과 얼추 맞아떨어진다(Lynam & Widiger, 2001). 실제로 OCPD는 평범한 성실성의 부적응 변종일 뿐이라는 강력한 증거도 있다(Samuel & Widiger, 2011). 또한 완벽주의는 자기 제어를 유지하려는 노력으로, 엄격함은 다른 사람을 통제하려는 노력으로 이해할 수도 있다.

완벽주의와 높은 기준을 충족하려는 욕구, 세부 사항에 빈틈없이 주의를 기울이는 성향은 OCPD 환자들이 뛰어난 업무 능력을 보이고 큰 보상을 받는 이유일 수 있다. 그렇기 때문에 연구자와 임상의들은 아브라함(1923)과 존스(1918/1950)가 그랬던 것처럼 OCPD 환자들에게 양가감정을 갖기도 한다. OCPD 환자의 특성은 사회적으로는 높게 평가되지만, 극단으로 치달을 경우 해로울 수 있다.

OCPD의 해악은 특히 환자의 엄격함에 있는 것으로 보인다. 고집스럽고 융통성 없이 자신이 원하는 것을 다른 사람에게 강요하며, 가혹한 도덕적 판단을 내리는 사람들은 대인 관계에 문제가 있는 경향이 있다. OCPD 환자들은 배우자나 상대방과 좋지 않은 관계를 맺고 있을 가능성이 특히 높고, 대인 관계보다는 업무 환경에서 자기 역할을 잘 수행한다(Costa 외, 2005). 이들의 엄격함은 폭발적으로 터져 나오는 분노와 적대감, 마음속에 쌓여 있는 원한과도 관련이 있는 것으로 보인다(Ansell 외, 2010).

OCPD는 그 자체가 중요한 정신질환일뿐더러 다른 질병에 취약한 인자가 된다. OCPD는 보통 섭식장애 및 우울증을 동반한다는 증거가 있으며, OCPD가 섭식장애와 우울증 발병 위험을 높일 수도 있다(Costa 외, 2005). 놀랍게도 OCPD는 강박장애obsessive-compulsive disorder(OCD, 의례적으로 씻는 일을 되풀이하거나 위험 요소를 거듭거듭 점검하고, 강박 관념을 떨쳐버리지 못하는 상태)와는 별 관련이 없다. 초기 정신분석가들은 겉으로 드러나는 유사성을 중시해서 두 증상을 분명하게 나누지 않았지만, 현재는 두 증상을 분명하게 구분해야 한다고 본다.

여태까지 OCPD를 간략하게 살펴보면서 항문기 성격 개념이 얄팍하게 위장한 채 정신분석학의 폐허에서 살아남아 현대 임상심리학과 정신의학에 어떻게 자리를 잡았는지 알아보았다. OCPD의 특성들은 항문기 성격의 3요소와 똑 맞아떨어지며, OCPD에 대해 현대의 논문 저자들이 내놓은 의견들은 대부분 1세기 전에 프로이트와 존스, 아브라함이 항문기 성격에 관해 내놓았던 견해와 판박이다. OCPD는 근거가 있는 성격장애 유형으로 널리 받아들여졌으며, 그 유전적·신경생물학적 메커니즘과 치료법이 광범위하게 연구되고 있다. OCPD는 항문기 성격을 남부끄럽지 않게 만들어주었다.

완벽주의

완벽함에 대한 집착은 항문기 성격의 한 요소이자 OCPD의 진단 기준에서도 살아남은 특성이다. 병적으로 변질된 완벽주의가 아닌 정상적인 완벽주의 역시 수많은 연구의 주제가 되어왔다(Flett & Hewitt, 2002). 연구자들은 완벽주의에 여러 가지 측면이 있다고 본다. 먼저, 내면적인 이유로 완벽을 추구하고 높은 기준을 고수하는 사람들은 뛰어난 능력을 발휘하며 생활상의 스트레스에 훌륭히 대처하는 경향이 있다. 한편 완벽주의적인 성향 때문에 개인적인 기대와 현실의 간극에 불안을 느끼는 사람이나 다른 사람과 비교해서 완벽주의를 추구하는 사람들은 능력을 잘 발휘하지 못하고 강도 높은 스트레스에 시달리는 경향이 있다(Stoeber & Otto, 2006). 초기 이론가들이 항문기 성격에 양면성이 있다(항문기 성격의 소유자들은 생산적이지만 삶에 기쁨이 없다)고 본 것처럼, 완벽주의자 역시 달콤한 성공과 씁쓸한 실망 사이에서 아슬아슬한 줄타기를 한다.

완벽주의에 두 가지 유형이 있다는 생각(분류 방식은 여러 가지다. 뛰어난 능력을 발휘하는/발휘하지 못하는, 또는 적응력이 좋은/나쁜, 또는 정상적인/신경증적인, 또는 건강한/건강하지 않은)은 이제 확실히 자리를 잡았다. 매우 영향력이 컸던 한 연구(Frost 외, 1993)에 따르면 긍정적인 형태의 완벽주의자는 질서와 깔끔함, 조직을 중요시하고, 자발적으로 스스로에게 높은 기준을 부여하며, 다른 사람에게도 높은 기준을 적용한다. 이러한 유형의 완벽주의는 높은 삶의 질과 성실성, 인내력, 성취도, 인생을 자기 뜻대로 살아가고 있다는 효능감과 연계된다는 연구 결과도 있다(Stoeber & Otto, 2006). 반면 부정적인 형태의 완벽주의자는 자신이 저지른 실수에 집착하고 자신의 행동에 확신이 없다. 그러므로 우유부단하고 타인, 특히 부모의 시선에 따라 기준을 설정한다. 이러한 형태의 완벽주의는 부정적인 감정 상태와 스트레스, 일에 대한 번아웃burn-out●과 연계되는 것으로 나타난다. 항문기 성격 이론의 견지에서 흥미롭게도, 이러한 유형의 완벽주의 정도가 높은 사람들은 자신의 부모가 냉혹한 편이었다고 기억한다. 이들이 어린 시절 부모에게 받은 대우를 얼마나 정확히 기억하는지는 판정할 수 없지만, 어쨌든 이들의 기억 속에서 부모님은 애정을 충분히 보여주지 않았고 자주 비판적인 평가를 내렸다(Enns 외, 2002).

완벽주의가 어디서 비롯되었고 일상생활의 행복에 어떤 영향을 미치든지 간에, 완벽주의는 임상에서 나타나는 여러 가지 현상 및 정신질환과 밀접한 관련이 있다. 높은 수준의 완벽주의는 OCPD의 진단 기준에 들어맞을 뿐만 아니라 강박장애와 우울증, 사회불안, 거식증과 폭식증 같은 섭식장애의 특성이기도 하다(Egan 외, 2011). 완벽주의는 그저 이러한 증상들에 동반한다기보다 이들 증상이 발생할 위험을 높이고, 한번 발병한 증상이 지속되게끔 한다.

● 모든 에너지를 소진한 듯 느끼고 극도의 정신적·육체적 피로를 호소하며 무기력증에 빠진 상태.

또한 완벽주의는 적극적으로 치료에 임하는 데 걸림돌이 되며, 저조한 치료 성과와도 연관된다. 결점이 하나도 없어야 한다는 생각은 상태가 개선되는 것을 저해하고, 작은 결함에 집착하는 성향은 애초에 이들이 치료를 시작한 이유인 수치심과 죄책감, 자의식을 더욱 가중할 수 있다. 요약하자면 완벽주의는 누가 봐도 '항문기적인' 성격 특성으로, 치료 대상이 되는 여러 형태의 고통에 중요한 몫을 담당하기도 하지만 개인의 성취를 촉진하기도 한다.

정리벽

긍정적인 형태의 완벽주의는 프로이트가 정의한 항문기 성격의 3요소 중 하나인 정리벽과 밀접한 관계가 있다. 프로이트는 항문기 성격에 관한 논고에서 정리벽을 철저하고, 믿음직하며, 단정하고, 깔끔하며, 성실한 성향이라고 설명했다. 최근 성격심리학에서는 정리벽을 광범위하게 연구 중인데, 이 특성을 성인 성격의 5대 차원 중 하나인 성실성의 한 양상으로 규정한다(McCrae & Costa, 1987). 성실성은 자기 제어와 효율성, 계획성, 체계적인 성격, 끈기 등 다양한 성향을 의미하며, 그중 가장 잘 알려진 성향으로 성취욕, 유능함, 신중함, 충실함, 질서 의식, 자제력이 있다. 여기서 말하는 질서 의식이란 체계적인 성향을 의미한다.

성실성과 그 양상들을 다양한 행동 양식 및 성격 특성, 삶의 성과와 관련지어 본 연구들이 광범위하게 이뤄졌다. 앞에서 우리는 긍정적인 형태의 완벽주의가 성실성과 관련이 있음을 알아보았다. 기존 연구들은 모두 성실성과 관련된 성격 특성들이 긍정적인 영향을 미친다는 결과를 내놓았다. 성실한 사람은 그렇지 않은 사람보다 오래 살며(Kern & Friedman, 2008), 정리벽은 장수와 가장 연관성이 강한 두 가지 성향 중 하나다. 성실한 사람은 그렇지 않은 사람보다 더 건강한 편으로, 흔히 발생하는 질환에 덜 취약하고(Goodwin & Friedman, 2006), 건강을 증진하는 활동을 더 많이 한다(Bogg & Roberts, 2004). 또한 성실한 사람은 비교적 안정된 결혼 생활을 하며(Roberts & Bogg, 2004), 이혼율이 낮은 편이다(Roberts 외, 2007). 성실성과 관련된 성격 특성들은 높은 성취와 직업적 성공을 예측케 하는 가장 강력한 요소다(Judge 외, 1999). 정리정돈을 잘하는 사람은 협동성이 약하고 협업에 서툴러 관리직으로는 두각을 보이지 못하는 경향이 있으나, 단독 업무는 매우 훌륭하게 처리한다(Dudley 외, 2006). 또한 성실한 학생은 학습 능력이 더 뛰어나며, 결석하거나 규칙을 위반하는 비율이 낮다(McCann 외, 2009).

정리벽을 '5대' 성격 요소 중 하나가 아닌 동기와 욕구의 일종으로 간주할 수도 있다. 규칙과 체계를 바라는 마음에서 나타나는 질서 선호는 '인지적 종결 욕구'의 한 양상이다(Webster & Kruglanski,

1994). 이 욕구가 큰 사람들은 애매한 것을 참지 못해서 확실한 지식을 요구하고, 결정을 빨리 내린다. 질서에 대한 욕구는 독단주의, 권위주의, 사회적 편견과도 상관관계를 보인다(Van Hiel 외, 2004b).

요약하자면, 성격에 관한 연구는 프로이트가 말한 항문기 성격 중 정리벽이 초기 정신분석가들의 판단과 같이 긍정적 측면이 있음을 뚜렷이 보여주었다. 하지만 성격 연구에서 드러난 과학적 증거는 항문기 성격 특성의 원인을 배변 훈련이나 특정한 양육 방법에서 찾는 데 이의를 제기한다. 유전자 연구는 성실성과 정리벽의 상관관계가 극히 적음을 보여준다. 성인의 성실성 수준에 더 강력한 영향을 미치는 요소는 유전 요인, 그리고 형제자매와 공유하지 않는 개개인의 환경 요인이다(Luciano 외, 2006).

혐오 민감성

프로이트에 따르면 청결함은, 경건함이 아니라 정리벽 다음으로 중요한 미덕이다.[*] 그러므로 청결함은 항문기 성격 특성의 핵심 요

---

[*] '경건함 다음으로 중요한 것이 청결함이다Cleanliness is next to Godliness'라는 격언을 패러디한 것.

소다. 프로이트는 항문기 성격의 소유자들이 어린 시절 대변을 좋아했던 것에 대한 반동으로 더러움과 위생에 집착한다고 주장했다. 이 설명에 따르면 항문기 성격 특성의 소유자들은 혐오 반응을 극대화해서 오물을 극도로 싫어하고, 이 혐오 반응을 통해 지저분했던 어린 시절로부터 스스로를 변호한다.

1장에서 살펴봤듯이 혐오감은 심리학자들에게 오래도록 무시당하던 시기를 지나, 가장 매력적인 인간적 감정으로 떠올랐다. 혐오감은 기본적인 감정으로, 질병과 부패에 대한 혐오에 뿌리를 두고 있다. 동시에 혐오감은 도덕적으로 잘못되었다, 불결하다는 판단과도 밀접한 관련이 있는 복잡한 감정이다. 최근 심리학자들 사이에서 혐오감에 대한 관심이 부쩍 커진 덕에 성격 연구 분야에서도 혐오감에 관심을 쏟기 시작했다. 성격 연구에 따르면 어떤 사람은 다른 사람보다 혐오감을 더 잘 느낀다. 이러한 차이는 연구할 가치가 있을 것이다. 현재 이러한 성향 차이는 '혐오 민감성'의 차이라고 불린다(Haidt 외, 1994).

혐오 민감성을 측정하는 척도는 썩은 음식, 끈적끈적한 동물, 신체 배설물, 신체 외피의 손상, 죽음, 변태적 섹스, 비위생적인 행동 등을 목격했을 때 얼마나 혐오감을 느끼는지를 묻는다. 혐오 민감성에는 세 가지 부문이 있는 것으로 보인다. 먼저 '핵심 혐오감'은 불쾌한 자극에 대한 거부감, '동물성 암시'는 인간의 동물적인 본성과 기원을 떠올리게 하는 것, '오염'은 다른 사람에게서 질병이나 좋지 않은 속성을 옮을까 봐 두려운 마음과 관련이 있다.

배설은 혐오 민감성 척도에서 중요한 위치를 차지한다. 예를 들어 가장 많이 쓰이는 간략한 척도에는 철도역 터널에서 나는 오줌 냄새 맡기, 공중화장실의 변기 깔개 만지기, 개똥 모양 초콜릿 한 조각 먹기 같은 항목이 포함되어 있다(Olatunji 외, 2007). 곧 혐오 민감성 개념은 넓게는 오물, 구체적으로는 신체 배설물에 대한 불안 심리와 관련이 있으며, 이는 항문기 성격의 특징 중 하나다.

그러나 혐오 민감성과 관련해서 가장 중요한 것은 혐오 민감성의 기본 구조나 혐오 민감성 측정 방법이 아니라, 혐오 민감성과 연관된 몇몇 놀라운 현상이다. 혐오 민감성이 높은 사람은 건강염려증, 섭식장애, 거미 공포증과 피 공포증 같은 여러 가지 정신질환에 매우 취약하다(Olatunji 외, 2009). 여기에 동물에 대한 공포증, 그리고 신체 외피의 손상에 대한 공포증이 나타나는 것을 보면, 공포증이 불안장애로 분류되기는 하지만 어느 정도는 혐오감과도 관련된 질환임을 알 수 있다. 흥미롭게도 혐오 민감성은 강박장애의 발병 위험을 높인다(Tolin 외, 2006). 강박장애는 오염되는 데 대한 극심한 공포를 나타내는 증상으로, 프로이트는 항문기 성격과 밀접한 관련이 있다고 보았다.

혐오 민감성은 정신 병리뿐만 아니라 사회적 태도와도 연관된다. 혐오감을 잘 느끼는 사람은 편견이 많은 경향이 있으며, 동성애에 관한 편견은 특히 더 심하다. 예를 들어 요엘 인바와 동료 연구자들은 혐오 민감성이 큰 사람들이 직관적이거나 무의식적으로 동성애자에게 반감을 가질 확률이 높으며, 특히 동성 결혼에 보수적인 입장을 취할 확률도 높음을 입증했다(Yoel Inbar 외, 2009a, b). 혐오 민감성과 동성애를 반대하는 태도의 연관성은 매우 흥미로운데, '동성애 공포증homophobia'의 핵심 감정이 공포가 아니라 혐오감이라는 사실을 보여주기 때문이다. 이는 반反동성애적 편견이 항문 관련 현상에 대한 혐오에 근거한 것일 수도 있음을 암시한다. 많은 사람들이 남성 동성애와 항문을 연관 지어 생각하기 때문이다.

매우 유명한 인지 편향 실험인 로렌 채프먼Loren Chapman과 진 채프먼Jean Chapman의 1969년 실험은 이 같은 관련성을 바탕에 두었다. 이 실험은 사람들이 자신의 기대나 고정관념에 따라, 실제로는 존재하지 않거나 '착각'일 뿐인 상관관계를 발견한다는 사실을 보여준다. 채프먼 부부는 현역 심리학자들이 로르샤흐 검사● 반응 중 어떤 것을 남성 동성애로 해석하는지 조사했다. 조사 결과 심리학자들은 검사용 그림을 보고 항문을 연상한 반응이 남성 동성애를 의

● 잉크 얼룩을 묻혀 만든 좌우 대칭 그림 10장을 보고, 그것이 어떻게 보이는지 자유롭게 답하는 검사. 스위스의 정신의학자 헤르만 로르샤흐(1884~1922)가 개발했다. 개인의 심리 상태와 잠재 성향을 진단하는 방법으로 쓰인다.

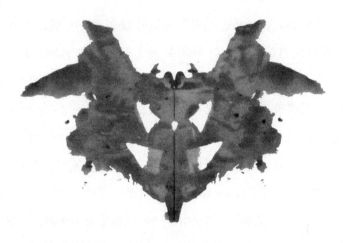

로르샤흐 검사에 쓰이는 잉크 얼룩

미하는 가장 강력한 증거라고 믿었다. 하지만 항문을 연상한 반응
은 동성애자 남성과 이성애자 남성을 구분해주지 못했다. 심리학
자들의 머릿속에서 동성애라는 개념은 '직장'이나 '엉덩이' 같은
항문 관련 개념과 강하게 연결되어 있었고, 이것이 그럴듯한 근거
가 되어 심리학자들이 잘못된 판단을 하게 된 것이다.

두 번째 연구에서 채프먼 부부는 로르샤흐 검사에 대한 가짜 응
답지를 만들어, 심리학자가 아닌 사람들에게 보여주었다. 이번에
는 검사에 대한 반응 기록 옆에 검사를 받은 사람들의 '정서적 특
성'을 짧게 덧붙였다. 실험에 사용한 거짓 로르샤흐 반응 중에 항

문을 연상한 반응과 동성애 간에는 그 어떤 상관관계도 없었지만, 이번에도 역시 실험 참가자들은 그 상관관계를 찾아냈다. 동성애가 항문애와 관련이 있을 거라고 예상하고, 그 예상을 충족할 (착각에 불과한) 증거를 찾은 것이다. 이를 통해 우리는 반동성애자들이 동성애자 남성에게 느끼는 혐오감의 기저에 앞에서 살펴본 것과 같은 상관관계가 있으리라고 추측해볼 수 있다.

혐오 민감성은 편견과도 관계있지만 도덕적 판단과도 밀접하게 연결되어 있다. 이는 항문기 성격의 소유자들이 엄격한 도덕적 행동 기준을 갖고 있다는 정신분석가들의 주장과 일치한다. 최면을 통해 혐오감을 느낀 사람은 부도덕한 행위를 더욱 강력하게 비난했으며(Wheatley & Haidt, 2005), 이는 항균 물티슈로 손을 닦은 사람, 심지어 자신이 방금 깨끗하게 씻었다는 상상을 한 사람도 마찬가지였다(Zhong 외, 2010). 이러한 연구 결과는 사람들이 청결과 도덕적 순수성을 동일시한다는 것을 보여준다. 혐오감은 자신을 포함해 특정한 사람들이 순수하지 않다는 판단을 강화한다. 그러므로 프로이트 등이 항문기 성격에 관해 설명한 대로 혐오감을 잘 느끼는 사람은 사회 규범을 위반한 사람에게 매우 엄격한 도덕적 잣대를 들이댈 수 있다.

권위주의

혐오 민감성 연구는 항문기 성격과 관련된 성격 특성이 어떤 사회적 태도로 연결되는지를 보여준다. 항문기 성격과 밀접한 관련이 있는 동시에 사회적 태도와는 더욱 밀접하게 연결되어 있는 성격 특성이 또 하나 있는데, 바로 권위주의다. 권위주의적 성격에 대한 심리학 연구를 시작한 것은 테오도어 아도르노(1903~1969)와 그 동료들이다(Adorno 외, 1950). 제2차 세계대전과 홀로코스트의 여파가 남아 있던 당시, 이들은 반反유대주의 심리를 파헤치고자 했다. 당시는 항문기 성격과 강박신경증, 편집증에 대한 정신분석학 이론이 매우 진지하게 받아들여지던 때였다(Greenstein, 1965). 이 연구

테오도어 아도르노

는 유대인을 향한 적대감의 토대를 추적하는 데서, 더 나아가 편견의 심리적 뿌리와 반민주적 경향을 이해하는 데까지 확장되었다.

연구를 진척하면서 아도르노와 동료 연구자들은 권위주의적 성격의 몇 가지 측면을 발견했고, 이 특성들이 사회에 큰 영향력을 발휘한 'F(파시즘 fascism의

F) 성격 척도'의 토대가 되었다. 권위주의자들은 매우 인습적이고, 주관적이거나 인간적인 것을 싫어하며, 엄격하게 정형화한 방식으로 생각하는 경향이 있다. 또한 무비판적으로 순종하며 권위 있는 인물을 공경하지만, 자기 아래에 있거나 약한 자들에게는 가혹하다. 아도르노는 이러한 성격 유형에 '자전거 운전자의 성격'이라는 이름을 붙였다. '위로는 몸을 숙이고, 아래로는 발길질을 한다'는 뜻이다(Greenstein, 1965). 또한 권위주의자들은 세상이 위험으로 가득 차 있다고 보는 등 인간 본성에 냉소적인 태도를 취하며, 다른 사람의 성생활에 관심이 많다.

권위주의적 성격의 양상들은 항문기 성격 특성과 상당히 닮았다. 특히 경직된 범주 안에서 사고하고, 규칙을 어긴 사람에게 가혹한 도덕적 판단을 내리며, 융통성 없이 관습을 따르는 성향이 그렇다. 아도르노와 동료들은 권위주의자가 돈과 깔끔함, 근면함에 집착하며, 관습을 따르지 않는 사람을 '더럽게' 여긴다고 주장했는데, 이는 명백한 항문기 성격 특성이다. 또한 아도르노와 동료들은 권위주의적 성격 특성이 정확하게 배변 훈련에서 기인하지는 않더라도 처벌을 동반하는 지나치게 엄격한 양육 방식과 관련이 있다고 봄으로써 정신분석학의 항문기 성격 이론과 같은 입장을 취했다(Adorno 외, 1950).

후기 연구자들은 권위주의적 성격에 대한 아도르노의 설명에 깔려 있던 정신분석학적 측면과 F 성격 척도를 폐기했다. 하지만 권위주의와 항문기 성격의 교차점은 최근 연구에서도 나타난다. 클라인과 쿠퍼는 권위주의의 기저에 있는 성격의 차원이 항문기적·강박적 성격 특성과 똑같음을 증명했으며, 권위주의는 항문기 성격의 사회적 표현일 뿐이라고 주장하기까지 했다(Kline & Cooper, 1984). 권위주의자들은 성실성(Sibley & Duckitt, 2007)과 강박성(Schlachter & Duckitt, 2002; Van Hiel 외, 2004a), 혐오 민감성(Hodson & Costello, 2007), 인지적 종결 욕구(Van Hiel 외, 2004b)의 정도가 높았다. 이를 통해 정신분석학의 영향을 받은 아도르노의 권위주의적 성격론에 어느 정도 실증적인 토대가 있음을 알 수 있다.

한편 현대의 성격 연구는 권위주의가 사회적 편견과 이념적 우파 성향을 예상케 하는 강력한 변수임을 계속해서 보여주고 있다. 권위주의는 다양한 집단(소수 인종 및 성소수자, 여성, 이주자, 정신질환자), 특히 안전과 전통을 위협한다고 여겨지는 사람 및 주류 가치관에 도전하거나 반대하는 사람에 대한 거부감과 강하게 얽혀 있다(Duckitt & Sibley, 2007). 요컨대 권위주의는 항문기 성격의 한 요소가 태도로 표현된 것이 거의 틀림없다. 영 브륄이 주장했듯이 권위주의에는 뚜렷한 항문기적, 또는 강박적인 편견이 있는 것으로 보인다(Young-Bruehl, 1996). 그리고 이러한 편견은 관습을 위반한 사람, 더럽고 위험한 사람에 대한 경멸을 자아낸다.

A 유형 성격

항문기 성격 개념의 현대적 외피로서 비교적 최근에 나온 것이 바로 A 유형 성격이다. 항문기 성격 개념이 자취를 감추어가던 1970년대에 심리학 문헌에 등장하기 시작한 이 성격 유형은 질병과의 관련성 때문에 유명해졌다(Friedman & Rosenman, 1974). 수많은 연구들이 여러 성격 특성으로 이뤄진 A 유형 성격의 소유자는 관상동맥 심장질환의 발병 위험이 높다는 결과를 내놓은 것이다.

A 유형 성격은 항문기 성격 유형과 완전히 일치하지는 않지만 분명 겹치는 지점이 있다(Garamoni & Schwartz, 1986). A 유형 성격은 안달복달하며 '시간에 대한 조바심'을 보이는데, 이 조바심은 페니셸 등이 항문기 성격 특성 중 인색함과 연관 지은 시간 낭비에 대한 염려를 연상케 한다(Fenichel, 1945). 또한 돈을 과대평가하는 A 유형 성격의 특징은 항문기 성격의 구두쇠 같은 특징과 비슷하다. A 유형 성격은 적대감이 많고 가혹한데, 이는 처음 프로이트가 항문기 성격에서 설명한 냉혹함 및 '항문 가학성anal sadism'과 유사하다. A 유형 성격의 핵심인 일과 생산성에 힘껏 헌신하는 성향은 항문기 성격의 강박적인 노동 윤리 및 '일요일 신경증'과 판박이다. 또한 A 유형 성격은 통제력을 잃지 않으려는 강력하고 다소 절박한 욕구가 있고 스스로에게 완벽을 요구하는데, 이는 항문기 성격 기질에서 중요한 역할을 하는 완고함, 병적인 자율성, 도덕주의적

판단, 엄격함과 유사하다.

이 모든 유사성에서 드러나듯이 A 유형 성격의 척도는 항문기적이거나 강박적인 성격 특성을 평가하는 검사와 상당히 비슷하다. 물론 두 성격 유형이 정확하게 일치하는 것은 아니다. 하지만 둘의 유사성은 현대 심리학이 타당하다고 여기는 A 유형 성격과 현대 심리학이 내친 항문기 성격 사이에 유의미한 공통분모가 있음을 보여준다.

수집벽과 저장벽

초창기의 항문기 성격 분석에서는 검소하고 돈을 잘 쓰지 않는 태도와 시간 약속을 잘 지키고 시간 낭비를 염려하는 특성, 물건을 수집하는 경향의 기저에 인색함이 깔려 있다고 보았다. 최근 들어 수집의 심리학과 심리적 소유감psychological ownership 및 소유물에 대한 애착 개념이 조금씩 관심을 얻고 있다(Pierce 외, 2003). 사람들은 여러 가지 이유로 물건을 수집한다. 자기표현, 투자, 다른 수집가와의 사회적 교류, 불멸성 획득, 수집한 물건에서 오는 순수한 즐거움, 수집품을 지배 또는 장악하고 있다는 느낌 등등이 수집의 목적이다. 수집가들은 종종 완전하고 완벽한 세트를 구비하려는 욕망에 사로잡혀, 목표를 설정하고 물건을 찾아서 획득하고 목록을 만드는 일련의 과정에 열성적으로 뛰어든다(McIntosh & Schmeichel, 2004).

통제와 획득, 분류, 완벽성에 대한 욕망은 어니스트 존스가 말한 항문기적 성격의 양상과 정확하게 일치한다. 실제로 이러한 유형의 수집가들은 '분류파'라고 표현되며, 심미적인 동기에서 물건을 수집하는 사람들과 구분된다(Belk, 1991). 이들이 물건을 수집하는 양상은 강박적·중독적이며, 거의 페티시즘과 같다. 분류파 수집가들의 항문기적 성향을 조사한 유일한 연구가 러너의 논문에 실려 있다(Lerner, 1961). 러너는 우표 수집가들과 수집가가 아닌 사람들에게 '항문기적 성향을 함축한' 단어들을 보여주고 반응을 살폈다. 그 결과 수집가들은 정신분석 이론에 부합하게 더 강한 반응을 보였다(Formanek, 1991).

최근 심리학에서는 수집을 평범한 취미 차원이 아닌 병리적인 차원에서 연구해왔다. 쓸모없는 쓰레기를 쌓아두고 버리지 못하는 성향은 OCPD의 특징이며, OCPD는 항문기 성격이 정신의학에 남긴 유산이다. 때로 비축 행위는 좀처럼 치료가 쉽지 않은 강박장애의 징후이기도 하다. 이러한 증상이 있는 사람들은 옷의 보푸라기를 모아두어야 한다는 강박을 느끼기도 하고, 쉽게 물건을 버리지 못해 집에서 산처럼 쌓인 신문 더미 사이를 간신히 지나다닌다. 저장벽은 신경성 식욕부진(거식증)이나 조현병 같은 질환의 일환으로 생기기도 한다. 저장벽은 잡동사니 속에서 거주하거나, 강한 저장 욕구를 느끼면서 물건을 처분하지 못하거나, 새로운 물건을 취득하려는 강한 욕구를 경험하는 등 상관관계가 있는 다양한 측면을 보인다(Frost 외, 2004). 요약하면 저장벽이 있는 사람은 인색하고, 소유물에 강하게 집착하며, 욕심이 많으나, 정리는 잘 못한다. 축적에 대한 욕망이 결국 질서에 대한 욕망을 이긴 셈이다.

세세한 것에 치중하는 성향

프로이트는 항문기 성격을 설명할 때 자잘한 세부 사항에 치중하는 성향은 거론하지 않았다. 하지만 시야가 좁고 나무를 보느라 숲을 잘 보지 못하는 성향은 종종 항문기 성격 유형의 인지적 특성으로 꼽힌다. 성격심리학자들은 주로 '인지 유형'이라는 범주 아래에서 세부 사항에 치중하는 성향을 다각도로 탐구해왔다. 여러 가지 인지 유형은 사람들이 세상을 지각하고 해석하는 특유의 방식을 보여준다.

인지 유형의 차이로 가장 많이 연구된 것은 장field 의존형 대對 장 독립형이다(Witkin & Goodenough, 1981). 장 독립형은 개별 요소에 집중하는 경향이 있으며, 전체적인 맥락에서 개별 요소들을 뽑아내는 데 능숙하다. 이러한 인지 유형은 복잡한 화면에서 작은 형상을 찾아내는 실험을 통해 판단할 수 있다. 이와 달리 장 의존형은 전체적인 맥락 안에서 개별 요소를 찾아내고 이 요소들을 전체에서 분리해내거나 독립적인 개체로 파악하는 것을 어려워한다. 장 독립성이 높을수록 자율성이 높으나 사교성은 떨어진다.

이러한 차이는 개인 간에도 나타나지만 서로 다른 문화를 비교할 때도 나타난다. 사회심리학자인 리처드 니스벳과 마스다 다카히코는 서구인이 더 '분석적'인 시각 집중을 보이는 경향이 있으며 두드러진 요소에 '지엽적'으로 집중하는 반면, 동아시아인은 더 '통합적'인 시각 집중을 보이는 경향이 있으며 시각적 요소 사이의 관계를 '포괄적'으로 파악하고 전체적인 맥락에 더 민감하다고 주장했다(Richard Nisbett & Takahiko Masuda, 2003). 예를 들어 미국인은 한 화면에서 중심적인 물체에 집중하고 그 물체를 독립적인 개체로 묘사하는 경향이 있으나, 일본인과 중국인 실험 참가자들은 중심적인 물체뿐만 아니라 배경까지 보고 다양한 개체들의 관계를 묘사하는 경향이 있다.

세부 사항에 집중하는 성향이나 분석적인 인지 유형이 실제로 항문기 성격의 여러 양상과 관련이 있다는 증거가 있다. 한 연구진에서 지엽적인 수준과 포괄적인 수준이 서로 충돌하는 정보를 담은 영상들을 준비하고, 이들 영상의 정보를 인식하는 과정에서 나타나는 개인 차이를 조사했다. 예를 들어 실험 참가자들은 자잘한

T로 이뤄진 커다란 F 모양을 본다. 이때 장 독립성이 높은 사람은 지엽적인 요소를 처리하는 경향이 장 의존적인 사람보다 훨씬 높다. 이들은 작은 T들을 보느라 커다란 F를 보지 못한다(Poirel 외, 2008). 마찬가지로 OCPD 기질이 있는 사람들 역시 여러 작은 글자들로 이뤄진 모양을 볼 때, OCPD 기질이 없는 사람보다 지엽적인 세부 사항에 더 집중하는 것으로 나타났다(Yovel 외, 2005). 개념을 세세하게 구분하는 성향 역시 시각적 세부 사항에 집중하는 경향과 관련이 있다. 이러한 경향은 '범주화의 범위'가 좁거나 '포괄적이지 못한' 인지 유형으로 알려져 있다. OCPD 기질이 있는 사람들은 단어나 물체를 분류할 때 다른 사람들보다 범주를 더 좁게 나누는 것으로 드러났다(Persons & Foa, 1984; Reed, 1985). 여기서 다시한 번 항문기 성격의 한 요소인 세부 사항에 지나치게 치중하는 성향이 더 폭넓은 유형의 일환이라는 증거를 찾을 수 있다.

결론 ●●●

항문기 성격은 성격을 서술하는 개념으로서 인기를 잃었다. 비과학적이며 한물갔다고 치부되는 이론적 접근법 때문에 오명을 얻기도 했다. 항문기 성격이라는 이름부터가 수상쩍다. 하지만 앞에서 살펴본 것처럼 초기 정신분석가들이 밝힌 성격 유형은 어느 정도 타당한 것으로 보인다. 또한 항문기 성격 유형의 개별 요소들은 항문기 성격 자체가 인정받지 못하는 상황에서도 계속해서 심리학자들의 관심을 끌고 있을 뿐만 아니라 새로운 개념으로 정립되고 있다. 항문기 성격은 OCPD라는 모습으로 다시 나타났다. 정리벽은 성실성과 완벽주의, 혐오 민감성, 세부 사항에 치중하는 성향으로 다시 등장했다. 완고함은 A 유형 성격과 권위주의에서 과학적인 새 생명을 얻었으며, 인색함은 수집벽과 저장벽으로 되돌아왔다.

항문기 성격의 새 얼굴들은 서로 매우 다르다. 무엇보다 이 특성들은 아예 다른 심리학 분야에 속해 있다. OCPD와 저장벽은 임상심리학에, 권위주의는 사회심리학에, 정리벽은 성격심리학에, A 유형 성격은 건강심리학에, 세부 사항에 치중하는 성향은 인지심리학과 문화심리학에 속한다. 또한 이 특성들은 정리벽처럼 건강한 것으로 여겨지기도 하고, 수집벽과 OCPD처럼 병적인 것으로 여겨지기도 하며, 완벽주의처럼 그 사이 어디쯤에 있다고 여겨지기도 한다. 심지어 이 특성들은 성별의 차이도 보인다. 혐오 민감성과 정리벽은 여성에게 더 뚜렷하게 나타나며, A 유형 성격과 권위주의는 남성에게 더 흔하다. 하지만 겉으로 보이는 이 모든 차이에도, 항문기 성격의 각 변종들은 뚜렷한 가족 유사성을 보인다.

항문기 성격은 우리 생각처럼 심리학의 쓰레기장에 버려지지 않았다. 단지 재활용되었을 뿐이다. 연구자들은 항문기 성격의 잘못된 개념을 일부 수정하기도 했다. 예를 들어 항문기 성격 유형은 '항문'과 구체적 관련이 없으며, 실제로 존재하는 성격 유형도 아니다. 또한 항문기 성격 특성이 어린 시절에 겪었던 혹독한 배변 훈련에서 비롯된다는 프로이트의 믿음은 사실이 아니라는 것이 증명되었다. 하지만 이 모든 실증적인 문제 제기에도, 항문기 성격은 꿋꿋이 살아남았다.

6장
변기에 빠진 입

앞에서 우리는 고체, 액체, 가스 형태로 이뤄지는 배설의 심리학을 살펴보았다. 하지만 배설은 더 고차원적인 형태를 띠기도 한다. 바로 언어다. 언어는 지저분하고, 음란하고, 불경하고, 금기시되고, 상스럽고, 역겨울 수 있다. 이러한 언어 중 일부는 배설 또는 배설에 관계하는 신체 부위를 나타낸다. 이번 장에서 우리는 욕설, 곧 '변기에 빠진 입'의 심리학을 살펴본 후 욕설이 극단으로 치달은 병적인 증상들을 상세히 분석할 것이다. 그리고 다시 진짜 배설 이야기로 돌아와 더 직접적이고 역겹게 변기에 빠진 입을 살펴볼 것이다.

욕설의 본질 ●●●

욕설을 정의하는 것은 쉬운 일이 아니다. 그래도 욕설을 정의하는
네 가지 기준을 제시한 언어학자가 있다(Ljung, 2011). 첫째, 욕설은
금기시되는 단어, 곧 점잖은 자리에서 말하기에는 '너무 사적이거
나, 너무 불쾌하거나, 너무 거룩한' 단어를 포함한다(Hughes, 2006,
462쪽). 이러한 단어들이 금기시되는 것은 단지 내용 때문만이 아니
라(보통 내용이 저질스럽기는 하다) 단어의 형태 때문이기도 하다. 같은
내용이더라도 금기시되는 형태(똥shit●)로 표현될 수도 있고, 과학적
인 용어로 쓰여 불쾌한 의미가 제거될 수도 있고(대변faeces), 어린이
의 말로 귀엽게 불릴 수도 있다(응가poo). 둘째, 욕설은 글자 그대로
의 의미를 뜻하지 않는다. 금기어는 본래 가진 의미도 얼마간 공격
성을 띨 수 있지만 본래의 의미를 나타내는 방식으로는 사용되지
않는다. 누군가를 '애스홀asshole'(원래는 '똥구멍'이라는 뜻이지만 주로 '짜
증 나는 새끼' 정도의 의미로 활용된다_옮긴이)이라고 부르는 행위는 말 그
대로 그 사람과 항문을 동일시하는 것이 아니라, 그를 폄하하는 태
도를 나타낸다. 셋째, 욕설은 정형화된 경향이 있으며, 창의성이나
융통성 없이 기존의 몇 가지 표현만 사용된다. 마지막으로, 욕설은

●　　shit은 본래 '똥'을 저속하게 지칭하는 말이지만 주로 비속어로 사용된다.

감정을 담고 있다. 욕설은 대개 갑작스럽고 강렬한 감정을 동반하거나 표현한다. 이 감정은 주로 분노지만 놀람과 경악, 고통, 실망, 공포뿐만 아니라 돌연한 행복감일 때도 있다.

욕설은 언어학적으로 매우 다양한 기능을 한다. '욕설 감탄사'라는 이름으로 갑작스러운 감탄을 표현하기도 하고(빌어먹을Bugger!), 맹세를 할 때 쓰이기도 하고(하느님을 건다By God!), 단호한 거부를 나타내기도 한다(웃기시네My arse I will!). 흔히 욕설은 듣는 이에 대한 말하는 이의 악감정을 표현한다. 저주(지옥에나 가버려To hell with you!)나 관습적인 모욕(네 에미는 갈보다Your mother is a whore!), 저속한 별칭(재수 없는 새끼Wanker!)이 그러하며, 한 언어학자가 우아하게 '불친절한 제안'이라고 이름 붙인 것(뒈져버려Get fucked!)도 여기에 해당한다(Ljung, 2011). 어떤 욕설은 그저 연결어로서, 함께 쓰이는 표현에 강도나 감정을 약간 보태준다(씨 말도 안 돼Not bloody likely!).

언어학적 형태가 아닌 내용을 기준으로 욕설을 분류할 수도 있다. '불경한 욕설'은 종교 용어를 사용한 욕설로, 신자에게 불쾌감을 줄 수 있으나 그들의 신앙 자체를 모욕하려는 의도는 없다. '신성 모독적인 욕설'은 말하는 이가 고의로 종교적 믿음이나 상징을 모욕할 때 사용된다. '음란한 욕설'은 성적인 내용을 담고 있으며, '상스러운 욕설'은 성적인 내용을 넘어서 다른 신체 부위와 기능까지 언급한다.

이러한 분류는 욕설의 주제가 한정되어 있음을 보여준다. 금기시되는 단어와 표현 중 종교적이거나 초자연적인 내용을 담고 있는 것들은 선하고 성스러운 것(하느님God) 또는 악마와 관련된 것(저주받을damn)을 언급한다. 모욕적인 짐승 이름을 사용한 욕설이 있고, 특정 신체 부위나 행위를 언급하는 성적인 욕설이 있다. 배변 관련 욕설은 배설물과 배변의 과정, 배변과 관계있는 신체 부위를 언급한다. 멸칭은 특정 민족이나 젠더, 성소수자를 겨냥한 욕설이다. 이 밖에 엄마, 사생아, 질병, 죽음 등이 흔한 주제다. 한 가지 표현에 여러 가지 주제가 섞여 있을 때도 있는데, 예를 들어 goddamn son of a bitch('빌어먹을 암캐의 새끼'라는 뜻으로, '빌어먹을'이라고 번역한 goddamn은 신을 뜻하는 god과 저주를 뜻하는 damn이 합쳐진 말이다_옮긴이)라는 말에는 성스러운 것과 악마적인 것, 젠더 멸시, 짐승, 엄마에 관한 표현이 모두 들어 있다.

배변 관련 욕설 ●●●

금기시되는 말은 때로 '변기에 빠진 입potty mouth'이라고 불리지만, 그렇다고 욕설에 배설에 관한 내용만 있는 것은 아니다. 이처럼 다양한 욕설을 화장실 관련 비유로 지칭하는 것은 그저 금기시되는 말이 상징적으로 더럽게 여겨진다는 사실을 보여줄 뿐이다. 배변 관련 욕설은 욕설의 한 종류일 뿐이지만, '변기에 빠진 입'이라는 말은 배변이 오물의 원형 역할을 한다는 것을 드러낸다.

어쨌든 배변 관련 용어는 욕설의 중심 구실을 하는 것으로 보인다. 스물다섯 개 언어의 욕설을 조사한 연구에 따르면 '저속한 별칭에 쓰이는 소재로 배변이 으뜸이라는 사실에는 반박의 여지가 없다'(Ljung, 2011, 135쪽). 융Ljung은 영어권에서 흔히 쓰이는 저속한 별칭에 똥구멍arsehole·asshole, 방귀fart, 엉덩이prat, 똥shit, 똥덩어리turd 같은 배변 관련 용어가 특히 많다는 것을 발견했으며, 이러한 표현들을 지칭하기 위해 '대변어faecalia'('대변과 관련된'이라는 뜻인 faecal에 명사화 접미사 ia를 붙여서 만든 단어_옮긴이)라는 실용적인 용어까지 만들었다. 남색sodomy과 관련된 별칭(예를 들어 bugger나 sod)도 항문과 관련이 있긴 하지만 이런 별칭은 배변과 연관된 것으로 여겨지지 않는다. 배변 관련 어휘 중에는 대변에 관한 것이 가장 많고, 그다음으로는 방귀 관련 용어가 많다. 소변과 관계있는 단어는 그 수도 적고 자주 사용되지 않을 뿐만 아니라, 그리 공격적이지도 않고 언어적 탄력성도 낮다. piss(오줌)는 소위 '목적이 있는' 표현(꺼져piss off)으로 쓰이거나, 술에 취한 상태, 또는 (미국에서는) 화가 난 상태(pissed)를 나타내는 부차적 표현으로 사용될 뿐 별칭이나 욕설 감탄사로는 쓰이지 않는다. 대변이 소변보다 더 역겹고 더러운 것처럼, shit이라는 단어도 piss라는 단어보다 더 공격적이다.

 shit은 영어에서 가장 많이 쓰이는 두 가지 욕설 중 하나로, 셀 수 없이 다양한 방식으로 사용된다. 키퍼와 채프먼은 미국의 속어를 정리한 매우 유용한 사전을 만들었는데(Kipfer & Chapman, 2007), 이 사전에 따르면 shit은 명사로서 여덟 가지 비문자적 의미(당찮은 일/경멸/열등한 것/소유물/불쾌한 사람/마약/중요치 않은 것/불운), 동사로서 두 가지 의미(거짓말하다/강렬한 감정을 담아 반응하다)를 지닌다. shit의 형용사형인 shitty도 다양하게 응용되어, 함께 쓰인 단어에 '형편없는/지루한/문제가 있는'이라는 뜻을 더한다. shit은 온갖 단어와 결합해서 엄청나게 다양한 의미를 만들어낸다. shit이 붙은 단어는 분노(shit-a-brick)나 두려움(shit-scared 또는 scared shitless), 놀람(no shit!), 조롱(tough shit), 취한 상태(shit-faced) 등을 의미한다. shit은 사람을 평가하는 말에도 쓰인다. 대단하다(shit-hot), 멍청하다(shit-for-brains : 머리에 똥이 찼다), 엉터리(full of shit : 똥투성이다), 얼간이 같다(shit-ass), 타락했다(shit-heel), 우쭐댄다(shit-eating grin : 똥 먹은 웃음), 위선자(believe one's shit doesn't stink : 자기 똥에서는 냄새가 안 나는 줄 안다), 촌스럽다(shit-kicker : 똥을 발로 차고 다니는 사람), 어리다(shitty-britches : 똥 묻은 반바지) 등. 비슷한 표현으로 뽐내다(crapper)*와 아부하다(brown-noser : 코가 갈색인 사람)**도 있다.

 배변 관련 욕설이 영어에만 있는 것은 아니다. 다른 여러 언어에 독창적인 배변 관련 욕설이 있다(Ljung, 2011). 스페인 사람들은 'Me cago en Dios(하느님한테 똥을 싼다)'라는 욕을 쓰며, 아랍인들은 'khara alaik(너에게 똥이 있기를)'라는 말로 저주를 한다. 모욕적인 별칭은 특히 풍부하다. 아프리칸스어에는 gatkruiper(엉덩이를 핥는 사람, 곧 굽실거리는 사람), 광둥어에는 sí fat gwái(屎朏鬼, 똥궁둥이 귀신), 핀란드어에는 kusipää(오줌머리), 러시아어에는 govnó(똥 먹는 사람)라는 표현이 있다. 여기에 짐승을 뜻하는 말이 더해진 그리스어 kopróskilo(똥개), 베이징어 gǒu-pì(狗屁, 개방귀)도 있고, 중앙아프리카에는 '네 입은 코끼리 항문처럼 축 늘어져 있다'는 뜻의 표현이 있다. 이처럼 배변 관련 언사는 인류 보편적 현상이다. 융이 주장한 것처럼 '대변을 뜻하는 단어가 가장 먼저 욕설이 되는 것은 모든 언어의 속성이다'(67쪽).

여태까지는 풍부하고 복잡한 금기어 세계의 얼개만 대략 그려 보았을 뿐이다. 수많은 역사학·언어학·문화 연구자들이 이 자극적인 주제에 매진하면서 욕설의 기원, 욕설의 구문론적·의미론적 복잡성(예를 들면 왜 빵은 '빵 두 덩이two loaves of bread'라고 하면서 똥은 '똥 두 덩어리two turds of shit'라고 하지 않는가), 성희롱과 사회적 상호작용에 음

- crap은 대변이라는 뜻.
- •• 상대의 엉덩이를 핥느라 똥이 묻어 코가 갈색이 됐다는 뜻이다.

란한 말이 사용되는 방식 등을 탐구해왔다(Dooling, 1996; Hughes, 1991; Ljung, 2011;, McEnery, 2005; Montagu, 1967). 반면 욕설의 심리적 본질에 대한 연구는 티머시 제이의 연구를 제외하면 미미한 편이다(Timothy Jay, 1992, 2000). 그렇긴 하지만 현재 우리는 욕설에 대해 상당히 많은 것을 알고 있다.

누가 욕을 하는가(그리고 누가 욕에 신경 쓰는가)? ●●●

다른 사람들보다 욕을 더 많이 하는 사람들이 있는가 하는 것은 욕설의 심리학에서 가장 중요도가 높은 질문에 속한다. 예를 들어, 어떤 성격을 가진 사람은 남들보다 욕을 남발하고, 또 다른 성격을 가진 사람은 남들보다 욕을 하지 않을까? 제이는 반사회적이거나 A 유형 성격(성미가 급하고, 경쟁심이 강하며, 종종 적의를 분출한다)을 가진 사람들이 욕을 많이 할 거라고 추측했지만(Jay, 2000), 이 추측을 입증한 연구 결과는 거의 없다. 종교를 가진 사람들은 욕을 덜 한다는 그리 놀랍지 않은 증거가 있기는 하다. 중고등학교 학생을 대상으로 한 연구 결과, 종교 재단 소속 학교의 학생들은 다른 학교의 학생들에 비해 화면에 떠 있는 성적인 단어를 더 천천히 말했다(Grosser & Laczek, 1963). 하지만 통제된 실험 장소에서 나타난 이 차이가 운동장이나 놀이터에서도 발생하는지는 검증되지 않았다. 이 밖에 신앙생활에 적극적인 사람일수록 욕설을 덜할 뿐만 아니라, 욕설을 더 불쾌해한다는 연구 결과도 있다(Wober, 1990).

종교를 가진 사람들이 언어 예절에 깍듯한 이유 중 하나는 이들이 섹스 등의 금기시되는 활동에 죄책감과 불안을 느끼기 때문이다. 내면에서 뭔가를 억누르고 타인에게도 그렇게 할 것을 요구하는 사람은 이와 관련된 갈등이나 콤플렉스가 있다는 주장이 많다. 금기어 사용에 대한 한 흥미로운 연구가 이러한 관점을 잘 보여준다(Motley & Camden, 1985). 이 연구에서 남성 실험 참가자들은 네 가지 보기 중 하나를 선택해 문장의 빈칸을 채우라는 지시를 받았다. 보기 중에는 본래의 뜻 외에 성적인 의미도 있는 중의적 단어가 하나 있었다(예 : '늙은 촌뜨기는 몰래 만든 술을 커다란 ____에 넣고 싶었다'는 문장의 빈칸에 들어갈 말을 고르시오. ① 주전자jug˙ ② 병 ③ 가마솥 ④ 통). 실험 진행자는 여성이었는데, '연구용 실험 상황이라는 한도 내에서 최대한 성적으로 도발적인 복장과 태도'를 취했다(128쪽). 이 같이 자극적인 상황에서 성적 죄책감을 더 많이 느낀 남성은 그렇지 않은 남성에 비해 성적인 의미를 지닌 단어를 고를 확률이 훨씬 높았다. 이 결과를 통해 성적으로 부도덕한 행위에 도덕

● 여성의 가슴이라는 뜻도 있다.

적 가책을 더 많이 느끼는 사람은 실제 표현에 옮기지는 않더라도 무례한 언어와 생각에 더 많이 끌린다고 추측할 수 있다.

욕설은 성격뿐만 아니라 정신질환과도 관련 있을 수 있다. 최근에 있었던 몇몇 연구는 젊은이들 사이에서 때로는 욕설이 정신적 고통의 지표가 된다는 사실을 발견했다. 한 연구 결과 조울증이 있는 어린이와 청소년의 악의에 찬 저주나 상스러운 말은 자살하겠다는 협박과 연관된 경우가 많았다(Papolos 외, 2005). 또 다른 연구 결과 블로그에 자기 성격을 소개할 때 욕설을 많이 쓴 청소년들은 우울감이 깊은 편이었으며, 아무 관계가 없는 독자들도 이들이 우울하다고 판단했다(Rodriguez 외, 2010). 욕설 사용은 슬픔 및 죽음과 관계있는 단어를 사용하는 경우나 긍정적 감정과 관계있는 단어를 덜 사용하는 경우보다 글쓴이의 우울한 정도와 훨씬 밀접한 관련이 있었다. 곧 온라인에서 사용하는 욕설은 우울이라는 고통을 나타나는 매우 민감한 지표인 셈이다. 흥미롭게도 자기만 보는 일기장에 스스로의 성격을 묘사할 때는 욕설과 우울이 별다른 상관관계를 보이지 않았다. 타인과 소통할 때 사용하는 욕설만이 말하는 이의 불행을 나타낸다.

욕설은 또 다른 정신질환의 주요 특징이기도 한데, 여기서는 의사소통과 더 직접적인 관련이 있다. 전화외설증은 강박적으로 모르는 사람에게 전화를 걸어 음란한 말을 하는 질환으로, 성도착의

한 형태로 간주된다. 노출증이 있는 사람과 마찬가지로 전화외설증이 있는 사람은 희생자와 직접 접촉하지는 않되 선정적인 영향을 미치는 행위에서 성적인 만족감을 얻는다. 또한 이들은 자신이 피해자에게 충격과 공포를 유발하는 데서 만족을 느낀다. 이러한 질환을 '구애求愛 장애courtship disorder'라는 개념으로 설명하는데, 이러한 증상이 있는 사람들은 구애의 한 단계에서 어려움 또는 고착을 겪기 때문이다(Freund & Blanchard, 1986). 전화외설증이 있는 사람들은 직접 만나지 않은 채로 상호작용하는 단계에서 더 나아가지 못한다. 이들은 다음 단계로 나아갈 때 필요한 사회적 자신감이 부족한 것일 수도 있고, 아니면 단순히 익명의 만남을 선호하는 것일 수도 있다.

전화외설증은 반사회적 인격장애나 낮은 지능, 사회적 고립, 성도착 같은 문제와 연관되어 있을 수 있지만 유머 감각만은 훼손하지 못하는 것 같다. 한 전화외설증 환자는 성희롱 혐의로 법정에 서게 되자, 판사에게 배심원단 중 성도착자와 흉악범이 몇 명이나 있느냐고 물었다. 판사가 한 명도 없다고 대답하자, 이 환자는 자신과 비슷한 사람들에게 판결을 맡겨야 한다고 주장하며 재판을 거부했다(Pakhomou, 2006).

욕설과 젠더 ●●●

욕을 잘하는 성향에 영향을 미치는 요소 중 하나가 바로 젠더다. 욕설은 전형적으로 남성적인 행위로, 어떤 사람은 '남성은 본디 상스러운 멧돼지이기 때문에 욕을 한다'라고 하면서 욕설이 남성의 본능이라고 주장하기도 했다(Dooling, 1996, 5쪽). 하지만 욕설의 남녀 차이는 남성과 여성의 언어를 통제하는 사회적 기대나 양육 방식의 차이에서 비롯될 수도 있다. 우리는 세 가지 측면에서 젠더와 욕설의 관계를 살펴보려 한다. 첫째, 여성 또는 남성이 다른 한쪽에 비해 욕을 더 많이 하는가? 둘째, 여성과 남성은 욕설을 다르게 인식하는가? 셋째, 남성과 여성은 다른 방식으로 욕설의 대상이 되는가?

남성이 여성보다 욕을 더 많이 한다는 사실은 이미 잘 알려져 있다(Jay & Janschewitz, 2008). 또한 남성은 더 다양하고 더 무례한 욕을 사용하는 경향이 있다(Jay & Janschewitz, 2008). 하지만 이러한 연구 결과에는 약간 모순이 있다. 사람들은 사회적 지위가 낮고 권력이 없는 사람이 욕을 더 많이 하리라고 생각하는 경향이 있는데(Jay, 1992), 대체로 여성보다 남성의 사회적 지위와 권력이 높아 보이기 때문이다. 이에 대해 남성들은 동성 집단 내에서 나름의 정체성과 지위를 얻으려고 욕을 한다는 설명이 가능하다. 때때로 남성은 악담을 하며 상대방과 대립하는 언어를 사용함으로써 (정통 블루 칼라에 높은 위상을 부여하는) '암묵적 위신'을 세우려 한다. 마치 예절 바른 언어란 무슨 수를 써서라도 피하고 싶은 여성적 자질인 것마냥 말이다. 거친 말은 남자다움과 남성들 간의 연대, 육체적 능력을 표현한다(Kiesling, 1998).

성별 집단의 중요성은 남성이나 여성이나 동성 집단 내에 있을 때 욕을 더 많이 하고, 남녀가 섞여 있는 환경에서는 욕을 덜 한다는 연구 결과에서 뚜렷이 드러난다(Jay, 1992; Wells, 1989). 남녀가 섞여 있는 환경에서 사람들은 어휘를 더욱 주의 깊게 선택한다. 1979년의 한 연구 결과, 성교를 의미하는 어휘를 선택할 경우 남성들은 동성에게 말할 때는 '떡치다fucking'를, 남녀에게 동시에 말할 때는 '자다screw'를 선호했다. 여성들은 동성에게 말할 때는 '자다screw'를, 남자가 있을 때는 '사랑을 나누다make love'를 선호했다(Jay, 2000).

여성과 남성은 금기시되는 언어 사용에 대한 인식도 차이를 보인다. 여성은 욕설을 더욱 불쾌하고 거센 것으로 판단하는 경향이 있다(Dewaele, 2004). 여자 어린이들은 "계집애가 사내애처럼 '거칠게 말하면' 사랑받지 못한다"는 이야기를 듣는 등 남자 어린이들보다 욕에 관해 훨씬 엄격하게 사회화된다는 주장이 있지만(Lakoff, 1975, 5쪽), 최근 남녀 대학생을 대상으로 어린 시절 받았던 처벌에 대해 조사한 결과 그러한 차이는 나타나지 않았다(Jay 외, 2006). 욕을 허용하는 정도의 성별 차이가 점점 줄어들고 있는 요즈음, 여성이 욕설을 남성보다 더 부정적으로 받아들이는 데에는 사회화의 이중 잣대 외에 다른 이유가 더 있는 듯하다. 어쩌면 여성들은 말로 하는 공격이 대인 관계에 나쁜 영향을 미칠 것으로 보기 때문인지도 모른다(Jay & Janschewitz, 2008).

남성과 여성은 주로 하는 욕도 다르고 욕을 인식하는 태도도 다르지만, 듣는 욕의 종류도 다르다. 남성은 변이나 자위에 관한 욕설, 또는 아내가 바람을 피운다는 뜻의 욕설을 주로 듣는 반면, 여성은 bitch(암캐 같은 년)나 cow(젖소, 다른 형용사와 붙어 '~한 년'이라는 뜻으로 쓰인다_옮긴이) 등 주로 동물과 관계있는 욕설을 듣는다 (Hughes, 1991; Van Oudenhoven 외, 2008). 동물 관련 욕설은 여성을 겨냥할 때 특히 모욕적인 것으로 간주된다(Haslam 외, 2011).

그 이유가 무엇일지는 매우 흥미롭다. 사랑스러운 동물 이름부터 욕설에 이르기까지 여성을 동물에 비유해 지칭하는 일은 그 역사가 오래고, 오늘날에도 많은 표현이 살아 있다. 그중에는 chick(영계), filly(암말, 당당한 여성이라는 뜻_옮긴이), fox(여우, 매력적인 여성이라는 뜻_옮긴이), kitten(아기고양이)처럼 항상 금기시되지는 않는 것도 있다. 여성을 동물에 비유하는 관습은 남성보다 여성이 자연과 가깝다는 고대의 믿음을 반영한 일일지 모른다(Ortner, 1972).

그 연결고리는 오늘날에도 남아 있다. 사람들은 은연중에 여성을 자연과 연관 짓는 경향이 있으며, 대중매체에서 자연을 그려 보일 때는 남성보다 여성의 모습을 배치하는 경우가 많다(Reynolds & Haslam, 2011). 섹슈얼리티도 이와 관련이 있다. 한 연구에 따르면 옷을 반쯤 벗거나 성적으로 도발하는 자세를 취하는 등 대상화된 방식으로 그려진 여성은 대상화되지 않은 여성이나 남성(대상화되었건 되지 않았건 상관없이)보다 더 많이 동물 관련 단어('자연', '겨울잠', '본능', '발톱', '주둥이')와 결부되었다(Vaes 외, 2011). 여성이 남성보다 동물 관련 욕설을 듣는다는 사실은 여성과 짐승의 깊고 유구한 연상 관계를 드러낸다.

욕설과 문화 ●●●

언어학적·상징적 현상으로서 욕설과 악담이 문화에 따라 다양하다는 사실은 그리 놀라운 일이 아니다. 언어권마다 각자의 금기어가 있고, 이들 금기어는 사람들의 선입견을 드러낸다. 종교적인 문화에서는 신성 모독적인 용어가 가장 금기시되며, 남자다움을 과시하는 것이 중요한 문화에서는 남성 동성애와 여성스러움을 언급한 모욕이 가장 흔하고도 강력한 욕이 된다. 그러므로 원칙적으로 욕설과 금기어를 통해 그 문화에서 중요하게 여기는 것이 무엇인지 배울 수 있다.

서로 다른 문화의 욕설을 비교 조사한 심리학 연구는 실망스러울 정도로 적다. 하지만 흥미로운 연구가 하나 있는데, 바로 이탈리아의 북부 지방과 남부 지방에서 선호하는 욕설을 비교한 연구다(Semin & Rubini, 1990). 두 지역은 같은 언어를 사용하지만, 산업화한 북부 지방 사람들은 개인적인 성취와 독립성을 중요시하며 개인주의적인 가치를 추구하는 경향이 있다. 반면 남부 지방 사람들은 집단주의적 가치를 추구한다고 알려져 있다. 이들은 개인의 안녕보다 가족이나 공동체의 안녕을 우선시하며, 집단에 속함으로써 정체성을 획득한다. 만약 북부 지방과 남부 지방 사람들이 추구하는 가치가 이렇게 다르다면, 이들이 주로 사용하는 욕설에도 차이가 나타나야 한다. 그리고 실제로도 그랬다. 북부 지방에서 쓰는 욕설은 주로 개인의 자질을 비난하는 반면, 남부 지방에서 쓰는 욕설은 주로 가족 전체를 깎아내렸다. 예를 들어 북부 지방의 전형적인 모욕은 개인의 멍청함과 못생긴 외모, 무례함을 지적하는 것으로, 동물 및 배변 관련 욕설과 성적인 욕설도 다양하게 쓰였다. 반면 남부 지방의 욕설은 상대의 인간관계를 겨냥해서 어머니의 근친상간과 아버지의 동성애를 들먹이고, 누이는 동물의 자식이며 친척이 죽기를 바란다는 내용이 주를 이루었다. 남부 욕설의 전형적인 예로 '너하고 네 식구 서른여섯 명 다 꺼져버려'가 있었다.

비교적 큰 규모로 이뤄진 판 아우덴호번 연구진의 비교문화 연구에서는 열한 개 유럽 국가와 미국, 캐나다에서 실험 참가자를 모집했다(van Oudenhoven 외, 2008). 실험 참가자들은 무례하게 부딪치고는 사과를 하지 않는 사람에게 뭐라고 말할 것이냐는 질문을 받았다. 그 대답에서 뚜렷한 패턴이 발견되었다. 노르웨이에서는 악마, 크로아티아와 프랑스에서는 생식기, 이탈리아·스페인·그리스에서는 정신이상과 멍청함에 관한 표현이 주를 이루었다. 항문과 관련된 욕설은 독일과 미국에서 특히 두드러졌고, 프랑스와 이탈리아에서도 가장 많이 꼽은 다섯 가지 욕설에 포함되었다. 독일인이 항문 관련 욕설을 선호하는 현상은 청결을 중시하는 독일의 문화를 반영한다고 연구자들은 주장했다. 이들의 추론은 독일의 민간 설화와 속어, 불경스러운 말, 농담, 음악 취향(예를 들어 관악기 소리를 선호하는 성향)이 항문기적 유형을 띤다고 주장해서 논란을 불러일으켰던 민속학자 앨런 던즈의 연구 결과와 일치한다(Dundes, 1984).

문화와 욕설을 주제로 한 또 다른 흥미로운 연구에서도 무례하게 부딪치는 상황을 가정했다. 하지만 이번에는 욕설 대신 욕을 들었을 때 보이는 반응에 주목했다. 도브 코언과 동료 연구자들은 미국 남부 출신 남성과 북부 출신 남성이 다른 사람과 부딪힌 후 '멍청한 자식asshole'이라는 욕을 들었을 때 어떻게 반응하는지를 조사했다(Cohen 외, 1996). 미국 남부에는 자신의 존엄성과 남성성을 모욕한 사람에게 반드시 복수해야 한다는 '체면 문화'가 있으므로, 남부 남성이 북부 남성보다 모욕에 더 분개해서 공격적인 반응을 보일 것이라고 연구자들은 예측했다. 예측대로 남부 출신 남성은 자신의 남성성이 도전받았다고 생각하는 경향이 더 컸으며, 스트레스 호르몬과 테스토스테론이 더 많이 분비되었고(감정적인 동요와 분노에 찬 반격 태세를 나타낸다), 공격적이거나 위압적인 방식으로 반응한 비율이 더 높았다. 이 연구 결과가 보여주듯 문화에 따른 차이는 욕의 종류와 욕을 받아들이는 태도에서도 드러난다.

욕설의 기능 ●●●

사람들은 왜 욕을 하고 악담을 퍼부을까? 여러 가지 답이 가능하지만 먼저 세 가지를 꼽을 수 있다. 첫째, 사람들은 주로 자기 자신을 표현하려고 욕을 한다. 곧 우리가 느끼고 생각하는 것, 예를 들면 스스로를 어떻게 생각하는지를 구어로 표현하느라 욕을 한다. 둘째, 사람들은 의사소통의 한 방법으로 욕을 한다. 혼잣말은 청중을 필요로 하지 않으며 혼잣말의 목표는 그저 자기 생각을 말로 나타내는 것이지만, 의사소통은 다른 사람의 생각에 영향을 미치려는 의도가 있다. 왜 욕을 하는가라는 수수께끼에 대한 세 번째 대답은 바로 자기 규제다. 욕설은 누가 봐도 통제를 벗어난 행동이지만, 사람들은 자기 감정과 행동을 관리하는 한 가지 방법으로 욕을 한다. 욕은 자제력을 잃는 길이라기보다는 스스로를 제어하도록 돕는 방법일 수 있다.

욕설이 표현의 한 방법이라는 생각은 직관적으로도 매우 그럴듯하다. 무의식적인 반사 작용처럼 보이는 욕설은 너무 빠르게 저절로 튀어나오는 것이라서, 다른 사람과 의사소통하고자 의도적으로 하는 말이라고 보기 어렵다. 때때로 사람들은 자기 목소리가 닿는 범위 내에 아무도 없을 때에도 욕을 한다. 종종 욕설은 감정을 토해내서 분노와 불쾌감을 해소하는 긍정적인 기능을 하는 것처럼 보인다. 한 작가는 다음과 같이 썼다. 욕설은 '시원하게 트림을 했을 때와 똑같은 카타르시스를 준다. 감정의 변비로 고생하는 사람들에게 욕설은 마음의 설사약이나 다름없다'(Dooling, 1996, 8쪽).

하지만 상식처럼 보이는 이 모든 설명과 달리, 욕설이 주는 카타르시스에 대한 심리학적 증거는 미약하다. 적대감을 표현하는 행위는 분노를 배출하기보다 지속케 할 확률이 높다(Bushman, 2002). 분노 표현은 분노를 가라앉히기는커녕 부당한 대우를 받았다는 느낌을 지속케 하며, 그러므로 공격적인 행위로 이어지기 쉽다. 사람들은 분노를 유독한 것으로 여겨 마음에 '담아두면' 안 된다고 생각하는 경향이 있지만, 분노는 부채질하면 안 되는 불에 비유하는 것이 더 적합하다. 분노를 배출하기보다 아무것도 하지 않거나 다른 데로 주의를 돌리는 편이 더 낫고, 이는 욕설도 마찬가지다. 욕설은 우리의 분노와 짜증을 표현해주지만 가라앉혀주지는 않는다.

욕설이 효과적인 표현 방법이든 아니든, 효과적인 의사소통 방법인 것은 분명하다. 사람들은 욕을 함으로써 (자기도 모르게 하는 게 아니라 고의로 하는 욕설일 경우에는 특히) 다른 사람에게 영향을 주려 한다. 때때로 욕설은 적의를 전달한다. 이로써 듣는 이는 말하는 이의 감정을 알아차리고, 사과하거나 자리를 피하거나 맞서는 등 경우에 따라 적절히 대응할 수 있다. 욕설은 말하는 이가 전달하는 감정에 강도를 더하고, 적어도 지금은 통제가 되지 않아 공격적인 행동을 할 수 있다는 암시를 보낸다. 분노에 찬 욕설은 고분고분한 반응을 끌어낼 수 있기 때문에, 실제로 그리 화가 나지 않았더라도 고의로 사용될 때가 있다. 이처럼 계산적으로 하는 욕설은 다른 사람을 위협하는 도구로 기능하기 때문에, 폭력배나 불한당의 중요한 레퍼토리다. 이 밖에 욕설은 관심 받고 싶은 욕망을 전달하기도 한다. 사람들은, 특히 어린아이들은 예의 바르게 말해야 한다는 규칙을 위반함으로써 다른 사람의 주목을 끌 수 있다.

의사소통 측면에서 욕설의 또 다른 기능은 바로 욕을 하는 사람이 특정 집단에 속해 있음을 보여주는 것이다. 욕설은 이러한 방식으로 정체성을 공유한다는 소속감을 전달한다. '암묵적 위신' 현상이 그 예로, 남성은 특히 다른 남성과 대화할 때 일부러 말을 거칠게 하는데, 이렇게 하면 불량스럽고 사회적 지위가 낮은 것처럼 보이기 때문이다. 남성들 사이에서 욕설은 반항적이고 길들여지지 않은 남성 집단에 속해 있다는 느낌을 전달한다.

욕설이 감정을 표현하고 정체성을 전달한다는 생각과는 달리, 자기 제어를 위해 욕설을 사용한다는 생각은 좀 미심쩍다. 욕설이 강렬한 감정에 휘말려 충동적으로 내뱉는 것이라거나 다른 사람에게 영향을 미치는 수단이라는 생각은 우리에게 익숙하다. 그러나 한 연구는 욕설이 통증 조절에 관한 한 유용한 자기 규제 기능을 수행한다고 주장했다(Stephens 외, 2009). 이 실험에서 잉글랜드의 대학생들은 차가운 물에 손을 담그고 참을 수 있는 한 손을 빼지 말라는 지시를 받았다(통증 내성을 검사하는 일반적인 방법이다). 이때 한 집단은 자신이 선택한 욕설을 계속 내뱉도록 했고, 대조군은 욕하는 뜻이 없는 중립적 단어를 반복해서 말하도록 했다. 그 결과 욕설을 내뱉은 참가자들은 대조군보다 약 35퍼센트 더 오랜 시간 동안 차가운 물에 손을 담그고 있었을 뿐만 아니라, 심장 박동이 더 빨라졌고 고통은 더 약하게 느꼈다. 연구자들은 욕설이 부정적인(대개는 공격적인) 감정 상태를 유발하며 이로써 투쟁-도피 반응을 촉진한다는 결론을 내렸다. 투쟁-도피 반응이 활성화되면 고통을 더 잘 견딜 수 있을 뿐만 아니라 고통 자체가 무뎌진다. 아직 입증된 바는 없지만, 고통을 겪는 사람은 의도적이든 무의식적으로 학습한 것이든 간에 고통의 강도를 누그러뜨리는 방책으로 욕을 하는지도 모른다.

이 밖에 다른 설명도 가능하다. 전화외설증의 사례에서 드러나듯이 사람들은 성적인 상황에서 단지 상대방을 흥분하게 하거나 충격을 주기 위해서가 아니라 자기 흥분을 고조시키거나 유지하려고 욕설을 하기도 한다. 또한 사람들이 심판에게 욕을 하는 이유는 분노를 표현하거나 적대감을 전달하려는 뜻에서만이 아니라, 가장 즐거운 감정에 속하는 정당한 분노에 불을 붙이고 싶어서일 수도 있다. 길고 지루한 활동을 하는 사람들은 자기 동력과 활기를 북돋우려고 반쯤 고의로 자기 처지에 대해 악담을 퍼부을 수도 있다. 이처럼 욕설은 표현과 의사소통, 자기 관리라는 다양한 기능을 수행한다.

욕설증 ●●●

상스러운 말이 특히 병적인 형태를 띠는 경우가 있다. 투렛 증후군 환자는 '틱'이라는 비자발적인 동작을 반복하는 증상에 시달린다. 얼굴 찡그림, 경련, 눈 깜박임, 손가락 냄새 맡기, 관절 꺾기, 혀 내밀기, 머리 흔들기, 다양한 뒤틀림과 부적절한 신체 동작 등이 운동 틱 증상이다. 돼지처럼 꿀꿀거리는 소리, 개처럼 짖는 소리, 짧은 비명, 방금 들은 소리를 반복해서 따라하는 행위('메아리증') 등이 음성 틱 증상이다. 음성 틱 증상 중 가장 잘 알려진 것은(투렛 증후군 환자 중에서도 극소수에게서만 발견되는 증상이지만) 아마 자기도 모르게 음란한 말을 불쑥 내뱉는 '욕설증'일 것이다. 자기가 흥분하고 듣는 이에게도 충격을 주려고 고의로 음란한 말을 하는 전화외설증과 달리 욕설증은 비자발적이다.

가장 처음 기록된 투렛 증후군 사례에 욕설증이 등장한다. 이 기록에 나온 당피에르 후작부인이라는 젊은 여성은 '매우 기품 있는 태도'를 지녔는데 적절치 않은 때에 느닷없이 '똥 같은 돼지 새끼'라고 외치곤 했다. 1825년 당피에르 후작부인의 사례를 처음 보고한 프랑스 의사 장 이타르(1775~1838)는 결국 후작부인을 치료하지는 못했으나, 본인이 논문으로 보고한 다른 환자들을 돕는 데 선구적인 노력을 했다(Kushner, 1999). 장 이타르가 선호한 치료법에는

닭고기 수프 먹기, 목욕 오래 하기, 생식기에 거머리 붙이기 등이
있었다.

　욕설증coprolalia이라는 이름은 본래 '똥 말'이라는 뜻이지만, 욕
설증으로 내뱉어지는 말이 언제나 배변에 관한 것은 아니고 불
경하고 성적인 말, 동물 이름, 인종 비방 등도 내용에 포함된다.
그 밖에 다채로운 사례가 있는데, 예를 들면 eingeschlagene
schaedeldecke('박살난 두개골'이라는 뜻의 독일어)라는 말을 하는
경우도 있고, 계속해서 '커피를 주시오'라고 외친 한 페루 사람
의 사례도 있다(Van Lancker & Cummings, 1999). 흔하지는 않지
만 투렛 증후군을 앓는 사람들 중에는 성적인 몸짓을 하거나(외설
행동증coropraxia), 외설스러운 것을 쓰거나 그리는 것(외설기록증
coprographia) 같은 음란한 행동을 하는 사람도 있다(Freeman 외,
2009). 또한 불쑥 욕설을 내뱉는 등 사회적으로 부적절하지만 음란
하지는 않은 말을 하는 경우도 있다. 한 연구 결과 투렛 증후군 환
자의 거의 4분의 1이 타인의 몸무게나 지능, 외모, 입 냄새나 몸 냄
새 등에 주목하면서 습관적으로 다른 사람을 모욕하는 것으로 나
타났다. 또한 투렛 증후군 환자의 다수는 다른 사람을 모욕하고
싶은 충동을 느끼기 때문에 이 충동을 억눌러야 한다고 대답했다
(Kurlan 외, 1996). 투렛 증후군의 형태는 다양하지만 이 모든 증상에
는 타인에 대한 공격성이 공통적으로 나타난다.

욕설증 및 관련 증상들은 배변 관련 언사 때문만이 아니라 전반적으로 추잡하지만, 배변 관련 언사는 원초적이고 금기시된다는 속성 덕분에 특히 두드러진 특징이 된다. 이는 후작부인 사례에서도 잘 드러난다. 그 밖에 질 드라 투레트가 직접 기록한 다른 초기 사례들에도 대변 관련 언사가 공통적으로 나타난다. 열두 살이었던 한 소년은 '형편없는 머저리shitty asshole(직역하면 '똥 같은 똥구멍'_옮긴이)'라고 외치곤 했고, 열다섯 살이었던 다른 소년은 투레트가 완곡하게 '캉브론의 말'이라고 기록한 단어를 내뱉었다. 캉브론Cambronne은 나폴레옹 휘하의 장군으로, 워털루 전투에서 영국군에게 항복을 권유받자 '빌어먹을Merde(프랑스어로 '똥'이라는 뜻_옮긴이)!'이라고 외친 것으로 유명하다.

볼프강 아마데우스 모차르트의 사례에도 비슷한 내용이 나타난다. 음악 영재였던 모차르트는 외설 기록자이기도 했다(Simkin, 1992). 모차르트가 쓴 편지에는 배변 관련 용어가 풍부하게 등장한다. 궁둥이, 배

모차르트

변, 똥, 엉덩이, 배설물, 쉬 또는 오줌, 방귀, 똥구멍 순으로 자주 등장하고, 스맥버텀 공작부인(Smackbottom : 엉덩이를 찰싹 때린다는 뜻_옮긴이)과 메이크워터 백작부인(Makewater : 소변을 본다는 뜻_옮긴이), 덩힐 왕자(Dunghill : 똥 무더기라는 뜻_옮긴이)라는 가상의 인물도 나온다. 모차르트는 '똥투성이, 똥 싸기, 엉덩이 핥기'에 대한 천박한 시를 지어 읊거나 흥얼거리는 것을 즐기기도 했다. 이러한 행동이 일부러 심술궂고 유치하게 굴었던 것인지 틱처럼 통제가 불가능한 것이었는지는 알 수 없다.

현대의 연구에서도 여전히 배변 관련 언사가 욕설증의 주를 이룬다는 사실을 증명해준다. 여섯 국가를 대상으로 흔히 나타나는 욕설증 표현을 검토한 결과, 다섯 국가에서 배변 관련 내용이 나타났다(Singer, 1997). 앵글로색슨족 국가에서는 이미 우리에게 익숙한 shit과 ass(hole), piss라는 표현이 나타났고, 덴마크에서는 gylle(동물의 대변)가 등장했으며, 일본에는 '쿠소바바(똥 할멈)'라는 말이 있었다. 욕설증이 있었던 한 청각 장애인이 미국식 수화로 반복해서 shit이라고 '내뱉은' 사례도 있었다(Lang 외, 1993).

욕설증은 심리학적 규명이 절실히 필요해 보인다. 욕설증에는 분명 심리적 의미가 있기 때문이다. 투렛 증후군 환자들은 악의 없는 말이나 이런저런 말을 아무렇게나 내뱉지 않는다. 때로는 마치 특정한 사회적 상황에서 최대한 불쾌감을 유발하려고 일부러 머리를 굴려서 해로운 말을 하는 것처럼 보이기도 한다. 예를 들어 한 환자는 지역 주민들을 일상적으로 순시하던 경찰이 집에 찾아오자 거짓으로 살인을 자백했는데, 그 밖에 다른 상황에서도 '그 시점에 가장 부적절한 말을 하고 싶다는 충동'이 인다고 말했다(Kurlan 외, 1996). 또한 욕설증은 충동과 자기 제어 사이의 끝없는 전투라는 심리적 갈등을 극적으로 보여준다는 점에서도 의미가 있다. 투렛 증후군을 앓는 사람들은 음란한 말을 하지 않고 싶어 하며, 음란한 말을 했을 때 수치심을 느끼고 당황한다. 그래서 천박한 말이 나오지 않도록 억누르거나 감추려고 열심히 애쓴다. 한 환자는 음란한 말을 내뱉자마자 '다른 사람이 듣기 전에 그 말을 붙잡아놓으려고' 손을 뻗기도 했다(Jankovic, 2007). 어떤 환자들은 입에서 나오는 소리를 바꾸거나, 낮은 소리로 웅얼거리거나, 심지어 입만 달싹이는 식으로 음성 틱을 감추기도 한다('정신적 욕설증').

초기 연구자들은 투렛 증후군의 심리적 원인에 대해서 다양한 설명을 내놓았다. 지그문트 프로이트는 '경련성 틱'이 히스테리 현상과 밀접한 관련이 있다고 주장했다. 히스테리는 프로이트의 새로운 정신분석 요법을 검증하는 시험대 역할을 했던 증상이다. 프로이트의 히스테리 환자 중 한 명이었던 에미 폰 N. 부인은 '딱딱거리는' 소리를 내고 얼굴을 찡그리는 틱 증상으로 고생했다. 헝가리의 정신분석가인 샨도르 페렌치는 자위를 하고 싶은 충동을 억눌렀기 때문에 틱이 발생한다고 주장했다. '느닷없이 튀어나오는 악담'은 성적 욕망의 상징적 표현이라는 것이다. 틱을 성적 충동의 표출로 본 초기 이론과 역설적인 반전을 이루는 설명이다(Kushner, 1999).

최근 이론가들은 욕설증 같은 복합적 틱 증상이 강박장애에서 나타나는 충동과 같은 것이라고 여긴다. 강박장애의 심리적 측면은 이미 잘 알려져 있다. 이론상 강박장애에서 나타나는 충동은 틱보다 자발적이긴 하지만(강박장애 환자는 강한 내적 압력 때문에 고의로 강박 행동을 하는 것이므로 자기도 모르게 비자발적인 행동을 하는 것은 아니다), 실제로는 둘 사이의 경계가 모호하다. 투렛 증후군과 강박장애는 같이 발생하는 경우가 흔하다. 두 질환이 동일한 정신질환 선상에 있다는 견해가 점점 힘을 얻고 있다.

투렛 증후군 전반, 그중에서도 특히 욕설증에 심리적 의미가 있다는 사실은 좀처럼 부정할 수 없지만, 생물학적 원인이 있다는 증거 또한 매우 강력하다. 투렛 증후군에는 매우 강력한 유전 요인이 있다. 일란성 쌍둥이 중 한 명에게 투렛 증후군이 있으면 89퍼센트 확률로 다른 한 명에게도 투렛 증후군이 발생하며, 투렛 증후군보다 증상이 덜한 '만성 복합 틱장애'까지 범위를 넓히면 확률은 100퍼센트에 이른다(Singer, 2000). 일산화탄소 중독이나 뇌의 연쇄구균 감염, 말벌에 쏘인 경우 등 오롯이 신경학적인 원인에서 투렛 증후군이 발생할 수도 있다. 이와 유사하게 욕설증은 투렛 증후군 뿐만 아니라 전두측두엽(이마관자엽) 치매나 뇌염, 뇌졸중같이 신경학적 원인이 분명히 존재하는 병의 증상으로도 관찰된다.

신경과학 연구를 통해 투렛 증후군이 바닥핵과 꼬리핵, 전두엽 피질 같은 뇌 부위의 해부학적·생리학적 이상과 관련 있다는 사실이 점점 분명해지고 있다(Jankovic, 2007). 틱 증상에 대해서도 의학적 치료, 특히 여러 종류의 항정신병 약물과 항우울제, 안정제가 효과를 보이고 있다. 이처럼 생물학적 원인이 있다는 증거가 많지만, 투렛 증후군은 특정한 경험에 대한 반응으로 나타나기도 한다. 예를 들어 사우디아라비아의 한 소녀는 어두운 화장실에서 바퀴벌레 무리를 보고 심하게 놀란 직후 욕설증과 얼굴 근육이 경련하는 틱, 강박적으로 침을 뱉는 증상이 생겼다(el-Assra, 1987).

욕설증에 풍부한 심리학적 의미가 있다는 사실과 욕설증이 주로 유전적·신경학적 이상의 결과라는 증거를 어떻게 모순 없이 연결할 수 있을까? 가장 그럴듯한 설명은 투렛 증후군이 충동 조절 및 억제 기능의 결함에 따른 장애라는 것이다. 투렛 증후군과 관계있는 뇌 부위와 신경생리 체계는 무분별하고 위험한 행동, 또는 사회적으로 부적절한 행동을 억제하는 기능을 한다. 음란한 말을 내뱉는다거나 이상한 동작을 차단하지 못하는 증상은 행동 억제 능력의 결핍을 보여주며, 투렛 증후군의 다른 증상들도 그러하다. 투렛 증후군 환자들은 주의 집중도 잘 하지 못해서, 주의력 결핍 과다행동 장애(ADHD) 진단을 받는 경우도 흔하다. 때로는 부적절한 성적 행동을 하거나 분노를 통제하지 못해 곤란을 겪기도 하고, 폭력이나 자해 행위를 저지르기도 한다. 이 모든 현상은 전반적으로 행동을 억제할 능력이 없음을 보여준다.

그러므로 욕설증은 모욕적인 행동이나 말을 하려는 충동을 억제하지 못하는 신경학적 문제 때문에 발생한다는 설명이 가장 타당한 듯하다. 무엇이 모욕적인 행동이며 무엇을 억제해야 하는가는 사람의 심리와 문화에 따라 달라진다. 이러한 이유로 욕설증 환자가 내뱉은 말에는 변에 관한 것이든 성적인 것이든 간에 언제나 금기시되는 내용이 들어 있으며, 특정 문화에서 특히 모욕적인 것으로 여겨지는 생각이나 표현이 두드러지게 나타난다. 노인을 공경하는 일본에서 '똥 할멈'이라는 말이 나온 것처럼 말이다. 결과적으로 욕설증은 심리학적 원인에서 발병하지 않는다 할지라도 흥미로운 심리학적 사실들을 보여준다. 투렛 증후군 환자가 더러운 말을 하려는 충동을 억제하지 못하는 것은 내적 갈등이나 타인을 모욕하고 싶은 변태적인 욕망 때문이 아니라, 뇌에서 발생한 브레이크 고장 때문이다. 보통 사람들처럼 투렛 증후군 환자들도 자신의 충동과 나쁜 행동을 하고 싶지 않은 마음 사이에서 갈등한다. 하지만 충동과 억제력이 균형을 잃은 상태이기 때문에 그러한 갈등이 눈에 보이는(소리로 들리는) 행동으로 드러나는 것이다.

투렛 증후군은 주로 생물학적 원인에서 발생하지만 심리 치료도 좋은 효과를 낸다. 효과가 좋다고 알려진 몇 가지 행동 요법이 있다. 일부러 틱 행동을 반복 실행하는 방법이 그 한 가지다. 그리고 습관 역전 훈련은 환자가 거울 앞에서 틱 행동을 재현함으로써 틱 증상에 대한 자각을 높이고, 증상이 나타날 가능성이 특히 높은 상황을 파악해서 틱 행동을 대신할 수 있는 행동을 수행하도록 훈련하는 방법이다(Jankovic, 2007). 그렇다면 역설적으로 욕설증 환자는 악담을 더 많이 퍼붓는 것이 나을 수 있다. 더 의도적이고, 성실하고, 사려 깊은 방식으로 말이다.

식분증 ●●●

욕설증은 변 자체와 직접적 관련은 없다. 투렛 증후군 환자가 변에 관한 말만 내뱉는 것도 아니고, 그런 말을 내뱉더라도 그 말은 상징적 금기어일 뿐이다. 하지만 식분증coprophagia('똥 먹기'라는 뜻이다)은 말 그대로 똥과 직결된다. 식분증은 전혀 비유적이지 않은 뜻에서 '변기에 빠진 입'이다. 비록 어느 작가는 누가 봐도 아무 문제가 없는 '읽기' 행위와 식분증 사이에 은유적인 관계를 찾아냈지만 말이다(Strachey, 1930).

변을 먹는 행위는 본능을 완전히 거스르는 일처럼 보이기 때문에 거의 일어나지 않을 것 같지만, 놀랍게도 흔히 발생한다. 물론 우연히 실수로 먹게 되는 일도 있는데, 이는 미국 남부에서 주로 발생하는 십이지장충 같은 기생충 감염의 주요 원인이다. 어쩌면 미국 남부의 십이지장충 감염 때문에 가난한 백인을 오물에 비유하는 '가난한 백인 쓰레기poor white trash'라는 말이 생겼을 수도 있다(Wray, 2006). 하지만 고의로 변을 먹는 경우도 있다. 로진과 팰런은 인간이 선천적으로 변을 싫어하는 것은 아니며, 유아기에 변에 대한 혐오감을 습득할 뿐임을 보여주었다(Rozin & Fallon, 1987). 예를 들어 세 살 미만 아이들은 대변 냄새에 긍정적으로 반응하며, 두 살 난 아이들 대부분은 접시에 담긴 가짜 개똥(냄새 나는 치즈와 땅콩버터로 정교하게 제작했다)을 보자 그 개똥을 입에 넣었다(Rozin 외, 1986).

인간이 아닌 동물들은 흔히 대변을 먹는 성향을 보인다. 쇠똥구리 같은 많은 곤충이 다른 생물의 똥을 식재료로 활용한다. 토끼와 설치류는 영양상의 이유로 똥을 먹는데, 이를 통해 복합 탄수화물을 완전히 소화할 수 있게 된다. 보고된 바에 따르면 코끼리는 새끼에게 자기 똥을 먹이는데, 이는 새끼가 소화에 필요한 장내 세균을 확보하도록 하려는 것이다. 진화 계통상 우리와 가까운 사촌이라고 할 수 있는 보노보(피그미침팬지라고도 한다)는 자기 똥을 자세히 관찰하고 나서 먹는데, 아마 웬만해서는 부서지지 않는 딱딱한 씨앗들이 소화기관을 통과하면서 부드러워지기 때문일 것이다(Sakamaki, 2010). 우리에 갇힌 동물들이 똥을 먹는 것은 스트레스와 지루함, 영양분이나 섬유질 부족의 표시일 수도 있기 때문에 축산 농민, 수의

보노보

사, 동물원 사육사들은 이러한 행위가 되도록 나타나지 않게 만들려고 한다.

　사람의 경우 이식증의 일종으로 식분증이 생기기도 한다. 이식증은 음식이 아닌 것들을 먹는 증상으로 주로 어린 시절에 나타난다. 이식증에 걸리면 대변뿐만 아니라 페인트나 머리카락, 종이, 흙 등 주변에서 흔히 볼 수 있는 물질을 먹는다. 이식증이 있는 어린아이나 지적 장애인은 기회만 생기면 무차별적으로 쓰레기를 뒤져, 삼킬 수 있을 만큼 작은 것이라면 무엇이든 먹는다. 말할 필요도 없이 이러한 행동은 전염병, 기생충 감염, 장폐색(창자막힘) 같은 심각한 건강상의 문제를 야기할 수 있으며, 납으로 된 페인트 조각을 먹으면 중독될 우려가 있다. 흥미롭게도, 지적 장애인에게서 나

타나는 이식증은 가족 구성원과의 교감이나 조력자가 없는 것과 밀접한 관련이 있는 것으로 보인다(Ashworth 외, 2009). 이식증 환자가 갈구하는 것은 사실 사랑이라는 추론은 너무 지나친 것일까?

이식증은 간혹 지적 장애가 없는 성인에게도 나타나며, 이 경우에는 강박성이 있고, 특정한 물건에만 한정된다는 특징이 있다. 환자는 특정한 종류의 물질을 먹고 싶어 하는 갈망에 압도된다. 신경성 식욕부진(거식증)에 걸린 젊은 여성의 사례가 이를 잘 보여준다. 이 여성은 강박적으로 화장실 휴지를 먹었다(Yalug 외, 2007). 화장실 휴지를 먹는 행위는 거식증을 유지하는 데 중요한 역할을 했을 수 있고, 어쩌면 아예 그 행위가 거식증을 유발했을 수도 있다. 삼킨 휴지가 열량 섭취 없이 포만감을 느끼게 해주었을 테니 말이다. 에티오피아의 열일곱 살 여성은 집 정면의 진흙 벽을 강박적으로 먹곤 했다. 치료를 받으러 갔을 때 그녀는 8제곱미터에 이르는 벽을 다 먹고 심각한 복부 팽창과 변비, 복부 통증으로 고생하고 있었다(Baheretibeb 외, 2008). 이 여성은 집을 나설 때마다 진흙을 먹는 모습과 생각이 자꾸 떠올라 괴로워하다가 집에 돌아오면 '탐욕스럽게' 벽에 달려들곤 했다. 두 사례는 경우에 따라 이식증이 강박장애와 가까운 것일 수 있음을 보여준다.

이식증에서 다시 식분증으로 돌아오면, 한 가지 행동에도 다양한 이유가 있음을 알 수 있다. 식분증은 지적 장애가 있는 어린이와 성인에게 가장 흔하게 나타나지만, 이 집단 내에서도 그 계기는 다양하다. 가끔은, 특히 식분증이 '항문에 손가락 넣기'나 '똥 문지르기'처럼 난감한 버릇을 동반한 경우에는 원인을 식별하기 어렵다. 하지만 그 밖의 경우에 식분증의 원인이 되는 것은 관심 받고 싶은 마음일 것이다. 보통 대변을 먹으면 보호자가 온몸으로 상냥한 관심을 보여주기 때문이다(Beck & Frohberg, 2005; Schroeder, 1989). 또 다른 사례를 살펴보자. 심각한 발달장애가 있었던 한 남성은 자기 대변의 냄새와 맛을 좋아하는 것처럼 보였으며, 자극을 느끼려고 대변을 먹었다(Baker 외, 2005). 심리 치료사들은 식사 메뉴에 카레를 추가하거나, 끼니 사이에 알싸하고 자극적인 간식을 추가하는 등 단순히 남성의 식단에 자극적인 맛을 더함으로써 대변 먹는 습관을 없앨 수 있었다. 그의 불미스러운 습관은 불미스러운 식단에 대한 반응이었던 것으로 보인다.

식분증은 치매에 걸린 노인에게서 나타나기도 한다. 뇌가 광범위하게 손상되어 정상적인 억제력이 사라진 경우다. 치매 노인의 식분증은 변실금을 감추기 위해서(Ghaziuddin & McDonald, 1985), 또는 유아기의 구강 습관으로 퇴행했기 때문에(Arieti, 1944) 발생한다는 주장이 있다. 후자의 경우를 보면, 치매 노인에게서 나타나는 식분증은 대변에 대한 혐오감을 아직 배우지 못한 어린아이의 행동, 또는 그러한 혐오감을 배우는 데 실패한 지적 장애인의 행동

과 유사하다. 원인이 무엇이든 간에 대변을 먹는 행위는 노인에게
질식 같은 치명적으로 위험한 결과를 야기할 수 있고(Byard, 2001),
인생 말년에 인간의 존엄성을 너무나도 비극적으로 훼손하는 일
이다.

자주 있는 일은 아니지만 정신병적인 망상이나 환영, 환청에 대
한 반응으로 대변을 먹는 경우도 있다. 식분증은 대변을 먹으라
고 명령하는 목소리에 순종하거나(Chaturvedi, 1988), 망상적인 믿
음 때문에 발생할 수 있다. 예를 들어 정신병이 있었던 한 여성 노
인은 자기 대변을 먹고 소변을 마셨는데, 이렇게 함으로써 활력을
얻을 수 있으리라고 믿었기 때문이다. 또한 이 여성은 나무에 자기
생명을 불어넣으려는 목적으로 구멍을 내고 자기 소변과 레몬 시
럽, 과일을 섞어 들이부었다(McGee & Gutheil, 1989). 망상이 있었던
다른 남성은 신체 배설물과 귀지나 콧물 같은 분비물을 보존해야
한다는 신념 때문에 변을 먹었다(Razali, 1998). 정신적인 문제에서
비롯된 식분증은 보통 항정신병 약물로 치료할 수 있지만(Harada
외, 2006), 이 남성의 경우 항정신병 약물도 듣지 않았다.

대변을 먹으라고 명령하는 환영도 공포스럽지만 엄격한 아버지
의 훈육도 무섭다. 식분증이 강박 현상임을 보여주는 사례에 해당
하는 열세 살 난 소년은 여덟 살 때 아버지에게서 똥을 먹으라는 벌
을 받았다. 엄마가 세상을 떠나자 이 소년은 계속 똥을 먹어야 한

다는, 죄책감에 휩싸인 매우 강력한 충동을 느꼈다. 청소년기에 접어들면서 소년은 잘못을 저지를 때마다 똥을 먹어야 한다는 강박을 느꼈고, 똥을 먹는 행동이 불안을 잠재워 준다는 사실을 발견했다. 자기 처벌적인 반응으로서 악화 일로를 걸은 듯 보이는 소년의 식분증은 심지어 죄책감을 느낄 이유가 없는 상황에서도 나타났다. 이러한 소년의 행동은 행동 요법을 통해 불안을 잠재우고, 대변을 먹어야 한다는 강박에 저항력을 키우자 사라졌다(Zeitlin & Polivy, 1995). 한 벨기에 여성의 사례에서도 식분증의 강박적인 특징을 찾아볼 수 있다. 이 여성은 '결벽증적인 청결'을 추구해서 자기 집에 있는 변기를 더럽히는 것조차 두려워했고, 결국 자기 자신과 주변을 더럽히지 않으려는 노력의 일환으로 대변을 먹거나 감추게 되었다(Leroy, 1929). 이와 비슷한 사례로 한 미국인 군인은 자기 똥을 먹어야 한다는 강박 충동이 있었는데, 자신이 대변을 공략하기 전에 병동 간호사가 변기 물을 내려버리자 진정제를 요구하기까지 했다. 이러한 증상을 빼면 그는 매우 절도 있게 행동했고 외모도 깔끔했다. 하지만 깔끔한 겉모습과는 달리 속옷을 잘 갈아입지 않았다(Kessler & Poucher, 1945).

한 임상 연구 논문에는 성적 페티시로 식분증이 발생한 흥미로운 사례가 실려 있다. 일부 성도착증이 대변 먹는 행동을 보이긴 하지만, 우울증과 알코올의존증이 있던 이 중년 기혼 경찰관은 자위행위를 할 때 대변을 먹었다(Wise & Goldberg, 1995). 이 남성의 식분증은 항우울제 처방과 심리 치료를 통해 우울증과 알코올의존증을 치료하자 사라졌다.

마지막으로, 정신적 문제가 있는 척하려고 대변을 먹는 경우도 있다. 사람들은 도움을 요청하거나 처벌을 피하고자 하는 등 다양한 이유에서 꾀병을 부리는데, 정신질환이 있는 척 꾀병을 부릴 때도 있다. 안타깝게도 꾀병을 부리는 사람 대부분은 정신질환을 잘 알지 못해서 연기에 현실성이 떨어진다. 미국 캘리포니아에서 관련 사례를 찾아 볼 수 있는데, 캘리포니아에는 범죄를 세 번 저지르면 바로 수감되는 '삼진아웃제' 법이 있고 이 법에 걸릴 경우 최소 형량이 매우 길다. 그런데 캘리포니아에서 세 번째로 유죄 판결을 받은 형사 피고인들에게 흔치 않은 정신질환 증상이 집단적으로 발생한 것이다(Jaffe & Sharma, 1998). 몇몇 피고인은 작은 초록색 남자가 보인다고 말했고, 한 명은 매우 극적인 방식을 취해 대변을 며칠 동안 쌓아두고 먹었다. 어떤 사람들은 기이한 환영과 역겨운 행동이 정신질환의 본질이라고 생각하지만, 사실 그 두 가지는 드물게 나타나는 편이다. 캘리포니아의 사례는 꾀병을 부리는 사람들이 정신질환자들을 실제보다 더 기이하고 비정상적인 사람으로 본다는 사실을 잘 보여준다. 불편한 진실은, 사람들이 생각하는 것만큼 비정상과 정상이 크게 다르지 않다는 것이다.

결론 ●●●

식분증의 다양한 사례들은 단순해 보이는 한 가지 행동이 사실은 얼마나 복잡한 것인지를 보여준다. 변을 먹는 행동은 다양한 기능을 수행하고, 여러 가지 장애를 드러내며, 많은 생각과 소망을 표현한다. 변을 먹는 행위는 대인 관계의 결핍을 벌충하려는 행동일 수도 있고, 뭐든지 입에 넣어보는 유아 상태로 퇴행한 것일 수도 있고, 미각적 즐거움을 추구한 데서 기인한 것일 수도 있고, 억제력이 부족하다는 표시일 수도 있고, 상상 속의 권위 있는 인물에 대한 복종 행위일 수도 있고, 속죄일 수도 있고, 깨끗해지려는 절박한 시도일 수도 있고, 성적 흥분제일 수도 있고, 정신질환의 상징일 수도 있다. 식분증은 혐오감과 수치심, 두려움, 슬픔, 공포, 불안, 죄책감, 즐거움 등 여러 가지 감정의 팔레트로 그려진다. 의미가 오직 하나뿐인 행동은 어디에도 없지만, 분명 식분증은 그중에서도 가장 다양한 의미를 지닐 것이다.

7장
화장실의 낙서

글은 인류의 가장 훌륭한 발명품이며, 너무 훌륭해서 종이나 컴퓨터 화면에만 갇혀 있을 수 없다. 사람들은 수천 년 동안 공공장소나 다른 사람의 소유지에 글을 써왔다. 이들이 남긴 글은 '작은 긁적임'을 뜻하는 '그라피티graffiti'라는 이름을 얻었다. 글쓰기의 장르 중 하나인 그라피티에 대해서는 갑론을박이 분분하다. 어떤 사람들은 그라피티를 예술적 표현의 한 형태로 보고 가치 있게 여기지만, 다른 사람들은 그저 반달리즘, 곧 공공 기물을 파손하는 행위로 여기기 때문이다. 어떤 그라피티는 화려한 갤러리에서 새틴을 두른 벽에 걸려 있고, 어떤 그라피티는 도심 속 빌딩 벽에 그려져 있다가 공공 근로자들의 손에 지워지기도 한다.

여행자 그라피티

　연구자들은 그라피티를 간과하지 않았다. 학자들은 지난 세기의
사람들이 매일의 일상을 표현한 그라피티를 기록하고 서술하고 이
해하려 노력했으며, 간단한 분류 기준도 만들었다. 부적절한 곳에
있는 낙서 대부분은 여행자 그라피티, 도심 그라피티, 화장실 그라
피티로 분류할 수 있다(Anderson & Verplanck, 1983). 여행자 그라피
티는 그 장소를 잠시 들른 방문자가 바위와 나무, 역사적인 건축물
에 끄적인 것으로, 주로 자기 이름이나 방문한 날짜, 단순한 사랑
표현으로 이뤄져 있다. 로마 군인들도 이집트를 점령했을 때 피라
미드에 낙서를 남겼고, 고대의 자취가 남아 있는 팔레스타인의 유
명 휴양지에도 '킬로이 다녀가다' 같은 낙서들이 그리스어와 라틴

브루클린에 있는 도심 그라피티

어로 바위에 새겨져 있다. 도심 그라피티는 더 정교하다. 어떤 형상과 그것을 그린 사람의 이름, 정체성을 담은 문장이 페인트로 건물 벽에 그려져 있으며, 종종 영토권을 주장하기도 한다.

화장실 그라피티는 화장실 벽에 있는 낙서다(한 학자는 화장실 낙서에 '라트리날리아latrinalia'라는 이름을 붙이기도 했다). 화장실 그라피티는 사적인 성격과 공적인 성격이 섞여 있는 흔치 않은 상황에서 발생한다. 그라피티는 어느 정도 비밀이 보장되어야 남길 수 있는데, 화장실 칸은 다른 그라피티가 있는 공간보다 더 사적이기 때문에 낙서하는 사람이 생각할 시간과 여유를 더 많이 가질 수 있다. 걸

화장실 그라피티

쇠를 잘 잠그기만 하면 낙서하는 도중에 다른 사람에게 들킬 확률
은 거의 없다. 또한 어떤 면에서 공중화장실은 다른 공공장소보다
더 공적이기 때문에 화장실 칸에 들어온 사람은 어쩔 수 없이 그라
피티 작가와 의사소통하는 관객이 될 수밖에 없다. 반면 가정의 화
장실은 이런 기회를 제공하지 않는다. 가정의 화장실에 그라피티
를 남긴 사례 중 유일하게 기록된 것은, 한 여성이 상담사에게 뭔
가 기이한 행동을 통해서라도 결혼 생활을 뒤흔들어 보라는 충고
를 받고 화장실 거울에 립스틱으로 '고래를 구하자!'라고 쓴 것이
었다. 이 여성의 남편은 그녀의 유머를 높게 평가했지만 예고 없
이 집을 방문한 시어머니와 아주머니는 그러지 않았다(Watson 외,

1992).

화장실 그라피티는 두 가지 중요한 맥락의 영향을 받는다. 첫째, 금기시되는 행위와 관계된 장소에서 발생하며, 둘째, 주로 성별이 분리된 장소에서 발생한다. 화장실에 있는 사람은 배설물과 관계 있는 생각이나 심상을 떠올릴 확률이 특히 높으므로, 여행지나 도심의 길가보다 화장실 벽에 지저분한 낙서가 더 많은 것은 그리 놀라운 일이 아니다. 성별도 매우 중요하다. 남성이나 여성이나 공중화장실에 들어갈 때는 자기 성별을 상기하며, 자신이 화장실 벽에 남긴 낙서를 이성이 읽지 않을 것이라는, 꽤 합리적인 확신을 한다. 결과적으로 우리는 화장실 낙서에 남녀의 사고방식 차이와 선입견의 차이가 분명히 나타날 것이며, 이들이 서로에 대해 품고 있는 생각이 검열되지 않은 채 기록되어 있을 것이라고 기대할 수 있다.

이번 장에서는 화장실 낙서의 여러 흥미로운 차원을 탐험하면서 겉보기에 하찮아 보이는 이 주제에 관한, 놀라울 정도로 풍부한 심리학적 연구 결과와 이론을 알아볼 것이다. 먼저 화장실 낙서의 역사를 살펴보고, 화장실 낙서의 전형적인 주제와 다양한 형태를 훑어보면서 화장실 낙서를 어떻게 분류할 수 있는지 알아본다. 그다음 젠더와 연령, 역사, 문화, 성격 등 화장실 그라피티가 표현되는 방식에 영향을 미치는 여러 요소들을 짚어볼 것이다. 마지막으로 사람들은 왜 화장실에 낙서를 하는지, 그리고 화장실 낙서는 왜 그러한 형태로 표현되는지, 심리학자들이 제시한 여러 이론을 살펴볼 것이다.

화장실 낙서의 역사 ●●●

그라피티의 길고 하찮것없는 역사는 최소한 고대 그리스까지 거슬러 올라간다. 서기전 6세기, 고대 그리스인들은 아테네 아고라에 있는 건물에 자기 이름과 일상 묘사, 알파벳, 때로는 성적 모욕을

그리스 네메아에 위치한 고대 경기장에 있는 그라피티

끄적였다(Lang, 1988). 폼페이의 주민들도 벽에 수많은 낙서를 남겼다. 그중 많은 것이 외설적인 내용을 담고 있지만, 이 음란한 낙서들이 옥외 변소에만 있었다는 증거는 별로 없다. 적어도 마르티알리스Martialis(서기 38년경~103년경)라는 작가가 살았던 시대에는 화장실 낙서가 로마 생활 문화의 한 특성이었던 것이 분명하다. 서기 101년 무렵 마르티알리스는 자기가 오직 화장실 벽에만 시를 쓴다고 말하면서 명성을 추구하는 동료 시인들을 꾸짖었다.

만약 시로 이름을 떨치고 싶다면, 내 조언을 듣게. 어두운 굴에서 글을 쓰는 술주정뱅이 시인이 되게나. 거친 목탄과 부서진 분필로 시를 쓰게. 사람들이 긴장을 풀 때 읽을 수 있도록.

18세기 초 잉글랜드에 살았던 헐로 스럼보Hurlo Thrumbo가 술집에서 찾아낸 낙서를 모아 엮은 책에서 오래된 낙서의 가장 훌륭한 사례들을 찾을 수 있다. 그의 책 《즐거운 생각: 유리창과 화장실 문집The merry-thought: or, the glass-window and bog-house miscellany》

《즐거운 생각》

(1731)에 수록된 낙서들은 주로 창문과 유리컵에 쓰여 있던 것이지만, 어떤 것들은 공중화장실 또는 '옥외 변소'에 있었다. 이 책에 실린 화장실 낙서 대부분은 시의 형태를 취해 배설이라는 주제를 해학적으로 표현했는데, 개중에는 온건한 사회 비판도 섞여 있다. 낙서를 하는 행위 자체에 대해 쓴 글도 있다.

전장에서 싸우는 그 어떤 영웅도
똥을 누려고 안간힘을 쓰는 남자만큼 맹렬하지 않다네

똥덩어리의 냄새가 재치를 만든다면
찬양하라, 똥덩어리를 먹으면 무슨 일이 생길까

하느님 맙소사! 그 누가 알았을까?
이렇게 고귀한 자들도 구린내를 풍긴다는 걸
〔'상류층의 변소'에서〕

옛날 옛적 재치 많은 음유 시인이 이렇게 노래했지
책 읽는 사람은 얼마 없지만 똥은 모두가 싼다고
하지만 이제는 상황이 바뀌었다네
변소에 오는 모두가 글을 쓰니까

학계가 그라피티에 관심을 쏟기 시작한 지는 얼마 되지 않았다. 하지만 20세기 초 잘 알려지지 않은 오스트리아 학술지 《안트로포퓌테이아Anthropophyteia》에 민속학자들이 그라피티를 기록하기 시작했다. 《안트로포퓌테이아》는 1913년 음란한 내용을 담았다는 이유로 사법적 단속의 대상이 되었고, 지그문트 프로이트의 지지 성명도 무색하게 결국 폐간되고 말았다. 학자들은 '변소 명문銘文, pissoirinschriften', '배변의 명문skatologische inschriften'이라는 명목으로 역사 기록을 뒤지고 당대의 화장실 낙서를 찾아다니며 기록했는데, 예를 들어 라이스켈은 라틴어, 프랑스어, 독일어로 된 낙서를 찾아 《안트로포퓌테이아》에 실었다. 이중 어떤 것은 조잡하고 비하적이지만 어떤 것은 재치 있고 시적이며 철학적이기까지 하다(Reiskel, 1906).

딱딱한 똥도 싸고, 무른 똥도 싼다
하지만 신의 이름으로, 변기에 싼다

여기 잔해가 되어 떨어지네
그 모든 명품 요리들이

사랑은 맹렬하게 타오르는 불

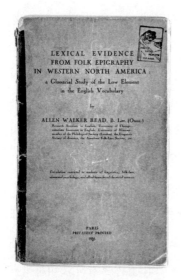

앨런 워커 리드가 엮은 《북아메리카 서부 민속 서
사가 남긴 언어 발자국》

하지만 똥을 싸고 싶은 욕망은
그보다 더하다네

이 고독한 장소에
사람들은 똥을 싸러 온다
입은 반드시 다물어야 하고
궁둥이는 반드시 열어야 한다네

《안트로포퓌테이아》가 폐간
된 후 화장실 낙서 연구는 사그
라졌다. 하지만 주목할 만한 예
외가 하나 있었으니, 바로 미국
의 민속학자 앨런 워커 리드Allen
Walker Read(1906~2002)가 1935년에 출간한 모음서다. 이 지칠 줄 모르
는 학자는 미국 서부에서 그라피티를 모아 파리에서 출간했다. 미
국에서는 음란하다는 이유로 사법 처분을 받으리라는 것을 알았기
때문이다(Read, 1935). 하지만 이 척박한 세월을 뒤로 하고, 화장실
그라피티 연구는 곧 (변기의) 수면 위로 떠오르게 된다.

화장실 낙서의 내용 ●●●

1960년대와 1970년대, 1980년대에 저속한 대중문화와 반체제적 학문에 대한 학계의 관심이 점점 커지면서 화장실 낙서 연구는 부흥기를 맞이했다. 민속학을 비롯한 인문학 연구자들이 그라피티를 수집하고 그 의미를 해석했다면, 심리학자들은 그라피티의 수를 세고 통계 분석을 해서 남성과 여성, 어른과 어린이, 진보와 보수, 미국인과 타국인 등 서로 다른 집단에서 나타나는 그라피티의 차이를 연구했다. 이들 연구에서 가장 기본적인 일은 색인 카드 무더기와 공공시설에서 수집한 이미지 수백만 메가바이트를 분류해나가는 것이다.

화장실 낙서를 분류하는 작업은 전혀 단순하지 않다. 엄청나게 다양하기 때문이다. 한 연구진은 '정치, 유머, 단순한 대답, 성적인 것, 인종, 일반적인 험담, 음악, 종교, 대학생 사교 클럽(남학생 클럽과 여학생 클럽), 마약, 스포츠, 핵 문제, 철학, 그 밖에 잡다한 것'으로 이뤄진 열네 개 범주를 세웠다(Anderson & Verplanck, 1983). 하지만 이렇게 분류 기준을 만들어도 그 사이로 미끄러져 나가거나 선뜻 어떤 범주에 속한다고 결정할 수 없는 것들이 있다. 연구진은 'Fuck LBJ'●라는 낙서를 분류하는 데 어려움을 겪었다. 이 낙서는 정치적인 것인가? 험담인가? 아니면 성적인 것인가? 이처럼 낙서를 분류하는 일은 쉽지 않지만, 자주 등장하는 몇 가지 주제를 여기서 짚고 넘어가자.

성적인 것

남자 화장실에 있는 낙서의 상당 부분은 '찻집 거래tea-room trade'**를 하자는 유혹을 담고 있다(Abel & Buckley, 1977). 많은 연구자들이 이러한 종류의 그라피티를 상당히 많이 발견했는데, 주로 생식기의 특징과 본인이 바라는 성행위 및 원하는 시간과 장소가 쓰여 있다(Innala & Ernulf, 1992). 이 밖에 다른 종류의 성적인 낙서도 있다. 주로 자위행위를 옹호하거나 이성과 섹스할 기회를 홍보하는 내용인데, 고대의 낙서와 유일하게 다른 점은 '물가'가 상승했다는 점뿐이다.

> 섹스는 브리지와 같다—좋은 손이 있다면 상대가 필요 없다
>
> (Bruner & Kelso, 1980)

- 미국의 서른여섯 번째 대통령인 린든 B. 존슨Lyndon B. Johnson을 욕하는 말이다.
- ● tearoom(찻집)은 동성 섹스를 하는 화장실을 의미하기도 한다.

음담패설을 쓴 화장실 낙서

매리언 25$

(로스앤젤레스, 1965)

동전 두 닢이면 나는 당신의 것이에요

(폼페이, 79)

사랑과 인간관계

많은 화장실 낙서가 낭만적인 내용을 담고 있다. 주로 친밀한 관계를 단순하고 평범한 방식으로 선언하는 내용이다. 사랑을 갈구하거나 연인 관계에서 발생한 문제를 고백한 것들도 있는데, 그중 어떤 경우는 절실히 조언이 필요한 것처럼 보인다.

처키와 데비, 1973년, 1974년, …?

(Gonos 외, 1976)

난 두 남자를 사랑하고 그 둘도 날 사랑해. 사랑을 나누는 건 *너무 좋지만* 두 명을 동시에 만나기는 힘들어. 어떻게 해야 해?

(Bruner & Kelso, 1980)

모욕과 적의

사랑과 열망을 표현한 낙서가 있듯이, 그 반대를 표현한 낙서도 있다. 이런 낙서는 특정한 개인이나 집단으로서의 여성, 인종, 신념체계, 경쟁 기관의 구성원, 성소수자를 모욕하고 멸시한다.

똥밖에 든 게 없는 새끼

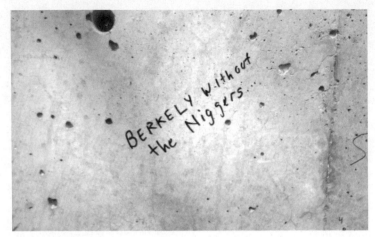

인종차별적인 화장실 낙서

(Anderson & Verplanck, 1983)

호모들 꺼져

(stocker 외, 1972)

정치적인 것

화장실 낙서에는 종종 정치적 의견이나 구호가 등장한다. 이 같은
내용은 학력 수준이 높은 환경에서 특히 많이 나타나기 때문에 이

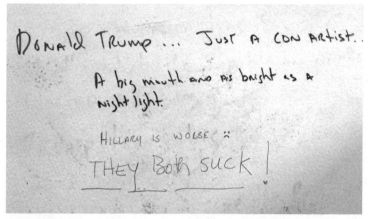

정치적인 화장실 낙서

에 관해 많은 연구가 이뤄지고 있다. 이런 낙서는 짧은 구호 형태를 띠기도 하고, 신념을 장황하게 서술하기도 한다.

케네디를 대통령으로

다인종 노동 계급은 후기 산업사회의 자본 권력을 극복하기 위해 단결해야 한다

(Bartholome & Snyder, 2004)

256

유머

앞에서 본 정치적 낙서는 그리 우습지 않지만 화장실 낙서는 재미있을 때가 많고, 적어도 재미를 유발하려는 의도가 있다. 농담은 화장실 낙서의 주요 요소이며, 농담에는 종종 성적이거나 배설에 관한 내용이 들어 있다. 화장실에서는 배설물의 존재감이 상당히 크며 아랫

낙서에 달린 재치 있는 댓글

도리를 벗고 있기 때문에 그런 내용이 잘 떠오르는 것이 분명하다. 짤막한 농담이나 말장난이 압도적으로 많지만, 우스꽝스러운 시도 흔히 등장한다.

여기 보지 마, 웃긴 건 네 다리 사이에 있잖아

(Anderson & Verplanck, 1983)

여자는 음란해야 하지만 얌전해야 한다●

● '아이들은 부모 눈앞에 있어야 하지만 얌전해야 한다'라는 미국의 경구를 패러디한 말이다.

변소 벽에 글을 쓰는 사람들은

똥을 굴려 작은 공으로 만들고

그 재치 있는 말을 읽는 사람들은

똥으로 된 그 작은 공을 집어 먹는다

낙서에 관한 낙서

앞에서 본 전형적인 배변 관련 낙서처럼, 놀라울 정도로 많은 화장
실 낙서가 낙서를 읽고 쓰는 행위에 대해 이야기한다. 변기에 앉아
있는 것이 사색할 마음을 불러일으켜, 화장실 낙서와 낙서를 하는
행위에 대해 숙고하게 만드는 것으로 보인다.

여기에 낙서한 놈들 다 볼기짝 한 대씩 처맞는다

(Bartholome & Snyder, 2004)

배변 관련 낙서

앞에서 살펴보았듯이 많은 화장실 낙서가 배설 과정과 배설물에서
영감을 얻는다. 이중 많은 것들이 저속한 농담을 의도한다.

나 이곳에 앉아 있네 가슴이 미어지도록

똥을 싸려고 해보지만 방귀만 나오네

물 두 번 내려. 백악관까지는 갈 길이 머니까

(Gonos 외, 1976)

지금까지 간략하게 소개한 내용에서도 분명히 드러나듯이 화장
실 낙서의 내용과 주제는 매우 다양해서, 몇 가지 범주로 간단히
분류하기가 불가능하다. 배변과 관련 있는 동시에 정치적인 비하
를 담은 낙서, 성적인 유머를 담은 낙서, 낙서 자체에 적의를 표현
한 낙서 등 상당수가 동시에 여러 범주에 속한다. 대부분의 연구에
서 수많은 낙서를 미처 다 분류하지 못하고 남겨두었다는 사실은
글쓴이들의 개성을 보여주는 증거인 셈이다.

화장실 낙서의 형태

화장실 낙서는 내용도 다양하지만 형태와 장르도 다양하다. 언어
보다는 그림에 가까울 때도 있는데, 생식기의 모양이나 섹스하
는 모습, 모욕적인 상징, 인간과 동물의 몸을 그린 기발한 스케치
가 자주 등장한다. 한 연구에 따르면 여자 화장실에는 입술 그림

이 많으며(Kinsey 외, 1953), 하트 모양이나 웃는 얼굴도 많이 보인다 (Green, 2003). 그림과 글자가 섞인 것도 있다. 예를 들면 마치 과학적인 통계표인 양 맨 윗열에 숫자 1-2, 3-5, 6-10, 10-15, 16+를 채운 표 위에 '깨끗해질 때까지 뒤를 몇 번 닦는가?'라고 쓴 낙서가 있었다(Whiting & Koller, 2007).

앞에서 살펴본 것처럼 글자로 된 화장실 낙서는 주로 짧은 엉터리 시 형태를 띠고, 해학적이면서 성적이거나 배변에 관한 내용일 때가 많다. 이 밖에 많이 보이는 장르는 속담 패러디로, 익숙한 속담을 바꿔 웃기는 효과를 낸다. 니렌버그는 미국과 독일에서 속담을 패러디한 낙서를 대거 수집했다(Nierenberg, 1994). 니렌버그가 보기에 속담은 장난스럽고 풍자를 좋아하며 권위주의에 반대하는 화장실 낙서의 정신에 완벽하게 들어맞는다. 사람들은 진지하게 사회적 가치관을 천명한 속담을 고의적으로 뒤틂으로써 관습과 규범을 조롱한다.

오늘 미룰 수 있는 일을 내일 미루지 말라

연습이 변태를 만든다

훌륭한 남성 뒤에는 언제나 똥구멍이 있다

다양한 화장실 낙서

또 다른 재미있는 장르는 패러디한 문구를 대구법對句法으로 나열하는 것이다. 주로 영화나 노래 제목을 비슷한 문장 구조로 바꿔서이어 붙인다(Longenecker, 1977). 이처럼 문구를 지어내서 이어 붙인 낙서는 말장난이 많고 쉽사리 음란한 내용으로 빠지며, 창의적이고 끝없이 길어질 수도 있다.

1) 존 웨인은 사실 동성애자다

　　John Wayne is a closet queen

2) 엘러리 퀸은 사실 존이다

Ellery Queen is a closet john

3) 퀸 엘리자베스는 수세식 화장실이다

Queen Elizabeth is a water closet〔등등〕

(Longenecker, 1977, 363쪽)[•]

이처럼 패러디 문구의 연쇄성은 많은 낙서가 단순한 자기표현이 아니라 다른 사람과 의사소통하려는 시도라는 점을 일깨워준다. 이런 낙서는 다른 사람의 호응을 끌어내서, 아래에 응답 낙서가 달리게 마련이다. 이 같은 사실은 낙서가 만들어지는 과정에 개입해 보고자 했던 여러 연구에서 충분히 입증되었다. 두 연구자는 화장실 칸막이 여러 곳의 문 안쪽에 벽보를 붙이고, 그중 절반에만 낙서를 해놓았다(Buser & Ferreira, 1980). 낙서를 해놓은 칸과 해놓지 않은 칸의 이용 빈도는 남아 있는 휴지의 양을 비교해 보는 기발한 방법을 통해 같은 수준으로 맞추었다. 실험을 마친 결과, 원래 낙서가 되어 있던 벽보에는 그렇지 않은 벽보보다 아홉 배나 많은 낙

[•] 존 웨인(1907~1979)은 미국 서부 영화에서 그려지는 전형적인 남성미를 대표하는 영화배우다. 미국의 SF 작가 잭 밴스(1916~2013)는 본명이 존 홀브룩 밴스인데, 엘러리 퀸이라는 필명을 빌려 《네 사람의 존The Four Johns》이라는 추리소설을 발표한 바 있다. 그리고 존john은 남자 화장실을 가리키는 속어이기도 하다. John, closet과 queen이라는 단어를 돌려써서 만든 말장난이다.

서가 쓰여 있었다. 이러한 결과는 화장실에서 낙서하는 행위가 이전 사람들의 의사 전달에 대한 반응이거나, 거기서 영감을 얻은 것임을 보여준다. 낙서의 대화는 적대적이거나 도전적일 때도 있지만, 도움과 지지를 건넬 때도 있다. 예를 들어 어떤 낙서는 다음과 같은 고백을 담고 있다.

내가 그 남자에게 뭘 바라는지 궁금할 때가 있어. 그 사람은 대놓고 내 얼굴이 못생겼다고 말하고, 원래 다른 사람한테 주려고 샀던 선물을 줘. 그 사람한테 너무 빨리 순결을 준 대가일까? 누가 조언 좀 해줘.

어, 내 남자친구랑 같은 사람인 것 같은데! 농담이고, 진지하게 말하자면 내 남자친구는 (마침내) 전남친이 되었고 나는 그 어느 때보다 잘 살고 있어. 행운을 빌어.

(Butler, 2006, 27쪽)

남자 화장실의 경우 이처럼 조언을 구하는 내용은 별로 없고, 있다고 해도 다음 사례와 같이 더 직설적이다.

내가 버스에 탐. 버스에 타고 있는 내내 어떤 여자애가 날 쳐다봄. 나한테 관심 있는 거임?

너랑 하고 싶어서 죽는 거야

(Butler, 2006, 43쪽)

화장실 낙서에 영향을 미치는 요소들 ●●●

여태까지 우리는 화장실 낙서에 마치 보편적인 성격이 있는 것처럼 화장실 낙서 전반을 살펴보았다. 하지만 낙서는 낙서를 하는 사람과 맥락, 문화, 시대에 따라 상당히 다양하다. '누가' '언제' 어떤 낙서를 하는지 알고 싶다면 몇 가지 요소를 검토해봐야 한다.

성차

화장실 낙서와 관련해서 단연코 가장 널리 연구된 주제는 남녀 차이다. 맨 처음 이 주제를 연구한 사람은 《킨제이 보고서》로 유명한 앨프리드 킨제이와 그 동료들이다. 이들은 300곳이 넘는 남녀 공중화장실 벽을 조사해서, 남성이 낙서를 더 많이 하며 남자 화장실 낙서의 86퍼센트가 성적인 내용을 담고 있는 데 반해 여자 화장실은 성적인 낙서가 오직 25퍼센트뿐이라는 것을 알아냈다(Kinsey 외, 1953). 반면 낭만적인 사랑에 관한 낙서는 여자 화장실 쪽이 훨씬 많았다. 킨제이와 동료 연구자들은 여성이 도덕률과 사회적 관습에 더 유의하고, 성적인 낙서를 하거나 보는 데서 흥분하는 성향이 근본적으로 약하기 때문에 성적인 낙서를 덜 하는 것이라는 해석을 제시했다. 이처럼 여자 화장실의 낙서는 다소 기대 이하라는 견해가 일반적인데, 그런 견해를 가장 잘 드러낸 로마스는 '양도 빈약하고 상상력이 부족하다'는 말로 여자 화장실의 낙서를 폄하했다(Lomas, 1973, 76쪽).

하지만 여자 화장실에 낙서가 별로 없다는 것은 미신이다. 킨제이의 주장처럼 여성이 화장실 낙서를 덜 한다는 결과를 내놓은 연구도 여럿 있긴 하지만(Landy & Steele, 1967; Peretti 외, 1977), 여자 화장실에서 낙서를 훨씬 많이 찾아낸 연구 결과도 있다(Ahmed, 1981; Bartholome & Snyder, 2004; Bates & Martin, 1980; Farr & Gordon, 1975; Wales & Brewer, 1976). 지난 반세기 동안 여성은 전통적으로 남성의 것이라고 여겨졌던 영역에서 남성을 따라잡았을 뿐 아니라 어쩌면 더 앞서기까지 한 것으로 보인다.

하지만 낙서의 양에서 그 내용으로 주제를 옮기면, 예외가 있긴 하지만 여자 화장실보다 남자 화장실에 성적인 낙서가 더 많다는 킨제이의 보고는 어느 정도 사실인 것으로 보인다(Ahmed, 1981; Bartholome & Snyder, 2004). 동성애자 간의 유혹을 담은 낙서의 경우 특히 더 그렇고, 이성애적인 이미지나 농담, 논평도 남자 화장실에서 더 많이 나타난다. 성적인 주제에 관한 한 여자 화장실보다 남자 화장실의 낙서가 더 직설적이라는 사실은 뉴욕 로체스터에 있는 한 식당의 남녀 화장실에서 발견된 두 낙서에 잘 드러난다. 둘 중 어느 것이 어느 성별의 것인지는 굳이 말하지 않아도 쉽게 알 수 있다.

유리 온실에 사는 사람은 지하실에서 떡쳐야 한다

유리 온실에 사는 사람은 지하실에서 관계해야 한다
(Bartholome & Snyder, 2004)

그 밖에도 낙서의 주제 면에서 많은 차이가 드러난다. 남자 화장실의 낙서는 적대적이고 비난조인 경향이 있으며, 인종 차별적이거나 성 차별적인 내용이 많다. 또한 논쟁과 경쟁, 유머(특히 배변에 관한 주제에서)가 많고, 배변 관련 내용과 욕설이 들어 있을 가능성이 높고, 더 정치적이다. 여자 화장실의 낙서는 자기 고백적인 경향이 있으며 상냥한 편이고, 다른 여성들에 대한 연대감을 표현하는 비율이 높고, 사회적으로 용인 가능한 범위에 드는 표현과 연애에 관한 내용이 많다(Arluke 외, 1987; Bruner & Kelso, 1980; Green, 2003; Loewenstine 외, 1982; Schreer & Strichartz, 1997; Wales & Brewer, 1976).

낙서의 내용뿐만 아니라 낙서하는 태도나 형식 면에서도 여성은 남성과 다르다. 남자 화장실의 낙서는 그림, 특히 신체 그림의 비율이 높다. 여자 화장실의 낙서는 기존 낙서에 호응해서 쓴 대답인 경우가 많으며, 남자 화장실의 낙서는 다른 낙서와 상관없이 개별적으로 쓰여 있는 경우가 많다(Bates & Martin, 1980; Stocker 외, 1972). 여성은 낙서로 대화를 나누는 경향이 있고, 대화를 통해 조언을 주고받는다. 이들 조언은 대개 유익한 내용으로, 마치 자매가 쓴 것처럼 다정하다. 그러나 모든 낙서에 자매애가 깃들어 있는 것은 아니다.

도나 이 창년아, 그놈 가져

(Bartholome & Snyder, 2004)

심지어 여성은 낙서의 정의와 사람들이 낙서를 하는 이유를 다르게 이해하고 있을 수도 있다. 여성 실험 참가자 중 한 명은 매우 독특하게도 그라피티를 '작은 이탈리아 기린'이라고 정의했다(Bruner & Kelso, 1980).* 한 연구에 따르면 남성에 비해 여성은 화장실 낙서가 좌절과 적의에서 비롯된다고 보는 경향이 적고(이와 관련

●   영어로 그라피티의 철자(graffiti)와 기린의 철자(giraffe)는 얼추 비슷하다.

해 한 남성은 '누구나 터뜨릴 공간이 필요하죠'라고 말했다. Bruner & Kelso, 1980), 개인적 문제를 해결하기 위한 토론의 장으로 보는 경향이 더 강했다. 또한 여성은 낙서가 사회적으로 용인되지 않는다고 보는 경향이 있다(McMenemy & Cornish, 1993). 한편 화장실 낙서를 하는 사람은 재미는 있으나 성숙하지 못하다는 데 남녀가 의견 일치를 보였다(Loewenstine 외, 1982).

화장실 낙서의 성차에 관해 가장 인상 깊은 과학적 연구는 제임스 그린이 뉴질랜드에서 수행한 것이다(Green, 2003). 그린은 각기 조건이 다른 장소에서 수집한 낙서와 화장실 낙서를 비교함으로써, 특히 화장실에서 성차가 두드러지게 나타나는 이유를 밝히는 데 중요한 진전을 이뤄냈다. 그린은 특히 공중화장실이 성별을 두드러지게 한다는 점을 발견했다. 공중화장실을 표시하는 기호는 오직 한 성만이 안에 들어갈 수 있다고 경고하며, 우리는 화장실에 들어갈 때나 화장실 안에 있을 때 같은 성별의 사람만 본다. 또한 배설이라는 생물학적 행위는 우리 자신의 성별을 일깨운다. 그렇다면 화장실 칸이라는 작은 공간은 각 성별의 사람들이 타인의 존재에 구애되지 않고 자신의 진정한 본성을 벽에다 표출할 수 있는 곳이라고 생각할 수도 있다. 그러나 그린은 공중화장실이 만드는 익명성과 자기 성별을 자각하게 하는 공간적 특성이 우리 행동을 양극화하며, 결국 우리 안의 여성성과 남성성을 과장하게 만든다고 주장한다. 만약 이 주장이 사실이라면 성별이 덜 부각되는 장소의 낙서와 화장실의 낙서는 차이가 있을 것이다.

이 가설을 검증하고자 그린은 대학교 도서관에 있는 남녀 화장실과 그 근처의 열람실 칸막이 좌석에 있는 낙서 723편을 수집했다. 남자 화장실 낙서는 인종 차별적인 언사, 정치적인 내용, 타인 비방, 자신이 다녀갔다는 표시('내가 여기 있었노라'), 욕설, 그림이 대부분이었다. 반면 여자 화장실 낙서에는 강간에 대한 토론, 종교, 개인적인 조언, 신체 그림, 사랑과 연애에 관한 내용이 더 많았다. 또한 여자 화장실의 낙서가 더 긴 편이고, 구체적인 신상을 좀 더 드러내는 경향이 있으며, 기존 낙서에 공감해서 응답하는 비율이 더 높았다. 섹스를 언급한 비율은 남녀 화장실에서 비슷하게 나타났지만 초점이 다소 달랐다. 남자 화장실의 낙서는 주로 섹스를 하고 싶다는 내용인 반면, 여자 화장실의 낙서는 주로 섹스에 관한 조언을 구하거나 제공하는 내용이었다.

열람실 칸막이 좌석에서 찾은 낙서는 달랐다. 타인 비방, 유머, 음주나 약물, 철학 관련 내용의 비율이 비교적 높았던 것이다. 타인 비방을 제외하면 남자 화장실 낙서에 전형적으로 나타나는 종류가 비교적 적었고, 종교를 제외하면 여자 화장실에서 주로 나타나는 종류도 적었다. 남자 화장실 및 여자 화장실에 비해 성적인 내용도 별로 없었다. 하지만 성차별적인 발언은 많았는데, 분명 성별이 섞여 있는 상황에서 다른 사람을 도발하려는 시도였을 것이다. 정리하면, 그린의 예상이 대체로 옳았다. 전형적으로 남성적인 요소는 특히 남자 화장실에서 두드러지고, 전형적으로 여성적인 요소는 특히 여자 화장실에서 두드러진다. 열람실 칸막이처럼 남녀가 분리되지 않은 중립적 공간에서는 성별 특성을 드러내는 낙서가 비교적 적고, 일부를 제외하면 남녀가 섞여 있는 환경의 대학생들에게 익숙한 주제, 곧 유머, 타인 비방, 삶의 의미, 약물 사용 등에 관한 낙서가 주를 이룬다.

화장실 낙서에 대한 연구 결과 중 진부한 성별 고정관념을 부순 것은 별로 없다. 남자 화장실의 낙서는 성적 충동에 관한 내용이 더 많고 더 공격적, 모욕적, 시각적, 개인주의적, 경쟁적이며, 대화는 별로 없다. 여자 화장실의 낙서는 더 사회 관습에 부합하고, 더 절제되어 있고, 더 정중하고 상냥한 편이며, 대화가 많고, 더 길고, 산문 형태가 많고, 사랑이나 인간관계에 대한 고민을 담은 내용이 많다.

역사적 변화

화장실 낙서 내용의 역사적 변천을 조사한 연구는 별로 없고, 그나마 있는 것들은 젠더와 관련 있는 변화를 주로 다루었다. 이들 연구는 최근 성평등을 지향한 변화가 이뤄지면서 1950년대에 킨제이 연구진이 확인했던 남녀 차이가 줄어들었는지 알아보는 데 중점을 두었다. 아메드는 이제 여성이 남성보다 화장실 낙서를 덜 하지 않는다는 결과를 내놓았으며(Ahmed, 1981), 파와 고든은 여자 화장실에 성적이고 에로틱한 낙서가 점점 더 늘어나고 있는 것을 확인했다(Farr & Gordon, 1975). 반면 남자 화장실의 낙서는 성적인 내용이 더 많아졌으나 여자 화장실 낙서의 내용은 변한 것이 별로 없어서 남녀 차이가 더욱 커졌다는 연구 결과도 있다. 연구자들은 남녀 관계가 변화함에 따라 남성의 전통적 역할이 흔들리면서 변화에 직면한 남성의 불안이 커졌기 때문에 이러한 결과가 발생했다고 보았다(Arluke 외, 1987). 또한 여자 화장실 낙서에는 정치적인 내용이 더 많아졌는데, 이는 그사이 남녀 간 정치적 마찰이 더욱 가열되었음을 보여준다고 할 수 있겠다.

화장실 낙서 중에는 세월의 흐름에 따라 더 늘어난 종류도 있고, 줄어든 종류도 있다. 스토커와 동료 연구자들은 동성 간 유혹이 담긴 낙서가 줄어든 것을 확인했으며, 사회가 많이 자유로워져서 동성애를 숨길 필요가 없게 되었으므로 이러한 낙서는 10년 안에 사라질 것이라고 내다보았다(Stocker 외, 1972).

사회적 위치별 차이

화장실 낙서의 내용이 시간의 흐름에 따라 변하는 이유가 사람들의 사회적 역할과 신념이 달라져서라면, 특정한 시점에 사회적 역할이나 신념이 다른 사람들은 화장실 낙서도 다르게 할 것이라고 추측할 수 있다. 연구자들은 각기 다른 학교, 사회 계급, 사회적 태도, 이념 등을 배경으로 해서 화장실 낙서가 어떻게 달리 나타나는지를 조사했다. 직업학교의 화장실 낙서는 주로 중산층이 다니는 3차 교육기관의 화장실 낙서보다 적의를 더 많이 드러냈고, 동성애 관련 내용은 적었다(Sechrest & Olson, 1971). 부유한 학생들이 다니는 대학교의 여자 화장실은 그보다 가난한 학생들이 다니는 대학교의 여자 화장실보다 성적인 낙서가 더 많았다. 인종 구성이 단일한 학교보다 다양한 인종이 다니는 학교에 인종 차별적인 낙서가 더 많은 것은, 화장실 밖의 인종 간 긴장과 갈등이 화장실 낙서에 반영된다는 사실을 암시한다(Wales & Brewer, 1976).

화장실 낙서는 교내의 갈등뿐만 아니라 화장실 사용자의 주요 관심사도 반영한다. 한 대학교 내의 각 학부 화장실을 비교 분석한 결과, 예술학부와 시문학부의 화장실 낙서는 법학부와 컴퓨터과학부의 화장실 낙서보다 예술 및 정치에 관한 내용이 더 많았다(Landy & Steele, 1967). 인문학부의 화장실에는 정치와 음악 관련 내용이 특히 많았으며, 경영학부에는 인종 차별적이고 타인을 모욕하는 내용이 많았고, 어떤 이유에서인지 건축학부에는 성적인 내용이 특히 많았다(Anderson & Verplanck, 1983).

문화적 차이

여러 나라에서 화장실 낙서 연구를 수행했지만 문화권별 차이를 체계적으로 비교한 연구는 그리 많지 않다. 우선 세크레스트와 플로레스는 시카고와 마닐라에 있는 화장실에서 낙서를 수집했는데, 마닐라의 화장실 낙서는 시카고에 비해 성적인 내용과 배변 관련 내용, 철학적 내용(예를 들어 '신은 죽었다… 하지만 니체도 죽었다')이 적었다(Sechrest & Flores, 1969). 특히 동성 간의 유혹이든 동성애 혐오든 간에 동성애에 관한 낙서는 거의 없다시피 했다. 연구자들은 동성애 관련 낙서가 미국에 더 많은 이유가 미국이 필리핀보다 성적으로 훨씬 개방적이어서가 아니라, 오히려 동성애를 둘러싼 갈등이 심하기 때문이라고 판단했다. 갈등이 심하기 때문에 관련 내용이 화장실에 비밀스럽게 표출되었다는 것이다.

문화에 따라 화장실 낙서의 정치적 강도가 달라지는지 궁금해한 연구자들도 있었다. 한 연구자는 캐나다 온타리오 주에서 프랑스어를 쓰는 고등학교와 영어를 쓰는 고등학교의 화장실 낙서를 비교했다. 그 결과 프랑스어를 쓰는 학교의 화장실 낙서에 정치적인 내용이 더 많은 것으로 나타나, 소수 집단이라는 사회적 지위가 화장실 낙서에 반영되어 있음을 보여주었다(Ahmed, 1981). 나이지리아의 대학교에서 수행한 연구에서도 정치적 주제가 단연 두드러졌다(Nwoye, 1993). 잉글랜드의 대학교 두 곳과 나이지리아의 대학교 두 곳에 있는 화장실 낙서를 비교한 올로우의 연구에서도 마찬가지였다(Olowu, 1983). 올로우의 연구에서 대학교 간의 유사점은 차이점만큼이나 뚜렷했다. 국내 정치와 이성애 관련 내용, 그리고 유머는 공통적인 주요 주제였다. 극명한 차이도 있었다. 나이지리아 대학교의 화장실에는 동성애 관련 내용이 없었던 반면, 잉글랜드의 대학교 화장실에서는 전체 낙서의 15퍼센트가 동성애 관련 내용이었다. 또한 잉글랜드에는 초자연적이거나 미신적인 내용, 애니미즘 관련 내용이 전혀 없었으나, 나이지리아에서는 전체 낙서의 12퍼센트를 차지했다. 이러한 연구 결과들은 화장실 낙서가 문화의 성격을 분명하게 반영한다는 사실을 잘 보여준다.

동성애를 엄격하게 금기시하는 나이지리아에서 동성애 관련 낙서가 나타나지 않는다는 사실은, 필리핀이 동성애에 개방적이기 때문에 동성애 관련 낙서가 없다고 본 세크레스트와 플로레스의 해석과 일치하지 않는다. 이 문제를 어떻게 해석해야 하는지는 불분명하다. 동성애 관련 낙서가 나타나지 않는 현상은 두 가지를 의미할 수 있다. 첫째, 사회가 동성애를 억압하지 않는다는 의미이거나 둘째, 너무 심하게 억압해서 화장실이라는 사적인 공간에서조차 언급을 꺼린다는 의미일 수 있다. 그러니까 화장실 낙서에 동성애 관련 내용이 나타나는 것은 사회의 관용을 의미할 수도 있고 불관용을 의미할 수도 있다. 동성애 관련 내용이 나타나지 않는 것도 마찬가지다.

연령별 차이

청소년과 어린이의 화장실 낙서에 대해서는 놀라울 정도로 연구된 바가 적다. 미국 고등학교의 화장실 낙서를 조사한 연구 결과 연애에 관한 내용이 주를 이루었고, 인종 차별이나 편견을 드러내는 내용은 거의 없었다(Gonos 외, 1976; Wales & Brewer, 1976). 이 나이 또래에는 일반적으로 소녀들이 소년들보다 낙서를 많이 했다. 성적인 내용과 배변 관련 내용은 남자 화장실에 많았으나, 여자 화장실에서도 성적인 모욕이나 유머가 조금이나마 존재감을 드러냈고, 부유한 환경에서는 특히 더 그랬다. 캐나다와 브라질에 있는 고등학교의 화장실 낙서를 조사한 연구에서도 여학생은 사랑에, 남학생은 섹스와 배변에 치중한다는 패턴이 나타났지만(Ahmed, 1981; Otta 외, 1996), 두 나라 간에 차이점이 있었다. 캐나다의 고등학교에는 정치 관련 낙서가 더 많고, 브라질의 고등학교에는 스포츠 관런 낙서가 더 많았다. 하지만 대체로 고등학교 화장실의 낙서는 대학교 화장실의 낙서보다 무해한 것으로 보인다. 적의가 덜하고 성적으로 덜 노골적이다. 여고생들이 성적인 의도를 담은 낙서를 보고 성희롱이라고 비판한 경우도 있지만 말이다(Walsh 외, 2007).

이보다 더 어린 청소년의 화장실 낙서를 조사한 연구는 더 적다. 하지만 초등학교 학생들이 화장실 벽에 남긴 낙서를 조사한 두 가지 연구에서 흥미로운 사실이 나타났다. 청소년기에 막 접어든 어린이들의 화장실 낙서는 주로 성적 성숙, 정체성, 이상주의, 주입된 가치관의 붕괴, 반항이라는 주제를 맴도는 것으로 보인다(Peretti 외, 1977). 남자 어린이들의 화장실 낙서에는 성적인 정보('제임스는 셜리와 잤다')와 신념에 대한 공격('종교는 구리다')이 많이 나타난 반면, 여자 어린이들의 화장실 낙서에는 자기 진단('나는 진실한 남자애들이 좋다')과 미래에 대한 전망('어른이 되면 괜찮아질 거야')이 많았다. 또한 여자 화장실과 남자 화장실 모두에서 어린 시절의 환상과 의존을 뒤로 하고 성인 섹슈얼리티를 향해 빠른 속도로 성장하는 데 대한 염려가 나타났다.

이보다 더 어린 이들도 낙서를 통해 자신의 발달 단계를 표현한다. 푸에르토리코에서 6~11세 어린이를 대상으로 한 연구에 따르면, 이 나이 또래 어린이들의 화장실 낙서에는 주로 사랑에 관한 말과 음란한 말, 그리고 특히 자필 서명이 많이 쓰여 있었다(Lucca

& Pacheco, 1986). 여기서 어린이들은 청소년보다 낙서를 통해 자기 정체성을 표현하는 경향이 더 강하다는 것을 알 수 있다. 유머, 종교, 정치 관련 낙서는 거의 없고, 그림 형태의 낙서가 어른들보다 아주 많았다. 남자 어린이들은 주로 성기 그림을 그린 반면 여자 어린이들은 주로 긁은 자국이나 점과 선으로만 사람을 표현한 그림을 남겼고, 저속한 표현은 그림보다 말로 쓴 경우가 많았다. 남자 어린이와 여자 어린이 모두 타인 비방이나 언어적 공격을 많이 남겼는데, 여자 어린이의 경우 대개 동성 친구를 대상으로 한 것이었다. 또한 연애 감정을 담은 낙서가 많이 나타나, 6세 어린이들도 성 역할이나 성차에 대한 감각이 있음을 보여주었다.

성격별 차이

화장실 낙서의 성격별 차이는 과학적인 관심을 거의 받지 못했다. 이는 낙서를 하고 있는 사람을 붙잡아서 설문지에 답해달라고 설득하기가 매우 어렵기 때문일 것이다. 낙서의 동기를 어떻게 보느냐에 따라 낙서하는 사람의 성격을 여러 가지 유형으로 분석해볼 수 있다. 만약 화장실 낙서가 성적 좌절의 결과물이라면 우리는 낙서한 사람이 미성숙하고 충동적일 것이라고 예상할 수 있다. 만약 권위를 조롱하는 의미를 담고 있다면 그 낙서를 한 사람은 반사회적이고 반항적이며 공격적인 성격일 수 있다. 또한 낙서가 공개적으로 표현할 수 없는 감정을 표현하는 수단으로 사용되었다면 낙서한 사람은 수줍음이 많고 내성적일 수 있다. 화장실에 낙서하는 사람의 성격 분석은 아직 완성도 있게 다듬어지지 않았으나, 출발선을 끊은 두 가지 연구가 있다.

슈워츠와 도비디오는 대학생들에게 벽이나 책상에 낙서를 얼마나 하는지 묻고, 낙서를 한 번도 해본 적이 없는 학생들과 가끔 낙서를 하는 학생들의 성격을 비교했다(Schwartz & Dovidio, 1984). 그 결과 낙서를 하는 사람은 그러지 않는 사람에 비해 창의성이 높고, 개인이 자기 운명이나 자기 행동의 결과를 충분히 통제할 수 없다고 믿는 경향이 강했으며, 당연하게도 낙서를 더 긍정적으로 보았다. 연구자들은 낙서가 파괴적인 행위라기보다는 목적의식을 갖고 개인의 창의성을 표현하는 행위에 가깝다는 결론을 내렸다. 하지만 이 연구 결과에 대해 낙서를 하는 사람은 낙서를 하지 않는 사람보다 그저 관습에 덜 충실하고 더 소외되어 있는 것이라는 해석도 존재한다.

낙서를 자주 하는 사람과 자주 하지 않는 사람의 권위주의 성향을 비교한 연구에서는 다른 결과가 나왔다(Solomon & Yager, 1975). 만약 낙서 행위가 그저 순수하게 창의성을 꽃피우는 행위라면 권위주의자보다 반反권위주의자들이 낙서를 많이 할 것이다. 하지만 관찰 결과는 그 반대였다. 낙서를 자주 하는 사람들이 순응성과 권위에 복종하는 성향, 사회 규범 위반자에 대한 응징 성향을 평가하는 조사에서 높은 수치를 기록한 것이다. 이 연구에서 수집한 낙서의 상당수는 반(反)동성애적이거나 다른 집단 구성원에게 적대적인 내용이어서, 마치 권위주의자가 준비한 특별 선물과도 같았다. 화장실 낙서와 관련된 뚜렷한 성격 특성이 존재한다고 보기는 어렵다. 대신, 낙서의 어조나 내용으로 성격 유형을 유추해볼 수는 있다. 어떤 낙서는 창의성에 뿌리를 두고, 어떤 낙서는 편협한 사회이념에 근거를 두었을 수 있다. 이에 관한 결정적인 연구는 아직 나오지 않았다.

화장실 낙서 이론 ●●●

앞에서 살펴본 것처럼 화장실 낙서는 다양하고 여러 요소의 영향을 받는다. 우리는 낙서의 종류와 낙서에 영향을 미치는 요소에 대해 많은 것을 알게 되었다. 그런데 그보다, 사람들은 왜 낙서를 하는 걸까? '사람들이 무엇 때문에 화장실 벽에 낙서를 하고, 왜 그러한 형태로 낙서하는가'라는 질문은 앞에서 살펴본 내용과는 또 다른, 매우 어려운 문제다. 이에 관해 이론가들이 몇 가지 설명을 내놓았다. 몇몇은 심리적 요인을 강조하는 반면, 몇몇은 사회적 요인이 중요하다고 생각한다. 이와 비슷하게, 몇몇은 화장실 낙서가 개인의 심리나 사회적 가치관을 비교적 있는 그대로 반영한다고 보는 반면, 몇몇은 낙서의 결정적인 요인이 보이지 않는 곳에 숨어 있다고 본다. 이 두 가지 갈래의 양쪽 관점을 조합하면 우리는 네 가지 이론을 얻게 된다. 첫째 화장실 낙서는 사람들의 일상적인 생각과 욕망을 있는 그대로 반영한 것이거나, 둘째 보이지 않는 심리적 역학의 산물이거나, 셋째 사회의 지배적 가치관을 반영한 것이거나, 넷째 사회의 기저에 깔려 있는 갈등의 표현이다.

화장실 낙서는 개인의 심리를 반영한다

아마 가장 단순하고 상식적인 설명은 화장실 낙서가 그저 이미 잘 알려진 인간 심리를 드러낸다는 설명일 것이다. 이 설명에 따르면 화장실 낙서의 내용과 형태는 우리의 태도, 가치관, 동기가 직접적으로 표현된 것이다. 예를 들어 킨제이와 동료들은 여자 화장실 낙서의 양이 적고 성적인 내용이 별로 없는 것을, 여성이 남성보다 성적으로 시각적인 자극에 덜 반응하고 사회 규범을 더 잘 지킨다는 증거로 해석했다(Kinsey 외, 1953). 이와 마찬가지로 여러 연구자들은 화장실 낙서에서 나타나는 성차를 성별 태도 차이의 직접적 발현, 또는 성별 태도 차이를 파악할 수 있는 '비반응적 측정'● 자료라고 본다(Bates & Martin, 1980). 만약 남녀의 화장실 낙서에 차이가 있다면, 그 차이는 남녀의 성격 및 섹슈얼리티 차이에 부합하리라는 것이다. 이러한 견해에 따르면 화장실 낙서는 우리가 사회적 성별에 대해 이미 알고 있는 지식과 고정관념을 더욱 강화할 뿐이다. 하지만 그린의 연구 결과를 보면 화장실 벽에 있는 낙서는 그리 정직하지 않다. 화장실은 남녀의 성차가 너무나 명백하게 드러나는 장소이므로 화장실에 들어간 남성들과 여성들은 정형화된 남성성과 여성성을 더욱 과장할 수 있기 때문이다(Green, 2003).

화장실 낙서는 보이지 않는 심리 기제의 산물이다

여러 정신분석가들이 화장실 낙서가 있는 그대로는 아니지만 어느 정도는 인간 심리를 드러낸다고 보았다. 이들은 화장실 낙서를 그저 우리의 태도와 성격을 비춰주는 거울이라고 본 게 아니라, '개인과 사회가 스스로 실시한 투사 검사●●'이자(Gadpaille, 1974,

●   연구자의 존재를 드러내지 않거나 실험 상황임을 숨기고 관찰하는 측정 방식.
●●   피험자에게 모호하고 추상적인 자극을 주고 피험자의 욕구나 동기 등을 진단하는 검사법. 로르샤흐 검사도 투사 검사에 해당한다.

73쪽), 금기시되는 생각과 소망을 통제하는 안전밸브로 보았다. 원칙적으로 화장실 낙서는 로르샤흐 검사 반응이나 말실수, 꿈처럼 무의식적인 욕망이 분출된 것으로 해석된다. 이러한 설명의 핵심 전제는, 사람들은 자신이 무엇 때문에 화장실에 낙서하는지 알지 못하며, 화장실 낙서를 액면 그대로 받아들이면 안 된다는 것이다.

화장실 낙서에 대한 정신분석학적 해석은 매우 다양하다. 가장 단순한 해석 한 가지는 낙서하는 행위가 '남근을 표현하는' 한 형태이며, 그러므로 여성보다는 남성의 본성에 더 가깝다는 것이다. 초기 이론가들은 남자 화장실의 낙서가 여자 화장실의 낙서보다 양도 많고 더 추잡하지만 담배꽁초는 여자 화장실에 더 많다는 사실을 주목하고, 남성의 남근적 욕망은 벽에 펜을 휘두름으로써 분출되지만 여성의 욕망은 흡연을 통해 분출된다고 추측했다(Landy & Steele, 1967). '남성은 낙서를 창출하면서 욕망을 실현하지만 여성은 담배 연기에 욕망을 날려 보낸다!'(712쪽). 킨제이는 낙서에 나타난 성차를 단순히 남녀의 심리를 반영한 것으로 해석했지만 화장실 낙서의 무의식적 의미에 대해서도 고찰했다. 킨제이는 남성의 신체와 성 기능을 묘사한 낙서는, 주로 겉으로는 이성애자지만 무의식적으로는 동성애 욕망을 가진 남성이 그린 것이라는 견해를 내놓았다.

이들은 화장실 낙서의 정신역동을 주로 섹슈얼리티의 측면에서 바라보았지만, 그와 다른 정신분석학적 해석도 있다. 갯페일은 화장실에 낙서하는 행위를 공격의 한 형태라고 본다(Gadpaille, 1974). 갯페일의 주장에 따르면 낙서하는 사람은 문화적 금기를 조롱하고 위반함으로써 사회의 금제에 저항한다. 공격은 하비 로마스의 분석에서도 주요한 주제다(Lomas, 1973, 1976, 1980). 하비 로마스는 화장실 낙서를 화장실 벽 자체에 대한 적대적인 공격으로 해석한다. 화장실 벽은 분리를 나타내며 고립 상태를 일깨워준다는 것이다. 그러므로 화장실 낙서는 벽이 의미하는 고립에 대한 공격적 항의이며, 그 낙서를 볼 수밖에 없는 화장실 사용자를 향한 일종의 과시적 적대 행위다. 또한 로마스가 보기에 화장실 벽은 충족되지 않은 욕망을 투사할 수 있는 빈 화면이다. 로마스는 자신이 관찰한 그림 낙서에서 유아의 '다중 도착적polymorphously perverse' 섹슈얼리티•가 성인기까지 지속된다는 증거를 발견했다.

화장실 낙서에 대한 정신분석학적 설명 중 가장 흥미로운 것은 '라트리날리아latrinalia'라는 용어를 만든 앨런 던즈의 설명이다(Dundes, 1966). 던즈는 자칭 '하드코어 민족지학' 연구에서 화장실 낙서에는 분명 항문성애적 측면이 있으며, 화장실 낙서가 대변을

• 일정한 형태로 고정되어 있지 않고 다양하게 발현될 수 있는 어린 시절의 성 본능. 일정한 형태만을 '정상'으로 본다면 이는 '도착적'인 것이라는 의미다.

문지르는 행위와 유사하다고 주장한다. 화장실 벽에 쓰여 있는 지저분한 말들은 대변을 상징하며, 사람들은 화장실 벽에 낙서를 함으로써 보통 성인기에는 승화되는, 신체 배설물에 대한 유아적 충동을 분출한다는 것이다. 나아가 던즈는 이러한 항문기적 역동을 통해 여성보다 남성이 화장실 낙서를 더 많이 하는 이유를 설명할 수 있다고 말한다. 던즈의 설명에 따르면 남성은 무의식적으로 여성의 출산 능력을 부러워하며 배변을 출산의 대안으로 여긴다. 대안이 필요 없는 여성은 화장실 낙서나 그림, 조각, 관악기 연주 등 '배설을 대체하는 활동'을 할 필요가 없다. 이 같은 던즈의 주장은 여성도 화장실 낙서를 상당히 많이 한다는 사실을 설명하지 못할 뿐 아니라 설득력도 없다. 하지만 적어도 18세기 초에 스럼보가 변소에서 수집한 낙서는 던즈의 주장을 뒷받침한다.

클라레Claret●를 먹으면 딱딱한 똥이 나오지
하지만 비루한 인간은 클라레를 끊지 못한다네
아이를 낳는 여자도 마찬가지
고통에 차서 신음하고 소리를 지르지만

● 프랑스 보르도산 적포도주.

화장실 낙서는 사회의 지배적 가치관을 반영한다

이번에는 심리 기제가 아닌 사회적 요인을 강조한 설명을 보자. 이런 설명은 공중화장실에서 특히 많이 발견되는 낙서 종류를 통해 문화 또는 집단적 가치관과 관심사를 읽어낸다. 동성애에 관한 낙서는 필리핀보다 미국에서 더 많이 나타나는데(Sechrest & Flores, 1969), 이는 필리핀이 동성애에 더 개방적이라는 증거로 여겨진다. 이와 비슷하게 동성 간 유혹이 담긴 화장실 낙서가 줄어든 현상은 사회가 자유로워진 결과로 해석되었다(Stocker 외, 1972). 인문학부의 화장실 낙서에는 시와 예술, 정치 관련 내용이 많으며(Landy & Steele, 1967), 초자연적인 내용에 관한 낙서는 영국의 화장실보다 나이지리아의 화장실에 많다는 사실(Olowu, 1983) 역시 특정 집단의 문화와 화장실 낙서의 유사점을 보여주는 증거로 이해된다. 모두 화장실 낙서를 사회적 태도 및 가치관의 축소판으로 해석하는 상식적 사고방식에 따른 것이다.

화장실 낙서는 사회 문제의 징후다

이처럼 화장실 벽에서 사회의 태도를 읽어내는 방식에 저항하느라 안간힘을 쓴 이들도 있다. 화장실 낙서는 사회를 있는 그대로 반영하지 않고 굴절시킬 수도 있다. 몇몇 저술가들은 화장실 낙서가 사회의 지배적 가치관을 정반대로 보여줄 수도 있다고 주장하기까지 했다. 이러한 주장에 따르면, 사회에서 어떤 가치가 지배적인 위치에 올랐을 때 사람들은 이 가치에 반대하는 입장을 비밀리에 표현하게 되고, 그 표현 방법 중 하나가 바로 화장실 칸에 익명으로 낙서하는 것이다. 그러므로 동성애 혐오를 담은 낙서는 사회가 동성애자를 배척하지 않게 되었을 때 오히려 늘어날 수 있으며, 인종차별 정서를 표현하는 것이 다른 공공장소보다 더 허용되지 않는 진보적이고 학구적인 환경에서 인종 차별적인 낙서가 더 많이 나타날 수 있다(Gonos 외, 1976). 이와 비슷하게 심술궂은 낙서는 사회가 긍정적으로 변하고 있을 때 더 많이 나타날 가능성이 있다. 역사적 변화에서 소외되었다는 위험성을 느낀 사람들의 억압된 분노와 갈등이 화장실 벽에 표출될 수 있기 때문이다. 인종이 분리되어 있는 학교보다 여러 인종이 섞여 있는 학교에 인종 차별적인 낙서가 더 많이 나타나는 이유를 이러한 사회적 역동으로 설명할 수 있다(Wales & Brewer, 1976). 이들 각각의 사례에서 화장실 낙서는 사회의 지배적 가치관을 있는 그대로 반영하지 않고, 보이지 않는 갈등과 이견의 징후로서 지배적 가치에 저항한다.

화장실 낙서에 나타나는 성차를 분석할 때도 보이지 않는 사회적 역동이 제기된다. 브루너와 켈소는 성차(남자 화장실의 낙서는 더 성적·공격적·비판적·경쟁적이고, 여자 화장실의 낙서에는 상호작용과 조언이 더 많다)의 기저에 권력의 차이가 있다고 주장한다(Bruner & Kelso, 1980). 이 주장에 따르면 남성의 낙서는 곧 남성의 우월한 지위를 드러내며, 남자들은 낙서를 함으로써 자신을 비롯한 남성들에게 남성의 우월함과 통제력을 다시금 일깨운다. 여성의 낙서는 '지배받는 자들끼리의 상부상조'를 의미하며, 남성에게 예속된 상태를 숙고하고 그러한 곤경에 저항하거나 대처할 수 있도록 서로를 돕는 경향을 띤다. 요컨대 화장실 낙서 뒤에는 정치적 역학 관계가 숨어 있다.

두말할 필요 없이 화장실 낙서에 대한 설명 중 완벽한 것은 없으며, 각각의 관점은 나름의 설득력이 있지만 모든 것을 설명해주지는 못한다. 어떤 것은 남자 화장실의 낙서가 여자 화장실의 낙서보다 성적인 내용과 적의 표현이 많은 이유를 잘 설명하며, 어떤 것은 남녀 차이가 나타나는 이유를 잘 설명하고, 어떤 것은 화장실 낙서를 사회적 편견의 표현으로 설명하는 데 주력한다. 그리고 이 모든 설명이 한데 모여 화장실 낙서는 겉으로 드러나거나 숨어 있는 우리의 생각과 욕망을 끄집어내고, 문화와 사회의 금기 및 규범을 폭로한다는 사실을 보여준다. 또한 이들 설명은 화장실 낙서의 풍부하고 복잡한 의미와 함께 일반 상식으로는 그 의미를 이해할 수 없다는 점을 일깨운다. 심심한 고독의 순간에 남겨졌을 수도 있는 화장실 낙서는 우리의 심리와 사회에 대해 많은 것을 이야기해 준다.

결론 ●●●

앞에서 살펴봤듯이 화장실 낙서는 젠더, 심리적 발달 단계, 섹슈얼리티, 문화, 그리고 보이지 않는 사고의 다양성을 보여주는 창문이다. 반쯤은 금지된 존재인 화장실 낙서가 이처럼 많은 것을 보여줄 수 있는 이유는 화장실이라는 장소의 특성 때문이다. 공중화장실은 사적이면서도 공적이고, 익명의 공간이면서도 다른 사람들과 밀접하게 얽혀 있으며, 우리 마음속에서 몸과 젠더, 섹슈얼리티와 연결되어 있다. 하지만 최근 들어 화장실 낙서는 문화의 레이더 안에서 점점 사라지고 있다. 화장실 낙서 연구도 1970년대와 1980년대의 부흥기 이후 점점 줄어들어 이제 예전만큼 관심을 받지 못하고 있다. 이유가 뭘까?

낙서가 다 디지털화했다는 것이 한 가지 이유일 수 있다. 동시

접속한 대규모 독자를 대상으로 인터넷의 토론 게시판이나 대화방에 글을 남길 수 있는데, 뭐 하러 한 번에 한 명씩만 들어갈 수 있는 화장실 칸에 천박한 낙서를 남기겠는가? 그저 평범한 안정을 구하러 화장실에 들른 불특정 다수보다 더욱 호의적인 상대를 웹사이트에서 찾을 수 있는데, 굳이 왜 대충 그린 그림으로 섹스 파트너를 찾겠는가? 온라인 소통은 화장실이 제공하는 것과 정확히 같은 종류의 익명성과 사생활, 통제에서 벗어난 자유를 제공할 뿐만 아니라 터보 엔진급 성능까지 자랑한다. 인터넷 세계가 마치 화장실 낙서처럼 무례와 모욕, 편견, 장난, 성적인 내용과 적대적인 내용을 담고 있다는 사실은 전혀 놀라운 일이 아니다. 화장실 낙서는 인터넷의 연로한 선배나 다름없다.

8장
변기 깔개,
올릴 것인가
내릴 것인가?

화장실은 젠더 전쟁이 벌어지는 주요 싸움터 중 하나다. 치약을 짜 내는 방법이나 비누의 향, 수건 배치, 전반적인 청결 문제와 관련해서도 소규모 접전이 벌어지곤 하지만 그중에서도 가장 격렬하고 끝이 보이지 않는 것은 변기 깔개를 두고 벌어지는 갈등이다. 남녀가 함께 사는 집에서는 매번 변기 깔개를 내려놓아야 하는가를 두고 종종 의견 충돌이 일어난다. 여성은 남성이 볼일을 마치고 변기 깔개를 다시 내려놓지 않는 데 분노하며, 이를 이기심과 둔감함, 성차별의 증거로 이해한다. 반면 남성은 왜 변기 깔개를 두고 야단법석을 떠는지, 여성은 남성을 위해 변기 깔개를 올려두지 않는데 왜 남성은 여성을 위해 변기 깔개를 내려놓아야 하는지 이해하지

변기 깔개

못한다.

성별을 둘러싸고 발생하는 다른 갈등에 비하면 변기 깔개 문제는 비교적 사소하고 우스꽝스러워 보일 수 있다. 언뜻 보면 이 문제는 가벼운 물체를 살짝 옮기는 일에 불과하다. 하지만 달리 보면 이것은 상당히 근본적인 문제다. 다른 수많은 갈등과 달리 남녀의 신체적 차이에 직접 기인하기 때문이다. 소변을 볼 때 남성은 선 자세가 편하지만 여성은 그렇지 않다. 프로이트는 남녀의 심리가 결국 이러한 차이(신체 구조는 변하지 않는 운명이다)에서 비롯된다고 주장했지만, 행동·취향·태도에서 나타나는 성차와 신체 구조의 관계는 불분명하거나 아예 존재하지 않는다. 그러나 적어도 변기 깔개 문제에서만은 '여성은 무엇을 원하는가?'라는 프로이트의 영원한 질문에 확실하게 답할 수 있다. 변기 깔개를 내려라!

변기 깔개를 어떻게 두느냐에 관한 심리학은 우리 생각보다 훨씬 복잡하며 많은 것을 내포한다. 이번 장에서는 남녀가 함께 쓰는 화장실에서 변기 깔개의 위치에 관한 경우의 수를 분석하고, 이 자료를 바탕으로 변기 깔개 문제를 처리하는 네 가지 방안을 살펴본 후, 가장 합리적이고 효율적이며 공정한 방안을 뽑아본다. 하지만 이런 식의 분석에는 한계가 있다. 그렇기 때문에 이어서 변기 깔개 문제를 경제적 기준으로 해결할 수 없는 이유와 경제적 기준 대신 심리적 요인을 고려해야 하는 이유를 알아본다. 변기 깔개 문제가 일으키는 감정의 공명은 좁은 의미의 효율성과 합리성을 넘어선 분석을 필요로 하며, 인간의 근본적인 동기·욕망과 얽혀 있는 문제를 표면으로 드러낸다.

변기 깔개에 관한 행동 양식 ●●●

합리성을 비롯한 여러 가지 기준을 살펴보기 전에, 먼저 사람들의 화장실 사용 습관을 분석할 필요가 있다. 화장실 한 곳을 함께 쓰는 남녀는 얼마나 자주 화장실을 이용하며, 특정 위치에 놓인 변기 깔개를 얼마나 자주 마주하게 되는가? 잭과 질이라는 평범한 이성애 커플의 상황을 상상해보자.

잭과 질의 화장실 사용 추세는 상당히 풍부한 배변 과학 자료를 통해 추정해볼 수 있다. 켈로그 사의 후원으로 영국의 성인 남녀를 조사한 연구에서 '배변 간격'은 24시간, 한 주당 배변 횟수는 7회인 경우가 가장 많다는 사실을 확인했다(Heaton 외, 1992). 이렇게 하루에 한 번 배변하는 것이 가장 흔한 경향이지만 성인의 60퍼센트 이상은 그 경향을 벗어난다. 어쨌든 우리의 잭과 질은 다행히도 하루 한 번 배변한다고 가정하자.

작은 것은 큰 것보다 더 자주 나온다. 성인을 대상으로 한 연구 결과들을 보면 20세~70세 남성의 경우 24시간 동안 평균 일곱 번 소변을 보며(20대에는 여섯 번이었다가 60대가 되면 여덟 번으로 늘어난다), 같은 연령대 여성의 경우 24시간 동안 평균 여덟 번 소변을 본다(van Haarst 외, 2004). 이 소변 횟수 중 한 번은 대변을 볼 때 발생한다고 합리적으로 추정할 수 있고, 그렇다면 잭은 하루에 화장실을 일곱 번(오직 소변을 보러 가는 것은 그중 여섯 번), 질은 여덟 번 갈 것이라고 예측할 수 있다. 여기서 하루 동안 열다섯 번 치러지는 화장실 볼일 중 아홉 번은 변기 깔개가 내려진 상태에서 이뤄진다는 결론이 나온다.

변기 깔개의 위치 변화 ●●●

이제 우리는 남녀가 함께 사는 가정의 변기 깔개 위치 변화를 체계적으로 분석할 수 있다. 누가 무슨 볼일을 보는지, 그다음에는 누가 화장실을 이용하는지 알아보면 된다. 잭과 질은 화장실에 완전히 무작위로 가지도 않을 것이고 반드시 번갈아가면서 가지도 않을 것이다. 잭과 질은 각자의 장과 방광이 차는 간격에 따라 화장실을 번갈아 이용하겠지만, 가끔은 한 사람이 연이어서 화장실에 가기도 할 것이다. 그러므로 화장실 방문 순서의 여러 경우의 수를 살펴보도록 하자.

먼저, 잭이 화장실을 사용하면서 소변만 보는 경우를 잭$_1$이라고 하자. 잭과 질의 화장실 방문 순서가 무작위로 배치될 경우 잭이 소변을 본 후 질이 화장실을 이용할 확률은 53퍼센트, 연달아서 잭이 화장실을 이용할 확률은 47퍼센트다(남성은 하루 평균 일곱 번, 여성은 하루 평균 여덟 번 화장실에 가기 때문이다). 그러나 실제로 잭이 한 번 방광을 비운 뒤에 연이어 화장실에 방문할 가능성은 더 낮다고 가정할 수 있다. 이 가정에 따라 잭이 연달아서 화장실에 방문할 가능성을 47퍼센트의 대략 절반인 20퍼센트로 낮추면, 잭이 소변을 본 후 질이 화장실에 갈 가능성은 80퍼센트가 된다. 또한 잭은 화장실에 방문하는 일곱 번 중 한 번은 대변을 보므로(잭$_2$), 잭$_1$ 이후 잭$_2$가 발생할 확률은 6분의 1이다. 정리해보면 잭$_1$이 발생한 다음 다시 잭이 화장실에 방문할 확률은 20퍼센트이며, 그중 3퍼센트꼴로 잭$_2$, 17퍼센트꼴로 잭$_1$이 발생한다.

잭$_2$가 발생한 다음은 어떨까? 대변을 볼 때 소변도 같이 볼 것이라는 추론을 전제하면 잭은 일단 방광의 부담까지 함께 덜어냈을 것이다. 그러므로 잭$_2$ 다음에 질이 화장실을 방문할 확률을 80퍼센트라고 하자. 잭$_2$ 이후 잭이 다시 잭$_2$를 위해 화장실에 갈 가능성은 적다. 잭이 상태가 의심스러운 해산물을 먹지 않았다면 연이어 대변을 보는 상황은 거의 발생하지 않을 것이므로, 잭$_2$ 이후 다시 잭$_2$가 이어질 확률을 2퍼센트까지 낮추자. 남은 경우(잭$_2$-잭$_1$)는 20퍼센트에서 2퍼센트를 뺀 18퍼센트다.

질이 먼저 화장실을 사용할 경우, 우리의 커플이 무작위로 화장실에 간다면 질이 연이어 화장실을 사용할 확률은 53퍼센트다. 여기서도 앞서 배출한 점을 고려해 그 확률을 약 절반으로 낮춘다면 질이 연달아 보좌에 오를 확률은 30퍼센트쯤 된다. 그러므로 잭은 70퍼센트 확률로 질 다음에 화장실을 사용할 것이다. 잭$_1$이 발생할 확률은 잭$_2$가 발생할 확률의 6배이므로, 질이 화장실을 사용한 후 잭$_1$이 발생할 확률은 60퍼센트, 잭$_2$가 발생할 확률은 10퍼센트다. 이 수치는 표 8.1에 정리해놓았다.

이제 하루 동안 잭과 질의 화장실에서 일어나는 상황을 추정할 수 있는 기준이 생겼다. 표 8.2는 발생 가능한 아홉 가지 화장실 이용 순서의 예상 빈도를 정리한 것으로, 잭과 질의 화장실 이용 유형 빈도와 그다음 이용 유형의 발생 확률에 근거했다. 표에 나타나

표 8.1 앞선 이용 유형에 뒤따를 이용 유형의 발생 확률

앞선 이용 유형	뒤따른 이용 유형		
	잭₁	잭₂	질
잭₁	0.17	0.03	0.80
잭₂	0.18	0.02	0.80
질	0.60	0.10	0.30

표 8.2 하루 동안 발생 가능한 아홉 가지 이용 순서의 예상 빈도

이용 순서	앞선 이용 빈도	뒤따른 이용의 조건부 확률	이 순서의 예상 빈도
잭₁ – 잭₁	6	0.17	1.02
잭₁ – 잭₂	6	0.03	0.18
잭₁ – 질	6	0.80	4.80
잭₂ – 잭₁	1	0.18	0.18
잭₂ – 잭₂	1	0.02	0.02
잭₂ – 질	1	0.80	0.80
질 – 잭₁	8	0.60	4.80
질 – 잭₂	8	0.10	0.80
질 – 질	8	0.30	2.40

듯이, 예상 빈도가 가장 높은 것은 질이 먼저 화장실을 사용한 후 잭$_1$이 발생하는 경우(4.80)와 잭$_1$ 이후 질이 화장실을 사용하는 경우(4.80)다. 남녀가 번갈아 화장실을 사용하는, 이 예상 빈도 9.6의 상황에서 변기 깔개의 위치가 달라지며, 여기서 모든 문제가 시작된다.

변기 깔개의 배치 전략 ●●●

이제 발생 가능한 화장실 이용 순서와 예상 빈도를 알았으므로 변기 깔개를 두는 여러 가지 방안을 비교할 수 있다. 우선 네 가지 변기 깔개 배치 전략을 알아보고, 각각의 장점을 비교해보기로 하자. 표 8.3은 각 전략에 따른 변기 깔개 처리 방안을 정리해놓은 것이다. 여기서 화살표는 앞선 사용자가 볼일을 마치고 나서 깔개 위치를 바꾸거나, 다음 사용자가 볼일을 보기 전에 깔개 위치를 바꾸는 것을 의미한다.

① 자기 본위
화장실을 사용하는 사람이 택할 수 있는 가장 단순한 전략은 자기

표 8.3 아홉 가지 이용 순서와 네 가지 전략에 따른 변기 깔개의 위치 변경
(앞선 이용 이후와 뒤따른 이용 이전)

이용 순서	자기 본위	황금률	여성 위주	남성 위주
잭$_1$ – 잭$_1$		↓↑	↓↑	
잭$_1$ – 잭$_2$	↓	↓	↓	↓
잭$_1$ – 질	⇩	↓	↓	⇩
잭$_2$ – 잭$_1$	↑	↑	↑	↑
잭$_2$ – 잭$_2$				↑↓
잭$_2$ – 질				↑⇩
질 – 잭$_1$	↑	⇧	↑	⇧
질 – 잭$_2$		⇧↓		⇧↓
질 – 질		⇧⇩		⇧⇩
잭이 변경	5.16	8	12	2
질이 변경	4.8	10.4	0	16
총 변경	9.96	18.4	12	18

⇧ 질이 올림　⇩ 질이 내림　↑ 잭이 올림　↓ 잭이 내림

가 좋을 대로 변기 깔개를 두고, 볼일을 마치면 그냥 나가는 것이다. 이 전략은 현재의 자기 자신을 기준으로 하며 다음에 화장실을 사용할 사람은 전혀 고려하지 않는다. 아홉 가지 이용 순서 중 다섯 가지는 다음에 화장실에 들어간 사람이 변기 깔개를 움직일 필

요가 없다. 하지만 잭₁ 이후 질이 들어간 경우에는 질이 변기 깔개를 내려야 하며, 잭₁ 이후 잭₂가 발생한 경우에도 잭이 변기 깔개를 내려야 한다. 또한 질이 화장실을 썼거나 잭₂가 발생한 뒤 잭₁이 발생하면 잭이 변기 깔개를 올려야 한다.

② 황금률

두 번째 전략은 '남에게 대접받고자 하는 대로 남을 대접하라'는 황금률에 따라, 다음에 화장실을 이용할 사람을 배려해서 변기 깔개 위치를 바꿔놓는 것이다. 앞선 사용자는 볼일을 마치고 나서, 다음에 누가 화장실을 사용할지 추측해 그 사람에게 맞춰 변기 깔개 위치를 바꿔놓는다. 표 8.1에서 알 수 있듯이 잭 다음에 화장실에 들어갈 확률이 높은 사람은 질이고, 질 다음에 화장실에 들어갈 확률이 높은 사람은 잭이다(잭₂보다는 잭₁이 발생할 확률이 높다). 그러므로 이 전략에 따르면 잭은 소변을 본 후 변기 깔개를 내려놓아야 하고, 대변을 본 후에는 변기 깔개를 그대로 놔두어야 한다. 질도 볼일을 마친 후 변기 깔개를 올려놓아야 한다. 이 전략은 때때로 변기 깔개를 두 번 움직이는 결과를 낳는다. 잭이 소변을 본 후 변기 깔개를 내려놓았는데 그다음에 다시 잭이 소변을 보게 되면, 일을 보기 전에 변기 깔개를 다시 올려야 한다. 마찬가지로 질이 화장실을 사용한 후 변기 깔개를 올려놓았는데 다시 질이 화장실을 사용하거나 잭$_2$가 발생하면, 뒤에 들어간 사람이 볼일을 보기 전에 변기 깔개를 다시 내려놓아야 한다.

③ 여성 위주

세 번째 전략은 언제나 변기 깔개를 내려놓는 것으로, 변기 깔개를 올린 사람은 볼일을 마치면 즉시 변기 깔개를 다시 내려놓아야 한다. 잭은 소변을 본 후 변기 깔개를 내려놓아야 하며, 잭이 연달아 소변을 볼 경우에는 잭이 두 번째로 볼일을 보기 전 변기 깔개를 올려야 한다. 또한 질이 화장실을 이용하거나 잭$_2$가 발생한 다음 잭$_1$이 발생한 경우에도 잭은 볼일을 보기 전 변기 깔개를 올려야 한다. 이 여성 기준 전략에서는 오직 잭만이 변기 깔개를 움직인다.

④ 남성 위주

네 번째 전략은 세 번째 전략의 정반대로 언제나 변기 깔개를 올려놓기 때문에 남성에게 유리한 방안이다. 질은 볼일을 마친 다음 언제나 변기 깔개를 올려놓아야 하며, 잭도 대변을 본 뒤 변기 깔개를 올려놓아야 한다. 잭$_2$가 발생할 경우 잭은 미리 올려둔 변기 깔개를 내려야 하며, 질도 언제나 볼일을 보기 전에 변기 깔개를 내려야 한다. 잭$_2$가 연달아 발생하거나 질이 연달아 화장실을 이용할 경우, 또는 잭$_2$와 질의 화장실 이용이 연달아 발생할 경우에는 변기 깔개가 두 번 움직여야 한다(앞선 사용자가 볼일을 마친 후 변기 깔개를 올리고, 다음 사용자가 볼일을 보기 전 변기 깔개를 내림).

전략 평가 ●●●

그렇다면 이 네 가지 전략을 어떻게 비교할 것이며, 이 중 어떤 것이 가장 합리적인 전략일까? 이 질문은 그리 단순하지 않다. 대답에 사용할 수 있는 기준이 적어도 두 가지 있기 때문이다. 먼저, 가장 효율적인 전략이 가장 합리적이라고 볼 수 있다. 여기서 효율적이라는 것은 변기 깔개를 가장 적게 움직이는 것을 의미한다. 변기 깔개를 움직이는 데는 그만한 수고가 들고, 어떤 사람은 변기 깔개를 만지는 데 약간 혐오감을 느낄 수도 있다. 그러므로 변기 깔개를 가장 적게 움직이는 것은 타당한 목표라고 할 수 있다. 둘째로, 가장 공정하고 평등한 전략이 가장 합리적이라고 볼 수 있다. 잭이나 질 중 한 명에게 일방적으로 짐을 지우는 전략은 효율과 상관없이 바람직하지 않다. 잭과 질이 현대 커플이라면 공정성과 평등함을 관계의 중요한 원칙으로 삼을 것이다.

표 8.3의 화살표를 보면 아홉 가지 화장실 이용 순서로 네 가지 전략에 따랐을 경우에 잭과 질이 변기 깔개를 몇 번 움직이게 되는

지를 알 수 있다. 이 정보와 표 8.2에 나와 있는 예상 빈도를 종합해보면 하루 동안 잭과 질이 변기 깔개를 대략 몇 번 움직이는지를 추정할 수 있다. 표 8.3의 마지막 세 줄은 각 전략에 따라 잭이 변기 깔개를 움직이는 횟수와 질이 변기 깔개를 움직이는 횟수, 그리고 잭과 질이 변기 깔개를 움직이는 총 횟수를 나타낸다. 가장 효율적인 전략은 잭과 질이 변기 깔개를 움직이는 총 횟수가 가장 적은 것, 가장 공평한 전략은 잭이 변기 깔개를 움직이는 횟수와 질이 변기 깔개를 움직이는 횟수가 가장 비슷한 것이다.

가장 효율적인 전략은 자기 본위 전략이다. 이 전략은 하루 동안 잭과 질이 변기 깔개를 움직이는 총 횟수가 약 열 번(화장실을 이용하는 총 횟수의 3분의 2) 정도밖에 안 된다. 그다음으로 효율적인 전략은 여성 위주 전략(변기 깔개를 항상 내려놓는 것)이다. 가장 비효율적인 전략은 황금률과 남성 위주 전략으로, 두 전략 모두 하루 동안 변기 깔개를 움직이는 총 횟수가 자기 본위 전략의 거의 두 배에 달한다. 이 두 가지 전략에서는 변기 깔개를 두 번 움직여야 하는 상황이 많이 발생하는데, 이는 앞선 사용자가 다음 사용자를 잘못 예측하거나(황금률), 앞선 사용자가 기준에 따라 변기 깔개를 올려놓았는데 다음 사용자가 변기 깔개를 다시 내려놓아야 할 때가 있기 때문(남성 위주)이다. 자기 본위 전략의 핵심 장점은 다른 전략과 달리 화장실 사용자가 볼일을 보고 나서 변기 깔개를 움직일 필요가 없다는 것이다. 이 전략에 따르면 화장실 사용자는 일을 보기 전에 필요한 경우에만 변기 깔개를 움직인다.

그런데 공정성을 같이 고려하면 어떻게 될까? 자기 본위 전략은 마치 터보 자본주의처럼 가장 효율적이기는 하나 공평성은 가장 떨어질까? 그렇지 않다. 자기 본위 전략은 네 가지 중 가장 공평하다. 잭이 질보다 약간 더 많이 변기 깔개를 움직이면 된다. 황금률 전략도 꽤 공평한 편으로, 질이 잭보다 약간 더 변기 깔개를 움직인다. 여성 위주 전략과 남성 위주 전략은 가장 불공평하다. 여성 기준에 따르면 질은 변기 깔개를 아예 건들지 않아도 되며, 남성 기준에 따르면 잭은 잭$_2$가 발생하는 드문 경우에만 손을 더럽히게 된다. 이때 잭은 자기 편익을 위해 올려놓았던 변기 깔개를 내렸다가, 대변을 다 본 후 미래의 잭$_1$에 대비해 변기 깔개를 다시 올려놓아야 한다.

요약하자면, 자기 본위 전략은 네 가지 중 가장 효율적이고 공평한 것으로 드러나 예상 밖의 승자가 되었다. 그다음으로는 공평하기는 하지만 매우 비효율적인 황금률 전략과 효율적이지만 매우 불공평한 여성 위주 전략이 2등 자리를 놓고 다툰다. 남성 위주 전략은 어느 모로 봐도 꼴찌다.

그게 다인가? ●●●

앞의 분석은 자기 본위 전략이 남녀가 함께 사는 가정에서 화장실 규범으로 가장 좋은 방안임을 보여준다. 근시안적이고 이기적으로 자기의 즉각적인 필요만 충족하는 전략은 가장 효율적일 뿐만 아니라(손을 가장 덜 더럽히며 변기 깔개의 경첩에도 무리가 가장 덜 간다), 성평등에 가장 가까운 방안이기도 하다. 다음 화장실 이용자의 편리를 위해(잭의 경우 스스로를 위해서이기도 하다) 변기 깔개의 위치를 옮기는 배려 전략은 상당히 비효율적인데다가 남성보다 여성에게 더 많은 짐을 지우기 때문에 그리 공평하지도 않다. 여성이나 남성을 기준으로 변기 위치를 정해놓는 전략은 자기 본위 전략보다 덜 효율적이며 전혀 성 중립적이지 않다.

이제 사람들은 화장실 예절에 걸맞은 자기 본위 전략의 지혜를 기쁜 마음으로 받아들일 수 있을까? 나는 대부분이 그렇지 않으리라고 생각한다. 남성들은 대부분 '자기 편한 대로 하는 것'이 정당하다고 느낄 것이다. 하지만 여성들 대부분은 이것이 경제적인 분석으로 해결할 수 있는 문제가 아니며, 추상적이고 수학적인 의미에서 합리적이고 공평한 것을 따지기보다 남성이 올바른 행동, 그러니까 해야 할 행동을 하는 것이 중요하다고 느낄 것이다. 실제로 여성은 경제적인 관점에서 생각하는 경향이 덜하며(Bansak & Starr,

2010), 사람 사이의 일을 두고 비용과 이익을 따져서 유용성과 최적화를 기준으로 결론을 도출하는 성향도 적다. 아마 그러한 성향이 사회과학 분야 중 경제학계에 여성이 매우 적은 이유일 것이다. 변기 깔개 문제로 골머리를 앓는 여성과 기꺼이 집안일을 하는 많은 남성에게 이 문제는 도덕과 자질에 관한 문제(화장실에서 올바른 행동을 하느냐 마느냐)이지, 합리적 계량이 가능한 대상이 아니다.

이것이 변기 깔개 문제의 진정한 핵심이다. 변기 깔개의 위치 문제는 도덕의 문제로 여겨질 때가 많고, 변기 깔개가 제대로 놓여 있지 않을 때는 도덕 감정이 발생한다. 비난하는 사람도, (자기가 생각하기에) 정당하지 않은 이유로 비난받는 사람도 상대의 처사가 불의라 여기고 분노한다. 변기 깔개를 내려놓지 않은 데 대한 반응(일화에 따르면 가시 돋친 말부터 섹스 파업, 판타지 파괴에 이르기까지 다양하다)은 분명 도덕적인 처벌이다. 언뜻 사소해 보이는 위반 행위가 그토록 심각하게 평가된다는 것 자체가 변기 깔개를 둘러싸고 도덕적 사고방식이 소용돌이친다는 증거다. 실제로 남성에게 요구되는 행동(변기 물을 내린 후 중력의 도움을 받아 검지로 깔개를 살짝 누르는 것)이 매우 사소하다는 사실이 위반 행위의 심각성을 더욱 키운다.

만약 변기 깔개의 위치 문제가 윤리 문제라면 그 이유는 무엇일까? 보통 윤리 문제에는 피해와 권리가 결부된다. 하지만 변기 깔개 문제에 피해와 권리가 결부되어 있다고 보기는 어렵다. 자기 편의를 위해 변기 깔개의 위치를 정할 권리는 존재하지 않기 때문이다. 또한 변기 깔개 때문에 신체적인 피해가 발생하지도 않는다. 잭이 소변을 본 후 질을 배려해 변기 깔개를 내려놓지 않고 그냥 나온다고 해서 질이 무슨 피해를 입는가? 잭이 연달아 화장실을 이용하면서 다시 변기 깔개를 올리게 될 확률이 상당히 높다는 점을 상기해보자. 변기 깔개를 내려놓지 않아서 발생하는 피해는 거의 없는 것으로 보인다. 질이 변기 깔개를 내릴 때도 근육을 많이 사용하거나 의식적인 노력을 기울일 필요가 없고, 그 일에 고통이 따르지도 않는다. 변기 깔개를 만져야 하는 상황이 약간 혐오감을 불러일으킬 수는 있지만, 이 혐오감이 문제라면 질이 혐오감을 느끼지 않도록 변기 깔개를 내려놓는 일은 잭에게도 똑같은 혐오감을 안긴다(빚을 얻어 빚을 갚는 상황과 같다).

변기 깔개 문제의 도덕적 측면 ●●●

그렇다면 왜 변기 깔개 문제로 그토록 감정이 격해지며 도덕 감정이 발동하는 것일까? 변기 깔개의 위치 변경을 분석하면서 중요한 요소를 빠뜨린 것일까? 몇 가지 가능성을 검토해보자.

① 트라우마 이론

여러 일화와 만화에 그려진 바에 따르면 밤에 화장실에 간 여성은 가끔 변기에 빠지기도 하는데, 전에 화장실을 사용한 사람이 변기 깔개를 내려놓지 않았기 때문이다. 위험한 구멍을 변기 깔개로 덮지 않아 여성을 보호하지 못한 것은 분명 부도덕과 부주의의 문제라고 할 수 있다. 그러나 이 가능성은 변기 깔개를 내려놓아야 한다는 주장을 뒷받침하기에는 설득력이 부족하다. 여성이 변기에 빠지는 상황은 그리 흔하지 않고 반복해서 발생할 확률도 낮으며, 질이 변기 깔개의 위치를 확인하지 못한 책임을 잭에게만 지우는 것도 그리 타당하지는 않아 보이기 때문이다. 잭도 자신이 변기 깔개를 내려놓지 않은 결과로 피해를 입을 수 있다. 하지만 남성들은 대개 변기에 빠질 수 있다는 공포를 나타내거나, 변기에 빠질 수도 있으니 변기 깔개를 올려놓고 나오는 자기 습관을 바꿔야 한다고 여기지 않는다. 따라서 트라우마 이론은 변기 깔개를 꼭 내려놓아야 한다는 주장을 합리적으로 뒷받침할 근거가 부족한 것으로 보인다.

② 기본 위치 이론

사람들은 일정한 틀에서 벗어난 행동을 부정적으로 판단하고, 그 틀에 맞는 것이 도덕적으로도 옳다고 믿는 경향이 있다. 어떤 면에서는 변기 깔개가 내려져 있는 것이 정상이라고 할 수 있다. 우리의 가상 인물 잭과 질이 하루 동안 화장실을 이용하는 건수 중 60퍼센트는 변기 깔개가 내려져 있는 것이 적합하기 때문이다. 변기 깔개를 올릴 필요가 없는 질의 경우에는 틀림없이 그게 정상이므로(관습적이지 않은 화장실 이용 방식은 제외한다), 질은 변기 깔개란 '원래 내려와 있어야 하는 것'이라고 생각할 가능성이 높다. 물론 잭에게는 변기 깔개를 올리는 것이 정상이다. 잭은 대변을 보는 드문 경우에만 변기 깔개를 내려놓기 때문이다. 잭과 질은 서로 다른 기준을 가지고서 기준을 벗어난 행동을 교화하려 한다. 질에게는 자기 경험에 근거한 자기 입장의 진실이 있다. 동시에 자신이 선호하지 않는 깔개 위치를 기본 위치에서 벗어난 것으로 보는 경향도 있을 것이다.

③ 미학적 선호 이론

어떤 여성들은 미학적인 이유를 들어 변기 위치를 내려놓는 것을 합리화하기도 한다. 변기 깔개가 내려가 있는 편이 더 보기에 좋고 자연스럽다는 것이다. 이 이론에 따르면 남성이 변기 깔개를 올려두고 화장실을 나오는 것은 좋은 취향이라는 규칙을 위반한 것이므로 비난받아 마땅하다. 이 미학적 선호 이론의 근거는 불분명하다. 어쩌면 변기 깔개가 내려가 있는 것이 중력에 더 부합한다는 무의식적 인식이 이 이론을 뒷받침할 수도 있다.

④ 가사 노동 이론

남성이 변기 깔개를 올려놓는 것을 비도덕적인 일로 보는 세 번째 논리는 여전히 대부분의 가정에서 여성이 청소를 도맡고 있다는 것이다. 한 연구 결과 화장실 청소는 여성이 많이 하는 스물다섯 가지 집안일 중 3위를 차지하는 것으로 드러났다(Beckwith, 1992). 이는 화장실 청소에 남성이 아닌 여성이 하는 집안일의 특성(낮은 위상, 잦은 빈도, 자유로운 조율이 가능하지 않음, 실내에서 이뤄짐)이 많기 때문일 수 있다(Coltrane, 1989). 만약 변기 밖으로 튄 남성의 소변을 여성이 감당해야 한다면 여성은 정당한 불만을 가질 수 있다. 이는 도덕적으로도 문제가 된다. 잭이 스스로 변기에 앉아 소변을 본다면 소변이 튀는 것을 쉽게 예방할 수 있기 때문이다.

⑤ 기사도의 유산 이론

주로 남성들에게 인기가 있는 또 다른 설명은, 어떤 여성은 남성이 일방적으로 자신을 돌봐주고 보호해주기를 바란다는 것이다. 엘리자베스 1세가 구두를 더럽히지 않고 진흙 웅덩이를 지날 수 있도록 월터 롤리 경이 자기 망토를 깔아주었듯이 잭도 질을 변기의 오염 물질에서 보호하기 위해 '여성 위주 전략'을 따라야 한다는 것이다. 이 설명에 따르면 질은 잭이 변기 깔개를 내리지 않는 것을 남자로서 배려가 부족한 것으로 판단하며, 해야 할 일을 하지 않은 잘못은 하지 말아야 할 일을 저지른 잘못과 같다. 그리고 질은 잭을 위해 변기 깔개를 올려놓을 의무는 느끼지 않는다.

⑥ 성차별 이론

이 이론에서는, 남성이 변기 깔개를 올려놓고 나오는 것은 남성의 특권을 면전에 드러내는 것이자 남성의 신체 구조를 뻔뻔하게 과시하는 것이라고 본다. 이 주장에 따르면 남성은 변기 깔개를 내려놓고 나오는 것으로 성차별에 반대하는 태도를 취하고 성평등 의식을 표현해야 한다. 하지만 변기 깔개 위치의 평등이 변기 깔개 움직임의 불평등을 야기한다는 사실을 명심해야 한다(예를 들어 여성 위주 전략). 아마도 화장실에서 성평등을 이루고자 하는 견지에서, 독일에서는 남자도 변기에 앉아서 소변을 봐야 한다는 사회적 규범이 발달했다. 독일 사람들은 변기 깔개를 올려놓고 나가는 외국인 남성들의 습관을 열심히 교정한다. 성차별 이론에는 심리적 현실psychological reality을 파악하는 척도가 있는 것으로 보인다. 실제로 일부 남성은 서서 소변을 보는 것을 남성의 소중한 특권으로 여기고, '저놈은 앉아서(또는 쪼그려 앉아서) 오줌을 눌 거야'라는 말로 다른 남성의 여성성을 폄하한다.

⑦ 혐오감 이론

잭이 변기 깔개를 올려놓고 나올 때 질은 다시 변기 깔개를 내려야 한다. 그리고 많은 사람들이 변기 깔개를 만질 때 혐오감을 느낀다. 여성이 남성보다 혐오감을 더 예민하게 느낀다는 증거는 상당히 많으며, 배설은 '혐오감의 핵심 영역'이다(Haidt 외, 1994). 한 연구에 따르면 평균적인 여성보다 혐오감을 더 많이 느끼는 남성은 전체 남성의 10퍼센트 미만이며(Druschel & Sherman, 1999), 또 다른 연구에서는 여성이 신체 배설물에 훨씬 부정적인 태도를 보인다는 결과가 나왔다(Templer 외, 1984). 그러므로 여성은 변기 깔개 만지는 것을 포함해 화장실과 관련된 것들에 남성보다 훨씬 강한 혐오감을 느낄 수 있으며, 화장실에서 오염을 두려워할 가능성이 높다. 우리가 분석한 전략 중 가장 효율적이고 평등한 것으로 나타난 자기 본위 전략은 변기 깔개 위치를 바꾸는 것이 잭과 질에게 똑같이 불쾌하고 수고로운 일이라고 가정하고, 변기 깔개 접촉을 최소화하는 데 주력한다. 하지만 잭보다 질이 변기 깔개 움직이는 것을 더 불쾌해한다면? 앞서 한 분석에 따르면 변기 깔개를 만지는 데 잭보다 질이 더 많이 혐오감을 느낄 경우(정확히 말해 최소 43퍼센트 더 많이 느낄 경우), 자기 본위 전략보다는 여성 위주 전략이 변기 깔개 움직임이 불러일으키는 혐오감의 총량을 최소화할 수 있다. 그러므로 변기 깔개를 만지는 데 혐오감을 느끼는 성향이 남성보다 여성에게 더 강하게 나타난다면, 간단한 공리주의적 분석에 따라 남성이 변기 깔개를 내려놓아야 한다는 결론이 나온다.

결론 ●●●

아직 결정적인 연구 결과가 나온 것은 아니지만, 변기 깔개에 관한 행동이 도덕규범 위반으로 보이는 이유를 가장 잘 설명한 것은 가사 노동 이론과 성차별 이론, 혐오감 이론인 듯하다. 이들 이론은 변기 깔개를 올려둔 채 화장실을 나오는 것이 비도덕적인 행동으로 보일 수 있는 이유를 세 가지 방식으로 설명한다. 첫째, 이 행동은 여성에게 부당한 피해를 입힌다(화장실을 청소하는 사람이 여성일 경우). 둘째, 이 행동은 성평등 원칙을 위반한 것으로 인식된다. 셋째, 이 행동은 여성에게 더 많이 오염과 불결함을 염려하게 만든다. 여기서 혐오감이 특히 중심 구실을 한다.

　남녀의 혐오 민감성이 다르다는 사실은 여성이 변기 깔개를 만질 때 남성보다 더 큰 혐오감을 느끼는 이유를 설명해줄 뿐 아니라 다른 이론의 근거가 되기도 한다. 여성은 변기에 빠진다는 생각만으로도 강한 혐오감을 느끼기 때문에 변기에 빠질까 봐 더욱더 두려워하는 것일 수 있다. 변기 깔개가 내려져 있는 것이 더 보기 좋다고 여기는 것도 변기가 다른 것을 오염시킬 가능성을 줄이려는 욕망의 반영일 수 있다. 또한 여성이 화장실 청소를 싫어하는 것은 집안일 배분이 불공평하고 화장실을 더럽힌 장본인이 따로 있어서만이 아니고, 화장실이 불러일으키는 혐오감도 한 가지 이유가 될 수 있다. 비슷한 맥락으로 남성이 화장실 청소에 관심이 없는 것은 남성 내면의 이기심 때문만이 아니라, 변기 근처에 흘린 소변을 봐도 여성만큼 혐오감을 느끼지 않기 때문일지 모른다.

전반적으로 혐오감이라는 짐은 남성보다는 여성이 진다. 여성은 남성보다 청결과 깔끔함의 기준이 더 높으며, 이 기준을 어겼을 때 더 큰 처벌과 모욕을 당한다. 또한 여성은 신체 배설물과 거리가 먼 존재일 것을 요구받으며, 심지어는 신체 배설물이 없는 척해야 하기도 한다. 대변에 관한 사회학 연구에서 조사에 응한 한 여성은 "여자는 응가를 하면 안 돼요"라고 말했다(Weinberg & Williams, 2005, 327쪽). 같은 연구 조사에 응한 한 남성은 이렇게 말했다. "제 마음속에서 여성은 아름답고 완벽한 생명체이자 욕망의 대상입니다. 그 이미지가 더럽혀지길 바라지 않아요"(327쪽). 골든버그와 로버츠가 언급한 로버츠와 매클레인의 연구에서, 방금 화장실에 다녀왔다고 말한 여성 실험자는 서류 작업을 하고 왔다고 말한 여성 실험자보다 더 부정적인 평가를 받았지만, 남성 실험자의 경우 그러한 차이가 나타나지 않았다(Goldenberg & Roberts, 2004). 혐오스러운 것을 멀리하도록 여성에게 부과된 기준은 무척 엄혹하지만, 혐오스러운 일은 여성에게 더 많이 맡겨진다. 역사적으로 여성이 가내 위생을 도맡아왔으며, 여기에는 남성과 아이들에게서 나온 오물을 청소하는 것도 포함되기 때문이다. 여성이 불필요한 혐오감을 느끼지 않도록 하자는 것이 남성에게 그리 무리한 요구는 아닐 것이다.

그렇다면 어떻게 해야 하는가? 답은 매우 간단하다. 남성이 변기 깔개를 내려놓아야 한다. 이는 그리 어려운 일이 아니며, 이렇게 하면 남녀가 함께 사는 가정에서 변기 깔개를 만짐으로써 발생하는 불쾌감의 총량을 최소화할 수 있다. 또한 성차별 혐의도 벗어날 수 있으며, 다른 사람에게 관심과 배려를 표현하는 셈도 된다. 서서 소변을 보는 남성의 특권을 계속 즐기고 싶은 사람도 있을 것이다. 하지만 그렇게 하려면 변기 밖으로 튄 소변을 알아서 치워야 한다. 혐오감이나 오염에 대한 걱정이 없이 완벽하게 합리적인 세계에 사는 남성은, 남성 대부분이 선호하는 자기 본위 전략이 효율성 면에서나 공평함 면에서나 가장 적합하다며 스스로를 다독일지 모른다. 하지만 아마 그런 자위는 혼자서 하거나 남성들끼리만 하는 편이 현명할 것이다.

참고 문헌

Abel, E. L., & Buckley, B. E. (1977). *The handwriting on the wall: Toward a sociology and psychology of graffiti*. Westport, CT: Greenwood Press.

Abraham, K. (1917). *Contributions to the theory of the anal character: Selected papers*. London: Hogarth Press.

Abraham, K. (1923). Contributions to the theory of the anal character. *International Journal of Psychoanalysis*, 4, 400-418.

Adorno, T. W., F renkel-Brunswik, E., Levinson, D. J., & Sanford, R. N. (1950). *The authoritarian personality*. New York: Harper.

Aggarwal, V. R., McBeth, J., Zakrzewska, J.M., Lunt, M., & Macfarlane, G. J. (2006). The epidemiology of chronic syndromes that are frequently unexplained: Do they have common associated factors? *International Journal of Epidemiology*, 35, 468-476.

Ahmed, S. M. (1981). Graffiti of Canadian high-school students. *Psychological Reports*, 49, 559-562.

Alexander, F. (1934). The influence of psychogenic factors upon gastro-intestinal disturbances: a symposium. (1) general principles, objectives, and preliminary results. *Psychoanalytic Quarterly*, 3-4, 501-539.

Alexander, F. (1952). *Psychosomatic medicine: Its principles and applications*. London: George Allen & Unwin.

Alexander, F., & Menninger, W. C. (1936). Relation of persecutory delusions to the functioning of the gastro-intestinal tract. *Journal of Nervous and Mental Disease*, 84, 541.

Alexander, F., & Wilson, G. W. (1936). Quantitative dream studies: A methodological attempt at quantitative evaluation of psychoanalytic material. *Psychoanalytic Quarterly*, 4, 371-407.

Ali, A., Toner, B. B., Stuckless, N., Gallop, R., Diamant, N. E., et al. (2000). Emotional abuse, self-blame, and self-silencing in women with irritable bowel syndrome. *Psychosomatic Medicine*, 62, 76-82.

Allen, V. (2007). *On farting: Language and laughter in the Middle Ages*. New York: Palgrave Macmillan.

American Psychiatric Association (APA) (2000). *Diagnostic and statistical manual of mental disorders* (4th edn, text revision). Washington, DC: APA.

Anderson, S. J., & Verplanck, W. S. (1983). When walls speak, what do they say? *The Psychological Record*, 33, 341-359.

Ansell, E. B., Pinto, A., Crosby, R. D., Becker, D. F., Anez, L. M., Paris, M., & Grilo, C. M. (2010). The prevalence and structure of obsessive-compulsive personality disorder in Hispanic psychiatric outpatients. *Journal of Behavior Therapy and Experimental Psychiatry*, 41, 275-281.

Anthony, K. H., & Dufresne, M. (2007). Potty parity in perspective: Gender and family issues in planning and designing public restrooms. *Journal of Planning Literature*, 21, 267-294.

Appleby, B. S., & Rosenberg, P. B. (2006). Aerophagia as the initial presenting symptom of a depressed patient. *Primacy Care Companion, Journal of Clinical Psychiatry*, 8, 245-246.

Arieti, S. (1944). The 'placing-into-mouth' and coprophagic habits studied from a point of view of comparative developmental psychology. *Journal of Nervous and Mental Disease*, 99, 959-964.

Arluke, A., Kutakoff, L., & Levin, J. (1987). Are the times changing? An analysis of gender differences in sexual graffiti. *Sex Roles*, 16, 1-7.

Arntz, A., Bernstein, D., Gielen, D., van Nieuwenhuijzen, M., Penders, K., Haslam, N., & Ruscio, J.

(2009). Taxometric evidence for the dimensional structure of cluster-C, paranoid and borderline personality disorders. *Journal of Personality Disorders*, 23, 606-628.

Ascher, L. M. (1979). Paradoxical intention in the treatment of urinary retention. *Behavior Research and Therapy*, 17, 267-270.

Ashworth, M., Hirdes, J. P., & Martin, L. (2009). The social and recreational characteristics of adults with intellectual disability and pica living in institutions. *Research in Developmental Disabilities*, 30, 512-520.

Baheretibeb, Y., Law, S., & Pain, C. (2008). The girl who ate her house: Pica as an obsessive-compulsive disorder: A case report. *Clinical Case Studies*, 7, 3-11.

Bailey, I. (1961). Pythagoras and the beans. *British Medical Journal*, 2 (5253), 708-709.

Baker, D. J., Valenzuela, S., & Wieseler, N. A. (2005). Naturalistic inquiry and treatment of coprophagia in one individual. *Journal of Developmental and Physical Disabilities*, 17, 361-36 7.

Baker, R. (1994). Psychoanalysis as a lifeline: A clinical study of a transference perversion. *The International Journal of Psychoanalysis*, 75, 743-753.

Bansak, C., & Starr, M. (2010). Gender differences in predispositions towards economics. *Eastern Economic Journal*, 36, 33-57.

Bargh, J. A., Chen, M., & Burrows, L. (1996). Automaticity of social behavior: Direct effects of trait construct and stereotype activation on action. *Journal of Personality and Social Psychology*, 71, 230-244.

Barnes, C. (1952). A statistical study of the Freudian theory of levels of psychosexual development. *Genetic Psychology Monographs*, 45, 115-175.

Bartholome, L., & Snyder, P. (2004). Is it philosophy or pornography? Graffiti at the Dinosaur Bar-B-Que. *Journal of American Culture*, 27, 86-98.

Basaran, U. N., lnan, M., Aksu, B., & Ceylan, T. (2007). Colon perforation due to pathologic aerophagia in an intellectually disabled child. *Journal of Paediatrics and Child Health*, 43, 710-712.

Bass, A. (1994). Aspects of urethrality in women. *Psychoanalytic Quarterly*, 63, 491-517.

Bates, J. A., & Martin, M. (1980). The thematic content of graffiti as a nonreactive indicator of male and female attitudes. *Journal of Sex Research*, 16, 300-315.

Beary, M. D., & Cobb, J. P. (1981). Solitary psychosis: Three cases of monosymptomatic delusion of alimentary stench treated with behavioural psychotherapy. *British Journal of Psychiatry*, 138, 64-66.

Beck, D. A., & Frohberg, N. R. (2005). Coprophagia in an elderly man: A case report and review of the literature. *International Journal of Psychiatry in Medicine*, 35, 417-427.

Beckwith, J. B. (1992). Stereotypes and reality in the division of household labor. *Social Behavior and Personality*, 20, 283-288.

Begum, M., & McKenna, P. J. (2011). Olfactory reference syndrome: A systematic review of the world literature. *Psychological Medicine*, 41, 453-461.

Belk, R. W. (1991). The ineluctable mysteries of possessions. *Journal of Social Behavior and Personality*, 6, 17-55.

Beloff, H. (1957). The structure and origin of the anal character. *Genetic Psychology Monographs*, 55, 141-172.

Benarroch, E. (2010). Neural control of the bladder: Recent advances and neurologic implications. *Neurology*, 75, 1839-1846.

Berkeley-Hill, 0. (1921). The anal-erotic factor in the religion, philosophy and character of the Hindus. *International Journal of Psychoanalysis*, 2, 306.

Bernstein, A. (1955). Some relations between techniques of feeding and training during infancy and certain behavior in childhood. *Genetic Psychology Monographs*, 51, 3-44.

Bilanakis, N. (2006). Psychogenic urinary retention. *General Hospital Psychiatry*, 28, 259-261.

Bird, J. R. (1980) Psychogenic urinary retention. *Psychotherapy and Psychosomatics*, 34, 45-51.

Birke, L. I., & Sadler, D. (1984). Scent-marking behaviour in response to conspecific odours by the rat, *Rattus norvegicus*. *Animal Behaviour*, 32, 493-500.

Blanchard, E. B., Lackner, J. M., Sanders, K., Krasner, S., Keefer, L., Payne, A., Gudleski, G. D., Katz, L., Rowell, D., Sykes, M., Kuhn, E., Gusmano, R., Carosella, A. M., Firth, R., & Dulgar-Tulloch, L. (2007). A controlled evaluation of group cognitive therapy in the treatment of irritable bowel syndrome. *Behaviour Research and Therapy*, 45, 633-648.

Blankstein, U., Che, J., Diamand, N. E., & Davis, K. D. (2010). Altered brain structure in irritable bowel syndrome: Potential contributions of pre-existing and disease-driven factors. *Gastroenterology*, 138, 1783-1789.

Bogg, T. & Roberts, B. W. (2004). Conscientiousness and health behaviors: A meta-analysis of the leading behavioral contributors to mortality. *Psychological Bulletin*, 130, 887-919.

Boschen, M. J. (2008). Paruresis (psychogenic inhibition of micturition): Cognitive behavioral formulation and treatment. *Depression and Anxiety*, 25, 903-912.

Bowlby, J. (1990). Charles Darwin: *A new biography*. London: Pimlico.

Brill, A. A. (1932). The sense of smell in the neuroses and psychoses. *Psychoanalytic Quarterly*, 1, 7-42.

Brown, N. 0. (1968). *Life against death: The psychoanalytical meaning of history*. London: Sphere.

Bruner, E. M., & Kelso, J. P. (1980). Gender differences in graffiti: A semiotic perspective. *Women's Studies International Quarterly*, 3, 239-252.

Burton, R. (1621/1850). *The anatomy of melancholy*. Philadelphia: J. W. Moore.

Buser, M. M., & Ferreira, F. (1980). Models and frequency and content of graffiti. *Perceptual and Motor Skills*, 51, 582.

Bushman, B. J. (2002). Does venting anger feed or extinguish the flame? Catharsis, rumination, distraction, anger, and aggressive responding. *Personality and Social Psychology Bulletin*, 28, 724-731.

Butler, E. (2006). *The anthropology of anonymity: Toilet graffiti and the University of Melbourne*. Research paper 30, School of anthropology, geography and environmental studies, University of Melbourne.

Butler, R. J. (2001). Impact of nocturnal enuresis on children and young people. *Scandinavian Journal of Urology and Nephrology*, 35, 169-176.

Byard, R. W. (2001). Coprophagic cafe coronary. *American Journal of Forensic Medicine and Pathology*, 22, 96-99.

Cacioppo, J. T., Priester, J. R., & Berntson, G. G. (1993). Rudimentary determination of attitudes: II. Arm flexion and extension have differential effects on attitudes. *Journal of Personality and Social Psychology*, 65, 5-17.

Callaghan, P., Moloney, G., & Blair, D. (2012). Contagion in the representational field of water recycling: Informing new environment practice through social representation theory. *Journal of Community and Applied Social Psychology*, 22, 20-3 7.

Calloway, S. P., Fonagy, P., & Pounder, R. E., et al. (1983). Behavioral techniques in the management of aerophagia in patients with hiatus hernia. *Journal of Psychosomatic Research*, 27, 499-502.

Case, T. I., Repacholi, B. M., & Stevenson, R. J. (2006). My baby doesn't smell as bad as yours: The plasticity of disgust. *Evolution and Human Behavior*, 27, 357-365.

Chapman, A. H. (1959). Psychogenic urinary retention in women. *Psychosomatic Medicine*, 21, 119-122.

Chapman, L. J., & Chapman, J.P. (1969). Illusory correlation as an obstacle to the use of valid psychodiagnostic signs. *Journal of Abnormal Psychology*, 74, 271-280.

Chaturvedi, S. K. (1988). Coprophagia in a schizophrenic patient: Case report. *Psychopathology*, 21, 31-33.

Cheyne, G. (1733/1976). *The English malady*. Delmar, NY: Scholars' Facsimiles & Reprints.

Chitkara, D. K., Bredenoord, A. J., Rucker, M. J., & Talley, N. J. (2005). Aerophagia in adults: A comparison with functional dyspepsia. *Alimentary Pharmacology & Therapeutics*, 22, 855-858.

Cigrang, J. A., Hunter, C. M., & Peterson, A. L. (2006). Behavioral treatment of chronic belching due to aerophagia in a normal adult. *Behavior Modification*, 30, 341-351.

Cohen, D., Nisbett, R. E., Bowdle, B. F., & Schwartz, N. (1996). Insult, aggression, and the Southern culture of honor: An 'experimental ethnography'. *Journal of Personality and Social Psychology*, 70, 945-960.

Cole, J. A., Rothman, K. J., Cabral, H.J., et al. (2007). Incidence of IBS in a cohort of people with asthma. *Digestive Disease Science*, 52, 329-335.

Coltrane, S. (1989). Household labor and the routine production of gender. *Social Problems*, 36, 4 73-490.

Coolidge, F. L., Thede, L. L., & Jany, K. J. (2001). Heritability of personality disorders in childhood: A preliminary investigation. *Journal of Personality Disorders*, 15, 33-40.

Costa, P., Samuels, J., Bagby, M., Daffin, L., & Norton, H. (2005). Obsessivecompulsive personality disorder: A review. In M. Maj, H. S. Akiskal, J. E. Mezzich & A. Okasha (eds), *Personality disorders* (pp. 405-439). New York: Norton.

Creed, F., Craig, T., & Farmer, R. (1988). Functional abdominal pain, psychiatric illness, and life events. *Gut*, 29, 235-242.

Cuevas, J. L., Cook, E.W., Richter, J.E., Mccutcheon, M., & Taub, E. (1995). Spontaneous swallowing rate and emotional state: Possible mechanism for stress-related gastrointestinal disorders. *Digestive Diseases and Sciences*, 40, 282-286.

Curtis, V., deBarra, M., & Aunger, R. (2011). Disgust as an adaptive system for disease avoidance behaviour. *Philosophical Transactions of the Royal Society B: Biological Sciences*, 366, 389-401.

Davey, G. C. L., Bickerstaffe, S., & MacDonald, B. A. (2006). Experienced disgust causes a negative interpretation bias: A causal role for disgust in anxious psychopathology. *Behaviour Research and Therapy*, 44, 1375-1384.

Davies, G. J., Crowder, M., Reid, B., & Dickerson, J. W. T. (1986). Bowel function measurements of individuals with different eating patterns. *Gut*, 27, 164-169.

Davila, G. W., Bernier, F., Franco, J., & Kopka, S. L. (2003). Bladder dysfunction in sexual abuse survivors. *Journal of Urology*, 170, 476-479.

Denson, R. (1982). Undinism: The fetishization of urine. *Canadian Journal of Psychiatry*, 27, 336-338.

Desmond, A., & Moore, J. (1991). *Darwin: The life of a tormented evolutionist*. New York: Warner Books.

Dewaele, J. (2004). The emotional force of swearwords and taboo words in multilinguals. *Journal of Multilingual & Multicultural Development*, 25, 204-222.

D'Mello, D. (1983). Aerophagia and depression: Case report. *Journal of Clinical Psychiatry*, 44, 387-388.

Dooling, R. (1996). *Blue streak: Swearing, free speech, and sexual harassment*. New York: Random House.

Dorn, S. D., Palsson, 0. S., Thiwan, S. I., Kanazawa, M., Clark, W. C., et al. (2007). Increased colonic pain sensitivity in irritable bowel syndrome is the result of an increased tendency to report pain rather than increased neurosensory sensitivity. *Gut*, 56, 1202-1209.

Douglas, M. (1966). *Purity and danger: An analysis of concepts of pollution and taboo*. London:

Penguin Books.

Drossman, D. A. (1993). U.S. householder survey of functional gastrointestinal disorders. Prevalence, sociodemography, and health impact. *Digestive Diseases & Sciences*, 38, 1569-1580.

Drossman, D. A., Camilleri, M., Mayer, E. A., et al. (2002). AGA technical review on irritable bowel syndrome. *Gastroenterology*, 123, 2108-2131.

Drossman, D. A., Ringel, Y., Vogt, B. A., Leserman, J., Lin, W., et al. (2003). Alterations of brain activity associated with resolution of emotional distress and pain in a case of severe irritable bowel syndrome. *Gastroenterology*, 124, 754-761.

Druschel, B. A., & Sherman, M. F. (1999). Disgust sensitivity as a function of the Big Five and gender. *Personality and Individual Differences*, 26, 739-748.

Duckitt, J., & Sibley, C. G. (2007). Right wing authoritarianism, social dominance orientation and the dimensions of generalized prejudice. *European Journal of Personality*, 21, 113-130.

Dudley, N. M., Orvis, K. A., Lebiecki, J. E., & Cortina, J. M. (2006). A meta-analytic investigation of Conscientiousness in the prediction of job performance: Examining the intercorrelations and the incremental validity of narrow traits. *Journal of Applied Psychology*, 91, 40-5 7.

Dunbar, F. (1947). *Mind and body: Psychosomatic medicine*. New York: Random House.

Dundes, A. (1966). Here I sit: A study of American latrinalia. *Kroeber Anthropological Society Papers*, 34, 91-105.

Dundes, A. (1978). Into the endzone for a touchdown: A psychoanalytic consideration of American football. *Western Folklore*, 37, 75-88.

Dundes, A. (1984). *Life is like a chicken coop ladder: A portrait of German culture through folklore*. New York: Columbia University Press.

Durkin, M. S., Khan, N., Davidson, L. L., Zaman, S. S., & Stein, Z. A. (1993). The effects of a natural disaster on child behaviour: Evidence for post-traumatic stress. *American Journal of Public Health*, 83, 1549-1553.

Egan, S. J., Wade, T. D., & Shafran, R. (2011). Perfectionism as a transdiagnostic process: A clinical review. *Clinical Psychology Review*, 31, 203-212.

el-Assra, A. (1987). A case of Gilles de la Tourette's syndrome in Saudi Arabia. *British Journal of Psychiatry*, 151, 397-398.

Elms, A. C. (1977). 'The three bears': Four interpretations. *Journal of American Folklore*, 90, 257-273.

Elsenbruch, S. (2011). Abdominal pain in Irritable Bowel Syndrome: A review of putative psychological, neural and neuro-immune mechanisms. *Brain, Behavior, and Immunity*, 25, 386-394.

Elsenbruch, S., Rosenberger, C., Bingel, U., Forsting, M., Schedlowski, M., & Gizewski, E. R. (2010a). Patients with irritable bowel syndrome have altered modulation of neural responses to visceral stimuli. *Gastroenterology*, 139, 1310-1319.

Elsenbruch, S., Rosenberger, C., Enck, P., Forsting, M., Schedlowski, M., & Gizewski, E. R. (2010b). Affective disturbances modulate the neural processing of visceral pain stimuli in irritable bowel syndrome: An fMRI study. *Gut*, 59, 489-494.

Enck, P., & Klosterhalfen, S. (2005). The placebo response in functional bowel disorders: Perspectives and putative mechanisms. *Neurogastroenterology & Motility*, 17, 325-331.

Enns, M. W., Cox, B. J., & Clara, I. (2002). Adaptive and maladaptive perfectionism: Developmental origins and association with depression proneness. *Personality and Individual Differences*, 33, 921-935.

Erikson, E. H. (1958). *Young man Luther: A study in psychoanalysis and history*. London: Faber.

Erikson, E. H. (1963). *Childhood and society* (2nd edn). New York: Norton.

Etchegoyen, R. H. (2005). *The fundamentals of psychoanalytic technique* (rev.edn). London:

Karnac.

Evans, G. W., & Wener, R. E. (2007). Crowding and personal space invasion on the train: Please don't make me sit in the middle. *Journal of Environmental Psychology*, 27, 90-94.

Farr, J. H., & Gordon, C. (1975). A partial replication of Kinsey's graffiti study. *Journal of Sex Research*, 11, 158-162.

Faulkner, J., Schaller, M., Park, J. H., & Duncan, L. A. (2004). Evolved diseaseavoidance mechanisms and contemporary xenophobic attitudes. *Group Processes & Intergroup Relations*, 7, 333-353.

Felthous, A. R., & Yudowitz, B. (1977). Approaching a comparative typology of assaultive female offenders. *Psychiatry*, 40, 270-276.

Fenichel, 0. (1945). *The psychoanalytic theory of neurosis*. New York: W.W. Norton.

Ferenczi, S. (1950). Flatus as an adult prerogative. In *Further contributions to the theory and teaching of psychoanalysis* (p. 325). London: Hogarth Press.

Fergusson, D. M., Horwood, L. T., & Shannon, F. T. (1990). Secondary enuresis in a birth cohort of New Zealand children. *Paediatrics and Perinatal Epidemiology*, 4, 53-63.

Fishbain, D. A., & Goldberg, M. (1991). Fluoxetine for obsessive fear of loss of control of malodorous flatulence. Psychosomatics: *Journal of Consultation Liaison Psychiatry*, 32, 105-107.

Flaisher, G. F. (1994). The use of suggestion and behavioral methods in the treatment of aerophagia: Two case reports. *Child and Family Behavior Therapy*, 16, 25-32.

Flett, G. L., & Hewitt, P. L. (eds) (2002). *Perfectionism: Theory, research, and treatment*. Washington, DC: American Psychological Association.

Fonagy, P. (1986). The effect of emotional arousal on spontaneous swallowing rates. *Journal of Psychosomatic Research*, 30, 183-188.

Formanek, R. (1991). Why they collect: Collectors reveal their motivations. *Journal of Social Behavior and Personality*, 6, 275-286.

Fowler, C., Griffiths, D., & de Groat, W. C. (2008). The neural control of micturition. *Nature Reviews Neuroscience*, 9, 453-466.

Fraiberg, S. H. (1959). *The magic years: Understanding and handling the problems of early childhood*. New York: Scribner.

Freeman, R. D., Zinner, S. H., Muller-Vahl, K. R., Fast, D. K., Burd, L. J., et al. (2009). Coprophenomena in Tourette syndrome. *Developmental Medicine & Child Neurology*, 51, 218-227.

Freud, S. (1908). Character and anal erotism. In *The Standard Edition of the Complete Psychological Works of Sigmund Freud*, trans. from German under the general editorship of James Strachey, in collaboration with Anna Freud, assisted by Alix Strachey and Alan Tyson, 24 vols (1953-74). London: Hogarth Press and the Institute of Psycho-Analysis, vol. 9. pp. 167-175.

Freud, S. (1930). Civilization and its discontents. In *Standard Edition*, vol. 21, pp. 57-145.

Freud, S. (1932). The acquisition of power over fire. *International Journal of Psychoanalysis*, 13, 405-410.

Freund, K., & Blanchard, R. (1986). The concept of courtship disorder. *Journal of Sex & Marital Therapy*, 12, 79-92.

Frexinos, J., Denis, P., Allemand, H., Allouche, S., Los, F., & Bonnelye, G. (1998). Descriptive study of functional digestive symptoms in the French general population. *Gastroenterologie Clinique et Biologique*, 22, 785-791.

Friedman, M., & Rosenman, R. (1974). *Type A behavior and your heart*. New York: Knopf.

Frink, H. W. (1923). The symbolism of baseball. *International Journal of Psychoanalysis*, 4, 481.

Fromm, E. (1947). *Man for himself*. New York: Rinehart.

Frost, R. 0., Heimberg, R. G., Holt, C. S., Mattia, J. I., & Neubauer, A. L. (1993). A comparison of two measures of perfectionism. *Personality and Individual Differences*, 14, 119-126.

Frost, R. O., Steketee, G., & Grisham, J. (2004). Measurement of compulsive hoarding: Saving inventory-revised. *Behaviour Research and Therapy*, 42, 1163-1182.

Frye, R. E., & Hait, E. J. (2006). Air swallowing caused by recurrent ileus in Tourette's syndrome. *Pediatrics*, 117, e 1249-e 1252.

Furne, J. K., & Levitt, M. D. (1996). Factors influencing frequency of flatus emission by healthy subjects. *Digestive Diseases and Sciences*, 41, 1631-1635.

Gadpaille, W. J. (1974). Graffiti: Psychoanalytic implications. In L. Gross (ed.), *Sexual behavior: Current issues* (pp. 73-83). Flushing, NY: Spectrum.

Galovski, T. E., & Blanchard, E. B. (1998). The treatment of irritable bowel syndrome with hypnotherapy. *Applied Psychophysiology and Biofeedback*, 23, 219-232.

Garamoni, G. L., & Schwartz, R. M. (1986). Type A behavior pattern and compulsive personality: Toward a psychodynamic-behavioral integration. *Clinical Psychology Review*, 6, 311-336.

Garcia, D., Starin, S., & Churchill, R. M. (2001). Treating aerophagia with contingent physical guidance. *Journal of Applied Behavior Analysis*, 34, 89-92.

Ghaziuddin, N., & McDonald, C. (1985). A clinical study of adult coprophagics. *British Journal of Psychiatry*, 147, 312-313.

Giner-Sorolla, R., & Espinosa, P. (2011). Social cuing of guilt by anger and of shame by disgust. *Psychological Science*, 22, 49-53.

Glicklich, L. B. (1951). An historical account of enuresis. *Pediatrics*, 8, 859-876.

Goldenberg, J. L., & Roberts, T. (2004). The beast within the beauty: An existential perspective on the objectification and condemnation of women. In J. Greenberg, S. L. Koole & T. Pyszczynski (eds), *Handbook of experimental existential psychology* (pp. 71-85). New York: Guilford.

Gonos, G. V., Mulkern, V., & Poushinsky, N. (1976). Anonymous expression: A structural view of graffi.ti. *Journal of American Folklore*, 89, 40-48.

Goodwin, R. D., & Friedman, H. S. (2006). Health status and the five-factor personality traits in a nationally representative sample. *Journal of Health Psychology*, 11, 643-654.

Gorer, G. (1943). Themes in Japanese culture. *Transactions of the New York Academy of Sciences*, 2, 106-124.

Grace, W. J., & Graham, D. T. (1952). Relationship of specific attitudes and emotions to certain bodily diseases. *Psychosomatic Medicine*, 14, 243-251.

Grant, B. F., Hasin, D. S., Stinson, F. S., Dawson, D. A., Chou, S. P., Ruan, W. J., et al. (2004). Prevalence, correlates, and disability of personality disorders in the United States: Results from the national epidemiologic survey on alcohol and related conditions. *Journal of Clinical Psychiatry*, 65, 948-958.

Green, J. A. (2003). The writing on the stall: Gender and graffiti. *Journal of Language and Social Psychology*, 22, 282-296.

Greenstein, F. I. (1965). Personality and political socialization: The theories of authoritarian and democratic character. *Annals of the American Academy of Political and Social Science*, 361, 81-95.

Griffiths, D., Derbyshire, S., Stenger, A., & Resnick, N. (2005). Brain control of normal and overactive bladder. *Journal of Urology*, 174, 1862-1867.

Griffiths, D., & Tactic, S. D. (2008). Bladder control, urgency, and urge incontinence: Evidence from functional brain imaging. *Neurourology and Urodynamics*, 27, 466-474.

Grilo, C. M. (2004). Factor structure of the DSM-IV criteria for obsessive compulsive personality disorder in patients with binge eating disorder. *Acta Psychiatrica Scandinavica*, 109, 64-69.

Grinder, R. E. (1962). Parental childrearing practices, conscience, and resistance to temptation of sixth-grade children. *Child Development*, 33, 803-820.

Groen, J. (1947). Psychogenesis and psychotherapy of ulcerative colitis. *Psychosomatic Medicine*, 9,

151.

Grosser, G. S., & Laczek, W. J. (1963). Prior parochial vs. secular secondary education and utterance latencies to taboo words. *Journal of Psychology*, SS, 263-277.

Gruber, D. L., & Shupe, D. R. (1982). Personality correlates of urinary hesitancy (paruresis) and body shyness in male college students. *Journal of College Student Development*, 23, 308-313.

Grygier, T. G. (1961). *The dynamic personality inventory*. Windsor: NFER.

Gunnarsson, J., & Simren, M. (2009). Peripheral factors in the pathophysiology of irritable bowel syndrome. *Digestive and Liver Disease*, 41, 788-793.

Gwee, K. A. (2005). Irritable bowel syndrome in developing countries: A disorder of civilization or colonization? *Neurogastroenterology & Motility*, 17, 317-324.

Haidt, J., McCauley, C., & Rozin, P. (1994). Individual differences in sensitivity to disgust: A scale sampling seven domains of disgust elicitors. *Personality and Individual Differences*, 16, 701-713.

Hammelstein, P., Pietrowsky, R., Merbach, M., & Brahler, E. (2005). Psychogenic urinary retention ('paruresis'): Diagnosis and epidemiology in a representative male sample. *Psychotherapy and Psychosomatics*, 74, 308-314.

Hammelstein, P., & Soifer, S. (2006). Is 'shy bladder syndrome' (paruresis) correctly classified as social phobia? *Anxiety Disorders*, 20, 296-311.

Harada, K. I., Yamamoto, K., & Saito, T. (2006). Effective treatment of coprophagia in a patient with schizophrenia with the novel atypical antipsychotic drug perospirone: A case report. *Pharmacopsychiatry*, 39, 113.

Haslam, N., Loughnan, S., & Sun, P. (2011). Beastly: What makes animal metaphors offensive? *Journal of Language and Social Psychology*, 30, 311-325.

Hatterer, J. A., Gorman, J. M., F yer, A. J., Campeas, R. B., Schneier, F. R., Hollander, E., Papp, L. A., & Liebowitz, M. R. (1990). Pharmacotherapy of four men with paruresis. *American Journal of Psychiatry*, 147, 109-111.

Haug, T. T., Mykletun, A., & Dahl, A. A. (2002). Are anxiety and depression related to gastrointestinal symptoms in the general population? *Scandinavian Journal of Gastroenterology*, 37, 294-298.

Haug, T. T., Mykletun, A., & Dahl, A. A. (2004). The association between anxiety, depression, and somatic symptoms in a large population: The HUNT-II study. *Psychosomatic Medicine*, 66, 845-851.

Hazlett-Stevens, H., Craske, M. G., Mayer, E. A., Chang, L., & Naliboff, B. D. (2003). Prevalence of irritable bowel syndrome among university studies: The roles of worry, neuroticism, anxiety sensitivity and visceral anxiety. *Journal of Psychosomatic Research*, 55, 501-505.

Heath, G. A., Hardesty, V. A., & Goldfine, P. E. (1984). F iresetting, enuresis, and animal cruelty. *Journal of Child and Adolescent Psychotherapy*, 1, 97-100.

Heaton, K. W., Radvan, J., Moutford, R. A., Braddon, F. E. M., & Hughes, A. 0. (1992). Defecation frequency and timing, and stool form in the general population. A prospective study. *Gut*, 33, 818-824.

Heim, C., Nater, U. M., Maloney, E., Boneva, R., Jones, J. F., & Reeves, W. C. (2009). Childhood trauma and risk for chronic fatigue syndrome: association with neuroendocrine dysfunction. *Archives of General Psychiatry*, 66, 72-80.

Heimberg, R. G., Holt, C. S., Schneier, F. R., Spitzer, R. L., & Liebowitz, M. R. (1993). The issue of subtypes in the diagnosis of social phobia. *Journal of Anxiety Disorders*, 7, 249-269.

Hellman, D. S., & Blackman, H. (1966). Enuresis, firesetting and cruelty to animals. *American Journal of Psychiatry*, 122, 1431-1435.

Hetherington, E. M., & Brackbill, Y. (1963). Etiology and covariation of obstinacy, orderliness, and parsimony in young children. *Child Development*, 34, 919-943.

Hitschmann, E. (1921). *Freud's theories of the neuroses*. London: Kegan Paul, Trent, Trubner & Co.

Hitschmann, E. (1923). Urethral erotism and obsessional neurosis: Preliminary communication. *International Journal of Psychoanalysis*, 4, 118-119.

Hodson, G., & Costello, K. (2007). Interpersonal disgust, ideological orientations, and dehumanization as predictors of intergroup attitudes. *Psychological Science*, 18, 691-698.

Hoek, H. W. W., & van Hoeken, D. (2003). Review of the prevalence and incidence of eating disorders. *International Journal of Eating Disorders*, 34, 383-396.

Holstege, G. (2005). Micturition and the soul. *Journal of Comparative Neurology*, 493, 15-20.

Houts, A. C. (2000). Fifty years of psychiatric nomenclature: Reflections on the 1943 War Department Technical Bulletin, Medical 203. *Journal of Clinical Psychology*, 56, 935-967.

Howell, S., Poulton, R., Caspi, A., & Talley, N. J. (2003). Relationship between abdominal pain subgroups in the community and psychiatric diagnosis and personality: A birth cohort study. *Journal of Psychosomatic Research*, 55, 179-187.

Hughes, G. (1991). *Swearing: A social history of foul language, oaths and profanity in English*. Oxford: Blackwell.

Hughes, G. (2006). *An encyclopedia of swearing: The social history of oaths, profanity, foul language, and ethnic slurs in the English-speaking world*. Armonk, NY: M. E. Sharpe.

Inbar, Y., Pizarro, D. A., & Bloom, P. (2009a). Conservatives are more easily disgusted than liberals. *Cognition & Emotion*, 23, 714-725.

Inbar, Y., Pizarro, D. A., Knobe, J., & Bloom, P. (2009b). Disgust sensitivity predicts intuitive disapproval of gays. *Emotion*, 9, 435-439.

Innala, S. M., & Ernulf, K. E. (1992). Understanding male homosexual attraction: An analysis of restroom graffiti. *Journal of Social Behavior and Personality*, 7, 503-510.

Jackson, J. A., & Salisbury, H. M. (1922). *Outwitting our nerves: A primer of psychotherapy*. New York: The Century Co.

Jaffe, M. E., & Sharma, K. K. (1998). Malingering uncommon psychiatric symptoms among defendants charged under California's 'Three Strikes and You're Out' law. *Journal of Forensic Sciences*, 43, 549-555.

Jankovic, J. (2007). Tics and Tourette's syndrome. In J. Jankovic & E. Tolosa (eds), *Parkinson's disease and movement disorders* (5th edn), (pp. 356-375). Philadelphia: Lippincott Williams & Wilkins.

Jay, T. (1992). *Cursing in America: A psycholinguistic study of dirty language in the courts, in the movies, in the schoolyards and on the streets*. Philadelphia and Amsterdam: John Benjamins.

Jay, T. (2000). *Why we curse*. Philadelphia: John Benjamins.

Jay, T., & Janschewitz, K. (2008). The pragmatics of swearing. *Journal of Politeness Research*, 4, 267-288.

Jay, T., King, K., & Duncan, T. (2006). College students' memories of punishment for cursing. *Sex Roles*, 55, 123-133.

Jones, E. (1918). Analytic study of a case of obsessional neurosis. In *Papers on psychoanalysis* (pp. 515-539). Baltimore: William Wood & Company.

Jones, E. (1918/1950). Anal-erotic character traits. In *Papers on psychoanalysis* (5th edn), (pp. 413-437). London: Bailliere, Tindall & Cox.

Jones, E. (1964). *The life and work of Sigmund Freud* (abridged edn). London: Pelican.

Jones, J. H. (1997). *Alfred C. Kinsey: A public/private life*. New York: W. W. Norton.

Judge, T. A., Higgins, C. A., Thoresen, C. J., & Barrick, M. R. (1999). The big five personality traits, general mental ability, and career success across the life span. *Personnel Psychology*, 52, 621-652.

Jung, C. G. (1963). Memories, dreams, reflections (rev. edn). New York: Pantheon.

Juni, S. (1984). The psychodynamics of disgust. *Journal of Genetic Psychology*, 144, 203-208.

Kanaan, R. A. A., Lepine, J. P., & Wessely, S. C. (2007). The association or otherwise of the functional somatic syndromes. *Psychosomatic Medicine*, 69, 855-859.

Kaplan, R. M. (2010). Freud's excellent adventure Down Under: The only publication in Australia by the founder of psychoanalysis. *Australasian Psychiatry*, 18, 205-209.

Keefer, L., & Blanchard, E. B. (2001). The effects of relaxation response meditation on the symptoms of irritable bowel syndrome: Results of a controlled treatment study. *Behaviour Research and Therapy*, 39, 801-811.

Kern, M. L., & Friedman, H. S. (2008). Do conscientious people live longer? A quantitative review. *Health Psychology*, 27, 505-512.

Kessler, M. M., & Poucher, G. E. (1945). Coprophagy in the absence of insanity: A case report. *Journal of Nervous and Mental Disease*, 102, 290-293.

Kiesling, S. F. (1998). Men's identities and sociolinguistic variation: The case of fraternity men. *Journal of Sociolinguistics*, 2, 69-99.

Kinsey, A. C., Pomeroy, W. B., Martin, C. E., & Gebhard, P. H. (1953). *Sexual behavior in the human female*. Philadelphia: W. B. Saunders.

Kipfer, B. A., & Chapman, R. L. (2007). *Dictionary of American slang* (4th edn). New York: Collins.

Kline, P. (1968). The validity of the Dynamic Personality Inventory. *British Journal of Medical Psychology*, 41, 307-311.

Kline, P. (1969). The anal character: A cross-cultural study in Ghana. *British Journal of Social and Clinical Psychology*, 8, 201-210.

Kline, P., & Cooper, C. (1984). Factorial analysis of the authoritarian character. *British Journal of Psychology*, 75, 171-176.

Koocher, G. P. (1977). Bathroom behavior and human dignity. *Journal of Personality and Social Psychology*, 35, 120-121.

Kotthoff, H. (2006). Gender and humor: The state of the art. *Journal of Pragmatics*, 38, 4-25.

Krugman, R. D. (1984). Fatal child abuse: Analysis of 24 cases. *Pediatrician*, 12, 68-72.

Kubie, L. S. (1937). The fantasy of dirt. *Psychoanalytic Quarterly*, 6, 388-425.

Kubota, F. (1987). A case of automysophobia treated by JIKO-control method. *Japanese Journal of Hypnosis*, 32, 27-33.

Kurlan, R., Daragjati, C., Como, P. G., McDermott, M. P., Trinidad, K. S., Roddy, S., Brower, C. A., & Robertson, M. M. (1996). Non-obscene complex socially inappropriate behavior in Tourette's syndrome. *Journal of Neuropsychiatry and Clinical Neurosciences*, 8, 311-317.

Kushner, H. I. (1999). A cursing brain? *The histories of Tourette syndrome*. Cambridge, MA: Harvard University Press.

Lackner, J. M., Brasel, A. M., Quigley, B. M., Keefer, L., Krasner, S. S., Powell, C., Katz, L. A., & Sitrin, M. D. (2010). The ties that bind: Perceived social support, stress, and IBS in severely affected patients. *Neurogastroenterology & Motility*, 22, 893-900.

Lackner, J. M., & Gurtman, M. B. (2000). Patterns of interpersonal problems in irritable bowel syndrome: A circumplex analysis. *Journal of Psychosomatic Research*, 58, 523-532.

Ladas, S. D., Karamanolis, G., & Ben-Soussan, E. (2007). Colonic gas explosion during therapeutic colonoscopy with electrocautery. *World Journal of Gastroenterology*, 13(40), 5295-5298.

Ladouceur, R., Freeston, M. H., Gagnon, F., Thibodeau, N., & Dumont, J. (1993). Idiographic considerations in the behavioral treatment of obsessional thoughts. *Journal of Behavior Therapy and Experimental Psychiatry*, 24, 301-310.

Lakoff, R. (1975). *Language and women's place*. New York: Harper & Row.

Landy, E. E., & Steele, J.M. (1967). Graffiti as a function of building utilization. *Perceptual and*

Motor Skills, 25, 711-712.

Lang, A., Consky, E., & Sandor, P. (1993). 'Signing tics': Insights into the pathophysiology of symptoms in Tourette's syndrome. *Annals of Neurology, 33,* 212-215.

Lang, M. L. (1988). *Graffiti in the Athenian agora.* Meriden, CT: MeridenStinehour Press.

Langendorfer, F. (2008). Personality differences among orchestra instruments: Just a stereotype? *Personality and Individual Differences, 44,* 610-620.

Lazare, A., Klerman, G. L., & Armor, D. J. (1966). Oral, obsessive, and hysterical personality patterns. *Archives of General Psychiatry, 14,* 624-630.

Lerner, B. (1961). Auditory and visual thresholds for the perception of words of anal connotation: An evaluation of the 'sublimation hypothesis' on philatelists. Unpublished doctoral dissertation, Ferkauf Graduate School of Education, Yeshiva University, New York.

Leroy, A. (1929). Coprophagie de nature anxieuse. *Journal de Neurologie et de Psychiatrie, 6,* 339-342.

Levine, J.M., & McBurney, D. H. (1986). The role of olfaction in social perception and behavior. In P. Herman, M. P. Zanna & E.T. Higgins (eds), *Physical appearance, stigma, and social behavior: The Ontario symposium,* vol. 3 (pp. 179-217). Mahwah, NJ: Lawrence Erlbaum.

Levitt, M. D. (1980). Intestinal gas production: Recent advances in flatology. *New England Journal of Medicine, 302,* 1474-1475.

Levitt, M. D., F urne, J., Aeolus, M. R., & Suarez, F. L. (1998). Evaluation of an extremely flatulent patient: Case report and proposed diagnostic and therapeutic approach. *American Journal of Gastroenterology, 93,* 2276-2281.

Levy, R. L., Cain, K. C., Jarrett, M., et al. (1997). The relationship between daily life stress and gastrointestinal symptoms in women with irritable bowel syndrome. *Journal of Behavioral Medicine, 20,* 177-193.

Levy, R. L., Jones, K. R., W hitehead, E. E., et al. (2001). Irritable bowel syndrome in twins: Heredity and social learning both contribute to etiology. *Gastroenterology, 121,* 799-804.

Levy, R. L., Olden, K. W., Naliboff, B., et al. (2006). Psychosocial aspects of the functional gastrointestinal disorders. *Gastroenterology, 130,* 1447-1458.

Link, C. L., Lutfey, K. E., Steers, W. D., & McKinlay, J. B. (2007). Is abuse causally related to urologic symptoms? Results from the Boston Area Community Health (BACH) survey. *European Urology, 52,* 397-406.

Lippman, L. G. (1980). Toward a social psychology of flatulence: The interpersonal regulation of natural gas. Psychology: *A Journal of Human Behavior, 17,* 41-50.

Ljung, M. (2011). *Swearing: A cross-cultural linguistic study.* London: Palgrave Macmillan.

Loewenstine, H. V., Ponticos, G.D., & Paludi, M. A. (1982). Sex differences in graffiti as a communication style. *Journal of Social Psychology, 117,* 307-308.

Lomas, H. D. (1973). Graffiti: Some observations and speculations. *The Psychoanalytic Review, 60,* 71-89.

Lomas, H. D. (1976). Graffiti: Some clinical observations. *The Psychoanalytic Review, 63,* 451-457.

Lomas, H. D. (1980). Graffiti: Additional clinical observations. *The Psychoanalytic Review, 67,* 139-142.

London, L. S. (1950). The psychogenesis of urolagnia in a case of multiple paraphilias. In L. S. London & F. Caprio, *Sexual deviations* (pp. 576-587). Washington, DC: Linacre Press.

Longenecker, G. J. (1977). Sequential parody graffiti. *Western Folklore, 36,* 354-364.

Longstreth, G. F., & Yao, J. F. (2004). Irritable bowel syndrome and surgery: A multivariable analysis. *Gastroenterology, 126,* 1665-1673.

Lorand, S. (1931). Aggression and flatus. *International Journal of Psychoanalysis, 12,* 368.

Lown, E. A., & Vega, W. A. (2001). Intimate partner violence and health: Selfassessed health, chronic health, and somatic symptoms among Mexican American women. *Psychosomatic Medicine*, 63, 352-360.

Lucca, N., & Pacheco, A. M. (1986). Children's graffiti: Visual communication from a developmental perspective. *Journal of Genetic Psychology*, 147, 465-479.

Luciano, M., Wainwright, M. A., & Martin, N. G. (2006). The heritability of conscientiousness facets and their relationship to IQ and academic achievement. *Personality and Individual Differences*, 40, 1189-1199.

Luxem, M., & Christophersen, E. (1994). Behavioral toilet training in early childhood: Research, practice, and implications. *Developmental and Behavioral Pediatrics*, 15, 370-378.

Lyketsos, C. G. (1992). Successful treatment of bowel obsessions with nortriptyline. *The American Journal of Psychiatry*, 149, 5 73.

Lynam, D., & Widiger, T. (2001). Using the five-factor model to represent the DSM-IV personality disorders: An expert consensus approach. *Journal of Abnormal Psychology*, 110, 401-412.

Malouff, J. M., & Lanyon, R. I. (1985). Avoidant paruresis: An exploratory study. *Behavior Modification*, 9, 225-234.

Mariwah, S., & Drangert, J-0. (2011). Community perceptions of human excreta as fertilizer in peri-urban agriculture in Ghana. *Waste Management & Research*, 29, 815-822.

Marks, I. M. (1987). *Fears, phobias, and rituals: Panic, anxiety, and their disorders*. Oxford University Press.

Martens, U., et al. (2010). Motivation for psychotherapy in patients with functional gastrointestinal disorders. *Psychosomatics*, 51, 225-229.

Martin, J. A., King, D.R., Maccoby, E. E., &Jacklin, C. N. (1984). Secular trends and individual differences in toilet-training progress. *Journal of Pediatric Psychology*, 9, 457-467.

Martin, R. A., Puhlik-Doris, P., Larsen, G., Gray, J., & Weir, K. (2003). Individual differences in the uses of humor and their relation to psychological well-being: Development of the Humor Styles Questionnaire. *Journal of Research in Personality*, 37, 48-75.

Mayer, B., Muris, P., Busser, K., & Bergamin, J. (2009). A disgust mood state causes negative interpretation bias, but not in the specific domain of bodyrelated concerns. *Behaviour Research and Therapy*, 47, 876-881.

Mccann, C., Duckworth, A. L., & Roberts, R. D. (2009). Empirical identification of the major facets of Conscientiousness. *Learning and Individual Differences*, 19, 451-458.

McClelland, D. C., & Pilon, D. A. (1983). Sources of adult motives in patterns of parent behavior in early childhood. *Journal of Personality and Social Psychology*, 44, 564-574.

McCracken, L. M., & Larkin, K. T. (1991). Treatment of paruresis with in vivo desensitization: A case report. *Journal of Behavior Therapy and Experimental Psychiatry*, 22, 57-63.

Mccrae, R. R., & Costa, P. T. (1987). Validation of the five-factor model of personality across instruments and observers. *Journal of Personality and Social Psychology*, 52, 81-90.

McEnery, T. (2005). *Swearing in English: Bad language, purity and power from 1586 to the present*. Abingdon: Routledge.

McGee, M. D., & Gutheil, T. G. (1989). Coprophagia and urodipsia in a chronic mentally ill woman. *Hospital & Community Psychiatry*, 40, 302-303.

Mcintosh, W. D., & Schmeichel, B. (2004). Collectors and collecting: A social psychological perspective. *Leisure Sciences*, 26, 85-97.

McMenemy, P., & Cornish, I. M. (1993). Gender differences in the judged acceptability of graffiti. *Perceptual and Motor Skills*, 77, 622.

Merrill, B. R. (1951). Childhood attitudes toward flatulence and their possible relation to adult character. *The Psychoanalytic Quarterly*, 20, 550-564.

Mertz, H., Naliboff, B., Munakata, J., Niazi, N., & Mayer, E. A. (1995). Altered rectal perception is a biological marker of patients with irritable bowel syndrome. *Gastroenterology*, 109, 40-52.

Middlemist, R. D., Knowles, E. S., & Matter, C. F. (1976). Personal space invasions in the lavatory: Suggestive evidence for arousal. *Journal of Personality and Social Psychology*, 33, 541-546.

Milan, M. A., & Kolko, D. J. (1982). Paradoxical intention in the treatment of obsessional flatulence ruminations. *Journal of Behavior Therapy and Experimental Psychiatry*, 13, 167-172.

Montagu, A. (1967). *The anatomy of swearing*. London and New York: Macmillan & Collier.

Motley, M. T., & Camden, C. T. (1985). Nonlinguistic influences on lexical selection: Evidence from double entendres. *Communication Monographs*, 52, 124-135.

Nataskin, I., Mehdikhani, E., Conklin, J. et al. (2006). Studying the overlap between IBS and GERD: A systematic review of the literature. *Digestive Disease Science*, 51, 2113-2120.

Nicholl, B. I., Halder, S. L., Macfarlane, G. J., et al. (2008). Psychosocial risk markers for new onset irritable bowel syndrome: Results of a large prospective population-based study. *Pain*, 137, 147-155.

Niedenthal, P., Barsalou, L. W., Winkielman, P., Krauth-Gruber, S., & Ric, F. (2005). Embodiment in attitudes, social perception, and emotion. *Personality and Social Psychology Review*, 9, 184-211.

Nierenberg, J. (1994). Proverbs in graffiti: Taunting traditional wisdom. In W. Mieder (ed.), *Wise words: Essays on the proverb* (pp. 543-562). New York: Garland.

Nisbett, R. E., & Masuda, T. (2003). Culture and point of view. *Proceedings of the National Academy of Sciences*, 100, 11163-11170.

Nour, S., Svarer, C., Kristensen, J. K., Paulson, 0. B., & Law, I. (2000). Cerebral activation during micturition in normal men. *Brain*, 123, 781-789.

Nozu, T., Kudaira, M., Kitamori, S., & Uehara, A. (2006). Repetitive rectal painful distension induces rectal hypersensitivity in patients with irritable bowel syndrome. *Journal of Gastroenterology*, 41, 217-222.

Nussbaum, M. C. (2004). *Hiding from humanity: Disgust, shame, and the law*. Princeton University Press.

Nwoye, 0. G. (1993). Social issues of walls: Graffiti in university lavatories. *Discourse & Society*, 4, 419-442.

Oaten, M., Stevenson, R.]., & Case, T. I. (2009). Disgust as a disease avoidance mechanism. *Psychological Bulletin*, 135, 303-321.

O'Donnell, L. J. D., Virjee, J., & Heaton, K. W. (1990). Detection of pseudodiarrhoea by simple clinical assessment of intestinal transit rate. *British Medical Journal*, 300, 439-440.

Olatunji, B. 0., Moretz, M. W., McKay, D., Bjorklund, F., de Jong, P.]., Haidt, J., et al. (2009). Conforming the three-factor structure of the Disgust Scale-Revised in eight countries. *Journal of Cross-Cultural Psychology*, 40, 234-255.

Olatunji, B. 0., Williams, N. L., Tolin, D. F., Sawchuk, C. N., Abramowitz, J. S., Lohr, J. M., et al. (2007). The Disgust Scale: Item analysis, factor structure, and suggestions for refinement. *Psychological Assessment*, 19, 281-297.

Olowu, A. A. (1983). Graffiti here and there. *Psychological Reports*, 52, 986.

Orlansky, H. (1949). Infant care and personality. *Psychological Bulletin*, 46, 1-48.

Ortner, S. (1972). Is female to male and nature is to culture? *Feminist Studies*, 1, 5-31.

Otta, E., Santana, P. R., Lafraia, L. M., Hoshino, R. L., Teixeira, R. P., & Vallochi, S. L. (1996). Musa latrinalis: Gender differences in restroom graffiti. *Psychological Reports*, 78, 871-880.

Pakhomou, S. M. (2006). Methodological aspects of telephone scatologia: A case study. *International Journal of Law and Psychiatry*, 29, 178-185.

Papolos, D., Hennen, J., & Cockerham, M. S. (2005). Factors associated with parent-reported suicide threats by children and adolescents with community-diagnosed bipolar disorder. *Journal of Affective Disorders*, 86, 267-275.

Peretti, P. 0., Carter, R., & McClinton, B. (1977). Graffiti and adolescent personality. *Adolescence*, 12, 31-42.

Perona, M., Benasayag, R., Perello, A., et al. (2005). Prevalence of functional gastrointestinal disorders in women who report domestic violence to the police. *Clinical Gastroenterology and Hepatology*, 3, 436-441.

Persons, J. B., & Foa, E. (1984). Processing of fearful and neutral information for obsessive-compulsives. *Behaviour Research and Therapy*, 22, 259-265.

Pettit, T. (1969). Anality and time. *Journal of Consulting and Clinical Psychology*, 33, 170-174.

Pierce, J. L., Kostova, T., & Dirks, K. T. (2003). The state of psychological ownership: Integrating and extending a century of research. *Review of General Psychology*, 7, 84-107.

Poirel, N., Pineau, A., Jobard, G., & Mellet, E. (2008). Seeing the forest before the trees depends on individual field-dependence characteristics. *Experimental Psychology*, 55, 328-333.

Priiss-Ostiin, A., Bos, R., Gore, F., & Bartram, J. (2008). *Safer water, better health: Costs, benefits and sustainability of interventions to protect and promote health*. Geneva: World Health Organization.

Rabelais, F. (1564/1965). *The histories of Gargantua and Pantagruel*. London: Penguin.

Razali, S. M. (1998). Schizophrenia and consuming body waste. *Australian and New Zealand Journal of Psychiatry*, 32, 888-890.

Read, A. W. (1935). *Lexical evidence from folk epigraphy in western North American, a glossarial study of the low elements in the English language*. Paris: Olympic Press.

Reed, G. F. (1985). Obsessional experience and compulsive behavior: *A cognitive-structural approach*. Orlando, FL: Academic Press.

Rees, B., & Leach, D. (1975). The social inhibition of micturition (paruresis): Sex similarities and differences. *Journal of the American College Health Association*, 23, 203-205.

Reich, W. (1933/1949). *Character analysis*. New York: Orgone Institute Press.

Reichborn-Kjennerud, T., Czajkowski, N., Neale, M. C., et al. (2007). Genetic and environmental influences on dimensional representations of DSM-IV cluster C personality disorders: A population-based multivariate twin study. *Psychological Medicine*, 37, 645-653.

Reiskel, K. (1906). Skatologische inschriften. *Anthropophyteia*, 3, 244-246.

Rey, E., & Talley, N.]. (2009). Irritable bowel syndrome: Novel views on the epidemiology and potential risk factors. *Digestive and Liver Disease*, 41, 772-780.

Reynolds, C., & Haslam, N. (2011). Evidence for an association between women and nature: An analysis of media images and mental representations. *Ecopsychology*, 3, 59-64.

Riedl, A., et al. (2008). Somatic comorbidities of irritable bowel syndrome: A systematic analysis. *Journal of Psychosomatic Research*, 64, 5 73-582.

Ringel, Y., Drossman, D. A., Leserman, J. L., Suyenobu, B. Y., Wilber, K., et al. (2008). Effect of abuse history on pain reports and brain responses to aversive visceral stimulation: An fMRI study. *Gastroenterology*, 134, 396-404.

Robbins, J. M., Kirmayer, L. J., & Hemami, S. (1997). Latent variable models of functional somatic distress. *Journal of Nervous and Mental Disease*, 185, 606-615.

Roberts, B. W., & Bogg, T. (2004). A 30-year longitudinal study of the relationships between conscientiousness-related traits, and the family structure and health-behavior factors that affect health. *Journal of Personality*, 72, 325-354.

Roberts, B. W., Kuncel, N. R., Shiner, R., Caspi, A., & Goldberg, L. R. (2007). The power of personality: The comparative validity of personality traits, socioeconomic status, and cognitive ability for predicting important life outcomes. *Perspectives on Psychological Science*, 2, 313-345.

Rodriguez, A.]., Holleran, S. E., & Mehl, M. R. (2010). Reading between the lines: The lay assessment of subclinical depression from written selfdescriptions. *Journal of Personality*, 78,

575-597.

Roheim, G. (1934). The study of character development and the ontogenetic theory of culture. In E. E. Evans-Pritchard, R. F irth, B. Malinowski & I. Schapera (eds), Essays presented to C. G. *Seligman* (pp. 281-291). London: Kegan Paul, Trench, Hubner & Co.

Rosenbaum, R. (1998). *Explaining Hitler: The search for the origin of his evil.* New York: Random House.

Rosenberger, C., Elsenbruch, S., Scholle, A., De Greiff, A., Schedlowski, M., Forsting, M., & Gizewski, E. R. (2009). Effects of psychological stress on the cerebral processing of visceral stimuli in healthy women. *Neurogastroenterology & Motility,* 21, 740-e45.

Rosenquist, L. E. D. (2005). A psychosocial analysis of the human-sanitation nexus. *Journal of Environmental Psychology,* 25, 335-346.

Rosenwald, G. C., Mendelson, G. A., Fontana, A., & Portz, A. T. (1966). An action test of hypotheses concerning the anal personality. *Journal of Abnormal Psychology,* 71, 304-309.

Rozin, P. (2006). Domain denigration and process preference in academic psychology. *Perspectives in Psychological Science,* 1, 365-376.

Rozin, P. (2007). Exploring the landscape of modern academic psychology: Finding and filling the holes. *American Psychologist,* 62, 754-766.

Rozin, P., & Fallon, A. E. (1987). A perspective on disgust. *Psychological Review,* 94, 23-41.

Rozin, P., Haidt, J., & Fincher, K. (2009). From oral to moral. *Science,* 323, 1179-1180.

Rozin, P., Hammer, L., Oster, H., Horowitz, T., & Marmora, V. (1986). The child's conception of food: Differentiation of categories of rejected food in the 1.4 to 5 year range. *Appetite,* 7, 141-151.

Saito, Y. A., Schoenfeld, P., & Locke, G. R., III (2002). The epidemiology of irritable bowel syndrome in North America: A systematic review. *American Journal of Gastroenterology,* 97, 1910-1915.

Sakamaki, T. (2010). Coprophagy in wild bonobos (Pan paniscus) at Wamba in the Democratic Republic of Congo: A possible adaptive strategy? *Primates,* 51, 87-90.

Samuel, D. B., & Widiger, T. A. (2011). Conscientiousness and obsessivecompulsive personality disorder. *Personality Disorders: Theory, Research, and Treatment,* 2, 161-174.

Schaller, M., & Murray, D. R. (2008). Pathogens, personality, and culture: Disease prevalence predicts worldwide variability in sociosexuality, extraversion, and openness to experience. *Journal of Personality and Social Psychology,* 95, 212-221.

Schlachter, A., & Duckitt, J. (2002). Psychopathology, authoritarian attitudes, and prejudice. *South African Journal of Psychology,* 32, 1-8.

Schnall, S., Haidt, J., Clore, G. L., & Jordan, A. H. (2008). Disgust as embodied moral judgment. *Personality and Social Psychology Bulletin,* 34, 1096-1109.

Schreer, G. E., & Strichartz, J.M. (1997). Private restroom graffiti: An analysis of controversial social issues on two college campuses. *Psychological Reports,* 81, 1067-1074.

Schroeder, S. R. (1989). Rectal digging, feces smearing, and coprophagy. In T. B. Karasu (ed.), *Treatment of psychiatric disorders,* vol. 1 (pp. 43-44). Washington, DC: American Psychiatric Association.

Schwartz, M. J., & Dovidio, J. F. (1984). Reading between the lines: Personality correlates of graffiti writing. *Perceptual and Motor Skills,* 59, 395-398.

Schwarz, S. P., Taylor, A. E., Scharff, L., & Blanchard, E. B. (1990). Behaviorally treated Irritable Bowel Syndrome patients: A four-year follow-up. *Behaviour Research and Therapy,* 28, 331-335.

Sears, R. R. (1936). Studies of projection: I. Attribution of traits. *Journal of Social Psychology,* 7, 151-163.

Sechrest, L., & Flores, L. (1969). Homosexuality in Philippines and United States: Handwriting on wall. *Journal of Social Psychology*, 79, 3-12.

Sechrest, L., & Olson, A. K. (1971). Graffiti in four types of institutions of higher education. *Journal of Sex Research*, 7, 62-71.

Semin, G. R., & Rubini, M. (1990). Unfolding the concept of person through verbal abuse. *European Journal of Social Psychology*, 20, 463-474.

Sewell, W. H., Mussen, P. H., & Harris, C. W. (1955). Relationships among child training practices. *American Sociological Review*, 20, 137-148.

Shapiro, D. (1965). *Neurotic styles*. New York: Basic Books.

Sibley, C. G., & Duckitt, J. (2008). Personality and prejudice: A meta-analysis and theoretical review. *Personality and Social Psychology Review*, 12, 248-279.

Sidoli, M. (1996). Farting as a defence against unspeakable dread. *Journal of Analytical Psychology*, 41, 165-178.

Simkin, B. (1992). Mozart's scatological disorder. *British Medical Journal*, 305, 1563-1567.

Singer, C. (1997). Tourette syndrome: Coprolalia and other coprophenomena. *Neurological Clinics*, 15, 299-308.

Singer, H. S. (2000). Current issues in Tourette syndrome. *Movement Disorders*, 15, 1051-1063.

Smith, R. A., Farnworth, H., Wright, B., & Allgar, V. (2009). Are there more bowel symptoms in children with autism compared to normal children and children with other developmental and neurological disorders? A case control study. *Autism*, 13, 343-355.

Snel, J., Burgering, M., Smit, B., Noordman, W., Tangerman, A., Winkel, E. G., & Kleerebezem, M. (2011). Volatile sulphur compounds in morning breath of human volunteers. *Archives of Oral Biology*, 56, 29-34.

Solomon, H., & Yager, H. (1975). Authoritarianism and graffiti. *Journal of Social Psychology*, 97, 149-150.

Sperling, M. (1948). Diarrhea: A specific somatic equivalent of an unconscious emotional conflict. *Psychosomatic Medicine*, 10, 331-334.

Stenner, P. H. D., Dancey, C. P., & Watts, S. (2000). The understanding of their illness amongst people with irritable bowel syndrome: A Q methodological study. *Social Science & Medicine*, 51, 439-452.

Stephens, R., Atkins, J., & Kingston, A. (2009). Swearing as a response to pain. *NeuroReport*, 20, 1056-1060.

Stocker, T. L., Dutcher, L. W., Hargrove, S. M., & Cook, E. (1972). Social analysis of graffiti. *Journal of American Folklore*, 85, 356-366.

Stoeber, J., & Otto, K. (2006). Positive conceptions of perfectionism: Approaches, evidence, challenges. *Personality and Social Psychology Review*, 10, 295-319.

Strachey, J. (1930). Some unconscious factors in reading. *The International Journal of Psychoanalysis*, 11, 322-331.

Strack, F., Martin, L. L., & Steper, S. (1988). Inhibiting and facilitating conditions of the human smile: A nonobtrusive test of the facial feedback hypothesis. *Journal of Personality and Social Psychology*, 54, 768-777.

Stromgren, A., & T homsen, P. H. (1990). Personality traits in young adults with a history of conditioning-treated childhood enuresis. *Acta Psychiatrica Scandinavica*, 81, 538-541.

Suarez, F. L., Furne, J. K., Springfield, J., & Levitt, M. D. (2000). Morning breath odor: Influence of treatments on sulfur gases. *Journal of Dental Research*, 79, 1773-1777.

Suarez, F. L., Springfield, J., & Levitt, M. D. (1998). Identification of gases responsible for the odour of human flatus and evaluation of a device purported to reduce this odour. *Gut*, 43, 100-104.

Szasz, T. S. (1951). Physiologic and psychodynamic mechanisms in constipation and diarrhea. *Psychosomatic Medicine*, 13, 112-116.

Talley, N. J., Boyce, P. M., & Jones, M. (1998). Is the association between irritable bowel syndrome and abuse explained by neuroticism? A population based study. *Gut*, 42, 47-53.

Talley, N. J., Dennis, E. H., Schettler-Duncan, V. A. et al. (2003). Overlapping upper and lower gastrointestinal symptoms in irritable bowel syndrome patients with constipation or diarrhea. *American Journal of Gastroenterology*, 98, 2454-2459.

Talley, N. J., Fett, S. L., Zinsmeister, A. R., et al. (1994). Gastrointestinal tract symptoms and self-reported abuse: A population-based study. *Gastroenterology*, 107, 1040-1049.

Talley, N. J., Fett, S. L., & Zinsmeister, A. R. (1995). Self-reported abuse and gastrointestinal disease in outpatients: Association with irritable bowel-type symptoms. *American Journal of Gastroenterology*, 90, 366-371.

Tangney, J. P., & Dearing, R. L. (2002). *Shame and guilt*. New York: Guilford.

Tangney, J. P., Miller, R. S., Flicker, L., & Barlow, D. H. (1996). Are shame, guilt, and embarrassment distinct emotions? *Journal of Personality and Social Psychology*, 70, 1256-1269.

Templer, D. I., King, F. L., Brooner, R. K., & Corgiat, M. (1984). Assessment of body elimination attitude. *Journal of Clinical Psychology*, 40, 754-759.

T hornhill, R., Fincher, C. L., & Aran, D. (2009). Parasites, democratization, and the liberalization of values across contemporary countries. *Biological Reviews*, 84, 113-131.

T hrumbo, H. (1731). *The merry-thought: or, the glass-window and bog-house miscellany*. London.

Tolin, D. F., Woods, C. M., & Abramowitz, J. S. (2006). Disgust sensitivity and obsessive-compulsive symptoms in a nonclinical sample. *Journal of Behavior Therapy and Experimental Psychiatry*, 37, 30-40.

Tuk, M. A., Trampe, D., & Warlop, L. (2011). Inhibitory spillover: Increased urination urgency facilitates impulse control in unrelated domains. *Psychological Science*, 22, 627-633.

Turk, C. L., Heimberg, R. G., Orsillo, S. M., Holt, C. S., Gitow, A., Street, L. L., Schneier, E. R., & Liebowitz, M. R. (1998). An investigation of gender differences in social phobia. *Journal of Anxiety Disorders*, 12, 209-223.

Vaes, J., Paladino, M., & Puvia, E. (2011). Are sexualized women complete human beings? Why men and women dehumanize sexually objectified women. *European Journal of Social Psychology*, 41, 774-785.

Van der Kolk, M. B. (1999). Acute abdomen in mentally retarded patients: Role of aerophagia. Report on nine cases. *European Journal of Surgery*, 165, 507-511.

Van Haarst, E. P., Heldeweg, E. A., Newling, D. W., & Schlatmann, T. J. (2004). The 24-h frequency-volume chart in adults reporting no voiding complaints: Defining reference values and analysing variables. *BJU International*, 93, 1257-1261.

Van Hiel, A., Mervielde, I., & De F ruyt, F. (2004a). The relationship between maladaptive personality and right wing ideology. *Personality and Individual Differences*, 36, 405-417.

Van Hiel, A., Pandelaere, M., & Duriez, B. (2004b). The impact of need for closure on conservative beliefs and racism: Differential mediation by authoritarian submission and authoritarian dominance. *Personality and Social Psychology Bulletin*, 30, 824-83 7.

Van Hoecke, E., De F ruyt, F., De Clerq, B., Hoebeke, P., & Vander Walle, J. (2006). Internalizing and externalizing problem behavior in children with nocturnal and diurnal enuresis: A five-factor model perspective. *Journal of Pediatric Psychology*, 31, 460-468.

Van Lancker, D., & Cummings, J. L. (1999). Expletives: Neurolinguistics and neurobehavioral perspectives on swearing. *Brain Research Reviews*, 31, 83-104.

Van Oudenhoven, J.P., de Raad, B., Askevis-Leherpeux, F., Boski, P., Brunborg, G. S., Carmona, C., Barelds, D., Hill, C. T., Mlacic, B., Matti, F., Rammstedt, B., & Woods, S. (2008). Terms of abuse as expression and reinforcement of cultures. *International Journal of intercultural Relations*, 32, 174-185.

Volkan, V., Itzkowitz, N., & Dod, A. W. (1997). *Richard Nixon: A psychobiography*. New York: Columbia University Press.

Vythilingum, B., Stein, D.]., & Soifer, S. (2002). Is 'shy bladder syndrome' a subtype of social anxiety disorders? A survey of people with paruresis. *Depression and Anxiety*, 16, 84-87.

Wahl, C. W., & Golden, J. S. (1963). Psychogenic urinary retention: Report on 6 cases. *Psychosomatic Medicine*, 25, 543-555.

Wales, E., & Brewer, B. (1976). Graffiti in the l970's. Journal of Social Psychology, 99, 115-123.

Walkling, A. (1935). Rupture of the sigmoid by hydrostatic pressure. *Annals of Surgery*, 102, 471-472.

Walsh, J. J. (1912). *Psychotherapy: Including the history of the use of mental influence, directly and indirectly in healing and the principles for the application of energies derived from the mind to the treatment of disease*. New York: Appleton.

Walsh, M., Duffy, J., & Gallagher-Duffy, J. (2007). A more accurate approach to measuring the prevalence of sexual harassment among high school students. *Canadian Journal of Behavioural Science*, 39, 110-118.

Watson, W. L., Bell, J. M., & Wright, L. M. (1992). Osteophytes and marital fights: A single-case clinical research report of chronic pain. *Family Systems Medicine*, 10, 423-435.

Wax, D. E., & Haddox, V. G. (1974). Enuresis, firesetting, and animal cruelty: A useful danger signal in predicting vulnerability of adolescent males to assaultive behavior. *Child Psychiatry and Human Development*, 4, 151-156.

Webster, D. M., & Kruglanski, A. W. (1994). Individual differences in need for closure. *Journal of Personality and Social Psychology*, 67, 1049-1062.

Weil, R. S., Cavanna, A. E., Willoughby, J.M. T., & Robertson, M. M. (2008). Air swallowing as a tic. *Journal of Psychosomatic Research*, 65, 497-500.

Weinberg, M. S., & Williams, C. J. (2005). Fecal matters: Habitus, embodiments, and deviance. *Social Problems*, 52, 315-336.

Wells, J. W. (1989). Sexual language use in different interpersonal contexts: A comparison of gender and sexual orientation. *Archives of Sexual Behavior*, 18, 127-143.

Wheatley, T., & Haidt, J. (2005). Hypnotically induced disgust makes moral judgments more severe. *Psychological Science*, 16, 780-784.

Whitehead, W. E., Palsson, O., & Jones, K. R. (2002). Systematic review of the comorbidity of irritable bowel syndrome with other disorders: What are the causes and implications? *Gastroenterology*, 122, 1140-1156.

Whiting, J. W. M., & Child, I. L. (1953). *Child training and personality: A cross-cultural stud*y. New Haven and London: Yale University Press.

Whiting, S., & Koller, S. (2007). *Dialogues in solitude: The discursive structures and social functions of male toilet graffiti*. Working paper 126, Centre for the Study of Language in Social Life, Lancaster University.

Whorton, J. C. (2000). *Inner hygiene: Constipation and the pursuit of health in modern society*. Oxford University Press.

Williams, G. E., & Johnson, A. M. (1956). Recurrent urinary retention due to emotional factors: Report of a case. *Psychosomatic Medicine*, 18, 77-80.

Williams, G. W., & Degenhardt, E. T. (1954). Paruresis: A survey of a disorder of micturition. *Journal of General Psychology*, 51, 19-29.

Wise, T. N., & Goldberg, R. L. (1995). Escalation of a fetish: Coprophagia in a nonpsychotic adult of normal intelligence. *Journal of Sex and Marital Therapy*, 21, 272-275.

Witkin, H. A., & Goodenough, D.R. (1981). *Cognitive styles: Essence and origins*. Madison, CT: International Universities Press.

Wober, J. M. (1990). Language and television. In H. Giles & W. P. Robinson (eds), *Handbook of language and social psychology* (pp. 561-582). New York: Wiley.

Wray, M. (2006). *Not quite white: White trash and the boundaries of whiteness.* Durham, NC: Duke University Press.

Yalug, I., Kirmizi-Alsan, E., & Tufan, A. E. (2007). Adult onset pica in the context of anorexia nervosa with major depressive disorder and a history of childhood geophagia: A case report. *Progress in Neuro-psychopharmacology & Biological Psychiatry*, 31, 1341-1342.

Young-Bruehl, E. (1996). *The anatomy of prejudices.* Cambridge, MA: Harvard University Press.

Yovel, I., Revelle, W., & Mineka, S. (2005). Who sees trees before forest? The obsessive-compulsive style of visual attention. *Psychological Science*, 16, 123-129.

Zajonc, R. B., Pietromonaco, P., & Bargh, J. (1982). Independence and interaction of affect and cognition. In M. S. Clark & S. T. Fiske (eds), *Affect and cognition: The 17th annual Carnegie symposium on cognition* (pp. 211-227). Hillsdale, NJ: Erlbaum.

Zeitlin, S. B., & Polivy, J. (1995). Coprophagia as a manifestation of obsessivecompulsive disorder: A case report. *Journal of Behavior Therapy and Experimental Psychiatry*, 26, 57-63.

Zella, S. J., Geenens, D. L., & Horst, J. N. (1998). Repetitive eructation as a manifestation of obsessive-compulsive disorder. *Psychosomatics*, 39, 299-301.

Zhong, C-B., Strejcek, B., & Sivanathan, N. (2010). A clean self can render harsh moral judgment. *Journal of Experimental Social Psychology*, 46, 859-862.